宝賀寿男

「神武東征」の原像

〈新装版〉

青垣出版

はじめに

「神武天皇」と聞くと、読者の皆様はなにを思い浮かべるのだろうか。

戦後まもなく生まれた私くらいから後に生まれた世代は、学校教育の場でこの名を聞いたことがなく、せいぜいが「神武景気」といわれた昭和三十年代初頭数年間の高度経済成長時代への幕開けとなる空前の好況の名として多少の記憶があるかもしれない。それでも、歴史的認識としての「神武天皇」という人物を問われれば、知らない、ほとんど認識がないと言うのが正直なところであろう。

これに対し、戦前に教育を受けた人々となると、神武の建国説話のなかでは「金鵄《きんし》の伝承」が強烈であったようで、勲章やタバコの銘柄でも知られるとともに、国の祝日として「紀元節」があり、神武即位の年から数えて皇紀二千六百年の式典も行われた。「紀元節は天皇制国家主義の宣伝のための国家政策に強く結びつけられていた」（赤沢史朗氏の執筆記事）とされる。この事情を一例として、戦前では、記紀の神話以来を史実として受け取った形で「皇国史観」が鼓吹され、天皇神格化と国民精神の高揚の歴史教育のもと、神武天皇は軍神として軍国主義の精神的な支柱とされた。

こうした経緯のなか、神武天皇を過去の戦争の悲惨なイメージと結びつけ、なんとなく複雑な感情を抱く人も多い。そのため、戦後の教育や歴史学研究では、まず、贖罪として戦争イメージを消すことから始まるようだから、神武はほとんど無視された存在か、せいぜいでも「神武天皇はもちろん実在しない人物であるが、…」という断り書きのうえ、神武は言及され、取り上げられてきた。

でも、ここで冷静に考えてほしい。戦前の取扱いは神武その人の罪なのだろうか。神武天皇が戦前において天皇制国家主義や軍国主義に利用・鼓吹されたからといって、またその伝承に神異なものがあるからといって、それが直ちに史実として否定されるべきものだろうか。「神話」だと決めつければ、それで話は終わるのだろうか。神武伝承に合理的な解釈の途は本当にないのだろうか。こうしたことをきちんと考えるべきものと思われる。

上古の日本において、国家が勝手にできあがったわけではない。古代国家の主たる天皇や母体の天皇家（皇室）をあえて無視したり、神話や歴史の捏造者という〝悪役〟として頭から思い込んだりして、モノを主体にしてわが国の上古史を語ろうとするときには、歴史研究の姿勢に根本的な歪みがあるといえよう。歴史は本来、ヒトビトの活動の記録であるはずである。そして、〝進歩的〟歴史研究者がいかに嫌おうとも、日本列島の古代における政治的統一は、天皇家中心に進められたという事実がある。

神武伝承は、遅くとも八世紀はじめ頃には『古事記』『日本書紀』のなかに成立しており、記紀の以前に作られた歴史書とされる帝紀・旧辞のなかにもこの伝承があったとみられている。そうだとしたら、さらに成立は遡る。そうした時期において、ありもしない虚構の話を誰が構想し作り上げて、大和朝廷とその構成員たる古代諸豪族のなかに浸透せしめたのだろうか。神武伝承においても、多くの豪族の祖先の活動が見られており、それらの後裔が長期間にわたり連綿とした血脈を伝え記紀成立当時の子孫連中までつながっていた。

こうした複雑な古代の歴史事情のもと、整合的な歴史の流れのなかで神武東征伝承を造りあげられるほど、古代人の物語創造能力は高かったのだろうか。ごく素直に考えれば、現在に伝わる神武伝承はまったくそのとおりの史実ということはなくとも、なんらかの原型があって、それが伝来の過程のなかで転訛あるいは脚色されて、記紀編纂当時そして現代に伝わっているのではないかとも思われる。その辺の検討も本書の課題である。

本書は、二〇年前に多くの古代氏族の現存する系譜を編纂し『古代氏族系譜集成』(一九八六年刊)を著した著者が、その過程で抱いた問題意識をもって、とかく胡散臭い目でみられがちな建国伝承の主人公・神武天皇を再検討・再構成をしようとするものである。

もちろん、戦後の古代史学界で大勢となった津田史学を知らないわけでも、無視するわけでもない。しかし、その否定の論理はこびをみると、視野が狭く冷静さを欠き、粗雑な内容となっている。歴史学者も人文科学者の一員である以上、合理的論理的な目で対象を分析・検討し整合的な歴史の流れを再構成すべきではないかと思われる。そのため、戦前を知らない、〝戦争を知らない子どもたち〟の目と頭が必要となってくる。学究の権威におもねず、当時の地理など具体的な事情にそくして、神武天皇の実態に迫るように試みてみたい。

なぜ今の時期に、神武天皇をとりあげたのか、と問う人もいるかもしれない。それに対する答えとしては、古代の歴史探究のなかで偶々原型（真実？）が見えてきたのではないかと思われることであり、これらを整理して読者の皆様に投げかけてみたいと考えたからである。

市井の一個人である私は、いわゆる軍国主義や覇権主義とは関係ないし、というよりは私自身も戦後に憲法のもとで育ってきた人間であり、世の中の平和と真理、民主主義を希求する。そのためにも、合理的な精神のもとで、見直しがなされてよいものが多々あろうと思われ、古代史における史実の探究もその一つではないかと考えている。

以上のような認識のもと、本書では、先学の数々の研究を踏まえつつ、神武天皇について具体的多面的総合的に深度のある検討を加えていきたい。その際、記紀については、その編纂の前に存在し史料において意味したであろう原型を鋭意探るとともに、できるだけ多種多彩の資料を用い、当時と現在について実際の地理状況を踏まえて、新しい神武天皇像が掘り起こせるかどうかを試みてみたい。記紀のみによって、記紀を批判的に検討することには限界があると思われるからである。

これまでに得られてきた多くの考古学の知見も、できる限り活用していきたい。戦後の考古学では、神武東征ばかりでなく九州の勢力や文化が近畿への東伝・東進について触れようとすることについてさえもためらいが見られたが、そういう「ためらいを捨てて、虚心に神話・伝説と考古学の接点を探るべき時期であろう」と森浩一氏は既に十数年前に『日本神話の考古学』で述べられる。

「神武天皇」の検討という語が誤解を招きやすいとしたら、本書の主な内容は、記紀の建国伝承における「イワレヒコ（磐余彦）」とその関係者たちについての検討ということで、少し突き放して客観的に考えていただきたい。これが、史実として受け取られるような合理的であるか、歴史的にみて整合的・体系的であるのかということでもある。

さて、記紀批判を合理的に徹底的に行うことにより、神武天皇はその存在性を否定された長い期間にうち克って甦るのだろうか。

宝賀　寿男

目次

第二章　神武東征の経路

第四章　神武天皇が活動した時代

第一章　戦後の神武天皇

一　実在が否定された神武天皇

神武天皇の取り上げられ方

歴史学者が神武天皇についてなんらかの主張や説明をしたとき、戦後における神武研究に関する限り、「当然、実在した人物ではないが、……」という前置きがほとんどの場合に先ずなされる。そのうえで、記紀の素朴な解釈と論理構成の粗雑な検討くらいしかなされてこなかった。総じていえば、津田学説（の結論）を引いて、神武天皇について安易な否定論に終始する傾向にあった。

現在に至るまで様々な遺跡発掘・遺物出土が続々となされるなか、考古学的事実がかなり明らかになり、関連する諸科学が着々と進んでも、日本の古代史分野では、戦前の津田左右吉博士の学説以来、ほとんど同様な思考が現在まで続いてきたわけである。考古学者のなかには、神武東征伝承（神話）を遠い時代の歴史事実が投影されたものと一部の文献学者がみることを批判して、「考古学の研究が精緻化した現段階では、この神話からは事実の片鱗もくみ取られない」（石部正志氏）とまでいわれるが、これは考古学でなにができるかについての過信と思込みによるものにすぎない。

ところで、記紀に記される神武とその東征の活動について、時期や出発地などの「いつ（When）」「どこで（Where）」という史実把握のための重要な要素がこれまで誤解されてこなかったのだろうか。史実は、事件報道の５Ｗ１Ｈという要素を踏まえて、しっかり把握しなければならない。誤った先入観や理解で、神武に関する問題研究がなされてはならないということでもある。

かりに神武天皇をめぐる時間的・地理的な舞台を取り違えて批判の矢を放てば、当然のことながら存在論をめぐる問題のマトに当るはずがない。検討の基礎的な問題に対して、研究者のカン違いがあるとすれば、それを棚に上げて、肝腎のマト自体の存在を否定するのは奇妙な話である。

だから、神武天皇のついての存否の検討は、まず記紀の神武関連記事（の原型）をどう理解するのか、これまでの学究の理解が正しかったのか、という点から始まることになる。神武をめぐる論及を見てきて、近代史学はもっと論理的、合理的だったはずではなかろうか、という問いかけが私には常にある。ましてや、自然科学的な手法（「結果」ではないことに注意）が適切に取り入れられるべき現代史学においてはである。


歴史分野において、戦前の〝皇国史観〟やそれと密接に結び付いた政治・軍国主義の横行という事情、そして戦後の文部科学省（とくに教科書調査官などの教科書調査）や地方自治体の教育委員会の姿勢などに対して、反感や拒絶感があることは当然であろう。だからといって、その拒絶感の強さから神武天皇に関する結論を先取りしてはならない。

「戦後になって、神武天皇が架空の人物であることが広く認められるようになった」、と一般にいわれる。事実、神武天皇の存在を認める学説はきわめて少ない。とはいえ、最近でも実在性の主張が見られないわけではない。とくに、真面目に具体的論理的にこの問題を検討する研究者ほど、通説としての否定説（否定の論理構造）に対して、思込みと決めつけから始まっているとして、大きな疑問を投げかけているようでもある。

神武に関わる問題は認識論ではないので、学究・専門家の多数説で片づけられるものではない。史実として、神武天皇なる者が実在性を否定されるべきかどうかは、冷静にかつ合理的論理的に検討されなければならない。「科学的」「学問的」という語を濫用して、その実態が伴っていない学究の論考が多いことに驚く次第でもある。

神武の悲劇性

明治史学以降の古代史学界において、神武天皇は〝悲劇的〟な人物であった。

その悲劇の要因としては、「神武天皇研究の歴史を貫く特性は、それが天皇制の核心と密着するが故に、時の政治のあり方、社会の状況と切り離しえないことである」（星野良作著『研究史 神武天皇』）といみじくも指摘されている。戦前・戦後の社会を通じて、神武天皇は、常に〝政治的〟な存在としてみられてきたということである。そのため、戦前は信念的にその存在を認められ、戦後は一転して実在性を頭から否認されてきた。学問的・科学的という名の下に、〝教条的〟に否定されてきたといえるかもしれない。

そうした状況にあっては、神武天皇の研究は、歴史学という人文科学の分野にあっても、社会学、政治学ないし宗教学的な色彩の濃い周辺的な研究対象にすぎず、科学的な接近方法に基づく研究対象として、神武天皇が取り上げられることは極めて稀であった。

身近な中学校や高校の歴史教科書、ひいては社会人向けに書かれた歴史書にあっても、わが国の歴史は、倭人の後漢光武帝への貢献と金印賜受で始まり、次いで邪馬台国・卑弥呼、さらには倭五王《わのごおう》と古墳に続くという中国の史書と考古学に基づく展開となっていて、いまでは神武天皇はおろか崇神天皇ですら、上古史に関する記事のなかから姿を消している。いわば、応神天皇より前の天皇（大王）については、「科学的」な歴史学の対象とすることが避けられてきた事情にある。

しかし、わが国の建国伝承における「イワレヒコ（磐余彦）」という人物について、真面目に検討する価値はないのだろうか。「神武天皇」という表現に当初からアレルギーを感じていては、冷静な歴史研究なぞ、できるはずがない。名前の〝神〟という部分に半目をつぶって、「イワレヒコ」（これも通称ないし尊称であって、実名ではない）なる人物を分かりやすく言い換えた者が「神武天皇」であると割り切るくらいの冷静な分別も、研究者には必要である。

津田左右吉博士は歴史学の対象になるかどうかという観点で神武天皇を取り上げ、検討の結果、史実ではないと切り捨てた。その後の研究者は、ほとんどがその結論を踏襲するだけで、歴史の素材として取り上げることすら学者として憚られる雰囲気がある。津田博士の結論や検討過程・論理構成は正しかったのだろうか。歴史学の大家に対しても、厳しい批判の目を向けることは、古代史検討の際に是非とも必要ではなかろうか。イワレヒコと〝皇国史観〟とは、本来まったく別物のはずである。

「神」という名をもち、神異譚のような伝承があっても、それだけで歴史から切り捨てる姿勢は、あまりにも単純すぎるし、古代の伝承・神話の意味を理解しないものである。天皇の漢風諡号は、奈良時代に贈られた尊号であり、そこで「神」とつけられたといっても、天皇の偉大性をあらわすという、その当時の認識にすぎない。あれは「神話」であると規定しても、それで議論は終わるわけでもない。神話の根底に史実（の断片）がないかどうかの検討も必要になる。

そもそも、神武とその東征の活動について、時期や出発地などの史実の重要な要素に誤解がなかったのだろうか。こうした基本的な問題意識のもとでは、津田博士の認識もその検討対象となる。本書で詳しく検討を加えるが、神武については誤解と先入観に満ちていそうである。

以上のような事情を総括すれば、神武天皇の悲劇性は、政治的存在であったことに加え、記紀から読みとられる実像について多くの誤解をかかえてきたことにある。しかも、その誤解のもとが記紀編纂期からたしかに存在した（編者の作為的行動によるか過失的認識に基づくのかは知らないが）という厄介な事情にもある。

神武伝承のあらましと評価

はじめに、記紀に描かれる神武天皇について、その概要をあげておこう。

現在に至る天皇家の遠祖にあたる始祖王は、『日本書紀』にカムヤマトイワレヒコ（神日本磐余彦の尊《みこと》とされ、ウガヤフキアエズの尊と玉依姫《たまよりひめ》（海神豊玉彦《とよたまひこ》の娘）の間の第四子として生まれた。四十五歳のときの甲寅《こういん》年に東征を企て、兄・五瀬《いつせ》命らの一族・部下らとともに日向を出発し、宇佐・安芸・吉備などを経て瀬戸内海を東進して、出発の数年後に河内に入り、生駒山を越えて大和に入ろうとしたところ、長髄彦《ながすねひこ》の軍勢に阻まれたので、南に大きく迂回した海路をとり、熊野を経て大和へ向けて進軍した。その途中で、天照大神の遣わした八咫烏《やたがらす》や道臣命《みちのおみ》などに導かれて大和南部に入り、長髄彦や土蜘蛛《つちぐも》などの在地勢力を討伐平定し、三輪の事代主《ことしろぬし》神の娘を皇后として、辛酉《しんゆう》年に初代天皇（始馭天下之《はつくにしらす》天皇）として橿原宮で即位した。その後、七十六年間、治世した、と記される。

『古事記』でも、名前・地名の表記は異なるものもあるが、こうした大筋は変わらない。

この神武伝承はわが国の建国伝承の一部としてとらえられる。弥生文化の九州から畿内への東方伝播なども関連して、その背景に九州勢力の東遷という歴史的事実がなんらかの形で存在した可能性を考える理解もあるが、総じて神武の歴史的存在をまったく否定する形で考えられている。

例えば、その代表的な見解をあげれば、直木孝次郎氏は、神武天皇の実在性否定について、断定的に次のように表現される。神武は史実をよそおった造作だとみるわけである。

「神武天皇が実在の人物でないことは、今日学界の常識であるというより、国民の常識といってよいだろう。それは戦前からつみあげられていた科学的な歴史教育の成果といってよい。」

（『神話と歴史』一九八一年刊、一四六頁）

たしかに、戦後の歴史学界において、神武天皇について実在性の否定が常識となってきた。むしろ否定が学問としての古代史学の基本的大前提であって、これに触れることすらアレルギー反応を起こしてきた。そのためか、現在でも神武を取り上げる学究の著作がきわめて少ない。神武は、在野の研究者により多く取り上げられてきたともいえよう。

神武天皇が実在ではなかったという「国民の常識」は、たしかに戦後の歴史教育の成果の一つであろうが、戦後に教育を受けて育った人々（著者もそのなかの一人であるが）にあっては、殆どの人々は、否定説どころか、名前すら知らないというのが実態であろう。

一方、戦前に小学校入学の年齢に達していた昭和一桁代の生まれ（現在の年齢でいうと七十歳以上となる）の人々となると、こどもの頃の様々な記憶がまだ残っている可能性がある。なかでも、「金鵄《きんし》」の伝承が印象深かったようである。

この金鵄とは、『日本書紀』の神武の建国説話に出てくる金色のトビ（ワシタカ科の鳥）のことである。神武軍が大和に入って長髄彦《ながすねひこ》に苦戦を強いられた時に、神武が持つ弓の上端にこの鳥が止まり、まばゆい光を発して敵の目をくらませ、戦意阻喪させて神武軍を助けたという伝承が記事に見える。明治の中頃に制定され、武功抜群の軍人に与えられた「金鵄勲章」は、この伝承に由来している。

神武天皇が即位したと伝える年を皇紀元年とした場合、昭和十五年（西暦一九四〇）が紀元二千六百年にあたるとして全国各地でその記念式典が行われ、「紀元二千六百年」の歌まで作られたが、その歌詞は「金鵄輝く日本の、栄《は》えある光、身に受けて今こそ祝へ、この朝《あした》」で始まっている。

明治五年（一八七二）の太政官布告によって、神武天皇の即位の日を祝日とすることが定められ、その後の布告により、その祝日を二月十一日として「紀元節」と呼ぶこととされた。紀元節当日を期して、大日本帝国憲法が発布され（一八八九）、日露戦争宣戦の詔勅の新聞発表もなされた。

このように、神武天皇や紀元節が、戦前において天皇制国家主義や軍国主義に様々な形で利用されていた。この一環として、戦前における津田左右吉博士への学問的迫害事件もあった。

こうした事情もあって、二〇〇一年になって扶桑社から『新しい歴史教科書』が公刊され、そのコラムで「神武天皇の東征伝承」が大和朝廷の起こりに関して取り上げられると、これを含めて激しい非難が各界からなされた。「歴史の偽造は許さない」というのが批判者側のスローガンとなっている。

ここで留意されるのは、歴史の古い国々においては、どこでも建国伝承は何らかの形で存在することである。それに触れることは、「科学的でない」ということでは決してない。

まして、神武天皇の実在性否定やその東征についての否定は、学究の声がいかに多く強くとも、まだ検証されていない仮説にすぎない。この仮説がかりに正しいものではない場合には、そのような国民的常識を形成せしめた歴史学者や歴史教育の責任は、かえって大きいということにもなろう。歴史研究が「科学的」であるかどうかは、それが論理的、合理的、客観的であるかどうか、歴史の自然な流れのなかで整合的、体系的であるかどうか、ということにかかっているはずである。

何が史実だったかの十分な検討なしに、偽造問題は云々できない。上記教科書について間違いだらけと罵る批判者側にも、思込みが大きいこともうかがわれる。記紀を頭から排除するのでは、文献史学は成り立たない。といって、私は、「新しい教科書をつくる会」の立場にたっているわけでもない。西尾幹二氏の著作『国民の歴史』（一九九九年）に対しても、当然批判の対象にしている。

記紀の記事は、それに先行する『帝紀』『旧辞』に拠るところが大きいとみられるが、『神武天皇』という著作のある植村清二氏が『国史大辞典』（吉川弘文館版）でいみじくも指摘するように、「『帝紀』の記載を尊重する限り、神武天皇の史的実在は、これを確認することも困難であるが、これを否認することも、より以上に困難なのである」ということである。

この辺を理解すれば、単純な否定論は疑問が大きいことは自ずと分かる話である。

とはいえ、神武天皇についての諸問題は、やはり学界の大勢である神武天皇否定論の検討からまず入らねばならない。この否定論が十分に合理的整合的であれば、この問題はそこで終わるからである。

実のところ、神武否定論の検討あたりは、先に進むための論理思考と問題点の列挙、知識の基礎として、少し堪えて読んでいただければ、と思う次第である。場合によっては、次の＜備考＞の**用語・用例の説明**を読んだうえで、しばらく飛ばして、本章の終わりのほうの「**四　文字・暦の伝播と使用**」「**五　神武否定論の再検討**」まで進んでもらってもよい。

＜備考＞　本書における用語・用例などの説明

神武天皇とそれに関連する事物を検討していくにあたって、本書における**用語・用例**をいくつか整理して、予め提示しておきたい。私としては、用語だけをとりあげられて復古調（ないしは「皇国史観」の鼓吹）の議論であると受けとられたくないので、まずここで説明をしておく次第である。また、本書の記述上の便宜でもある。

まず、最も主要な人物である「**神武天皇**」については、原則として、即位前も即位後も「神武」あるいは「神武天皇」で表現する。**イワレヒコ**（磐余彦）は大和国に入って即位したころからの名前であり、必要に応じてこれも用いるが、もとの実名は不明であり（「ホホデミ（火火出見命）」であった可能性もあろうが、この名だと祖父と伝える人物と同名ともいわれ、また混同されやすいことを懸念する）、他の表記も分かりにくいかわずらわしいからである。

また、「**天皇**」は、七世紀代頃からの称号であって、それ以前は大王（ないし王）とするのが適当であろうが、本書では、いちいち天皇と大王という語を使い分けることはしていない。天皇（大王）の即位代数は、便宜上、神武を初代とする記紀の記述を踏まえたものとする。神武については、神武大王とするのはしっくりこないし、そもそも「大王」と言えるほどの権力を形成したかどうかもまた検討を要する。頻出する天皇の名については、天皇を付けないで表記することもある。

戦前では「**神武東征**」という表現が一般的であったが、最近では「**神武東遷**」という語も用いられる。本拠を九州に置いて東方の近畿地方を征討したのであれば東征だが、記紀に記す伝承自体は、その記事どおりに受け取ると、神武が九州の「日向」から大和に行ってその地域を平定した（本拠地であった九州の「日向」を放棄し、そこから東の大和に移遷した）ものであるから、根拠地がたんに「西方から東方に遷った」にすぎないということで、「東遷」と表現される。本書の文中では、用語による結論先取りとならないように、従来どおり「神武東征」という表現にした。「邪馬台国東遷説」と区別するという意味合いもある。「神武東征」の実質的な意味については、本書で十分に検討することにしたい。引用する書の原文によっては、その原文のままに「神武東征」「神武東遷」と表記しておく。

なお、中国共産党のいわゆる「大長征」は、その本拠を一年がかりで大移動させたものであり、「征」には「遠くに行く」という意味もある。『古語拾遺』には「神武天皇、東征之年」という表現があって、良本とされる嘉禄本では「あづまにゆくとし」と訓じており、新撰古典文庫4『古語拾遺』の注釈者（安田尚道・秋本吉徳）は「もともとは『行く』の意味であって、征服する意ではない」と記している。ただ、東征・西征というと東・西を討ちに行く意味あいが強くなることに留意したい。

神武により始められたと伝えられる「**大和朝廷**」は、最近では、「大和政権」とか「大和王権（ヤマト王権）」という表現が多くなっているが、氏族（部族）連合的な色彩もあるとしても、大王（天皇）の統治下であることを考え、基本的には従来の用語「大和朝廷」を主にして、従的にはヤマト（大和）王権を用いる。「大和朝廷」という表現を嫌う研究者は、国家組織の整備を遅い時期にとらえる傾向があるが、日本列島の大部分を領域にいれた国家において、軍隊のほかは統治組織がなかったと考えるほうが不自然であろう。「大和王権」という用語では、大和朝廷以前に大和に存在したとみられる原大和国家（前大和国家）の王権も含むようでもあり、その場合には概念に混同が生じよう。また、大和朝廷を使うからといって、地方に分立した国家や政治勢力圏を否定するものでもない（ただし、出雲や筑紫、吉備などについて、「（小）国家」という語を安易に用いるのは、古代国家の概念から考えても疑問が大きい）。

近畿地方とか畿内とかの地域名は、本来、大和朝廷が本拠地とした後の京畿を中心とした概念であるが、便宜的に神武以前の時期の事件を説明する場合にも現代の地域名として用いる。

「**記紀**」とは『古事記』『日本書紀』を合わせた表現であり、個別に前者を『記』、後者を『紀』また『書紀』と略する場合もある。神武天皇（大王）の治世下の時代を神武朝ないし神武天皇朝として、『古事記』や『日本書紀』の神武段を神武記、神武紀として簡単に表現することにも留意されたい。神武天皇の即位前の記事なら、神武即位前紀という表現になる。

また、『先代旧事本紀』を『旧事本紀』（そのなかの「国造本紀」「天孫本紀」などについては、『旧事本紀』を付けずに表現することもある）、『新撰姓氏録』を『姓氏録』、『和名類聚抄』を『和名抄』と記すこともある。「式内社」とは、『延喜式』神名帳に記載される神社として用いる。『旧事本紀』を「偽書」としてとらえる見方もあるが、内容は史料として用いることができるものであって、その意味では『古事記』も同様な「偽書」であることに留意されたい。

時代を表す用語としては、一世紀を二つに分けた場合には前半・後半、三つに分けた場合には前葉・中葉・後葉、四つに分けた場合は第1四半期、……、第4四半期と表すことにする。

天照大神から神武に至る**記紀の系譜**では、①その子の天忍穂耳尊（本書では「オシホミミ」「忍穂耳」と略）、②孫の瓊瓊杵尊（「ニニギ」「瓊瓊杵」と略）、③三世孫の彦火火出見尊（「ホホデミ」「火火出見」と略。ときに「火遠理命」「ホオリ」とも書く）、④四世孫の彦波瀲武鸕鶿草葺不合尊（「ナギサ」「波瀲」と略）、⑤五世孫の五瀬命・神武兄弟、という形で六代にわたり系譜がつながるとされている（本書では、これらの続柄関係のすべてを肯定するわけではないことを後述する）。

そのうち、天孫降臨した瓊瓊杵から波瀲までが、いわゆる「**日向三代**」とされる。これらを含め、古代人（神）の名前の尊称のミコト（尊・命）、カミ（神）や美称のアメ・アマ（天）、ヒコ（日子、彦、比古）は適宜省略する。

これら天孫族の神々に限らず、他の部族の遠祖となる神々が多くの別称・異称をもち、後裔の氏によって表記を異にすることはもちろん、名前まで異なって伝えたりするなど、神々の実態をよく捉えて判断しないと混乱することが多い。同人（神）異名のケースが多々あるとともに、その逆にスサノヲ神・大国主神・天日矛や武内宿祢など同名異人（神）のケースがあり（この例示には多少とも異論もあろうが）、父祖と同じ名で子孫が表示されることもある。とくに神々の名は、記録される書毎に微妙に表記が変化して記載されがちである。そのため、神名・人名は代表的なものを適宜使うことにしたが、史料や所伝により表記が変わることに留意しておきたい。これら固有名詞は、原則として当用漢字を用いたが、なんらかの区別する必要のあるものについては、旧字で表記した。

人名や地名などの**ふりがなは原則として現代語表記をひらがなであらわす**ことを基本としたが、文脈や説明の関係上、ふりがなを旧仮名遣いで記すとき、及び外国地名のふりがなはカタカナを用いた。本文で長い名前の人名をカタカナで示すことがあるが、その訓みは原則として現代語表記とした。地名は時代により訓みかたが異なることも往々にしてあるが、一応、その地名が出てくる時代を念頭においてふりがなをつけた。ふりがなのような形で「(ママ)」と語句の右側に付けるのは、誤りないし疑問な用字・用語であるが、原文引用のためそのままに記して、「原文そのまま」という意を表した。

また、数字の表記においては、「一」が二や三と数字でつながるときには誤記誤読のおそれがあるので、適宜「十」を使用した個所もある。カッコは読み易さを考えて、( ) の中のカッコは〔 〕で示した。

年代は、元号と西暦紀元とを併記する形をとる場合もあるが、紀元前など注意を要するもの以外は、原則として西暦紀元の年代数字には「西暦」はつけていない。

「**科学的**」という用語については、本書では「事実そのものに裏づけられ、論理的認識によって媒介されているさま。原理的に体系づけられているさま。」(『広辞苑』) という合理的・論理的・整合的という意味で用いたが、歴史学者によってはときに「マルクス主義的歴史観」に基づくことを指す場合もあることに留意されたい。歴史学者や考古学者の文章には、自分の思込みで「科学的」とか「学問的」とかいう語が多用されることがままあり、本書でも、学究の著述からの引用部分については、これらが混在している可能性もあろう。従って、「科学的」であるかどうかで、ただちに議論が終わるわけでもない。

最後に、本書では読み易さを考えて、総論部分(第一章)と各論部分で記事が若干重出したり、スペースの制約から出典の引用記事を最小限にとどめたこと(インターネット検索で調査可能なため、原則として出版元は省略)もお断りしておく。引用しなかった研究者・著作(インターネット上の記事も含む)に対しても深い感謝を表しておきたい。

二　津田学説とその周辺

津田左右吉博士の学説

戦後の日本史学界の大勢が神武天皇の実在性否定に大きく傾いたのは、津田左右吉博士（一八七三〜一九六一）の功績によるものであり、このことは、誰しも認めるところである。もちろん、敗戦により「皇国日本」が否定され、象徴天皇の憲法の規定などで、戦前の皇室神話からの呪縛を解かれたことが基盤にある。

津田博士は、記紀の文献的研究を科学的かつ徹底的に行って、神武東征が決して歴史的事実ではなく、太陽神の子孫という思想から捏造された、大和朝廷の起源を物語る説話であることを論証した。こうした評価が学界一般ではなんら疑いなくなされている（前掲星野書参照）。つまり、記紀編纂当時までに、天皇による日本全土支配の正統性を合理化するために造作されたのが神武東征説話だというのである。

この「徹底的」な研究において、津田博士が神武存在否定の大きな柱としたのは、大づかみでいえば、次のような諸点であろう。すなわち、

① 神武東征の物語は神異な話に満ちており、地名説話や歌物語を抜き取り、人物を除けてみると、この物語は内容の少ない輪郭だけになること、

② 東征の出発地日向が長い間、皇威に服しなかったクマソ（熊襲）の居住地であったことなどで、

物語の編述者の脳裡にある地理的知識が実際的ではなかったと判断されること、
③　大体確実な中国の文献の三世紀以前の記載には記紀の物語との交渉がないこと、すなわち、三世紀の筑紫地方の状況と神武東征物語とが適合する理由のないこと、
などがあげられている。大和朝廷は当初から大和に存在したということでもある。

これら津田博士の立論においては、記紀に記述されたとおりに、きわめて素朴に活動年代や地域を受け取る認識基礎に立っているという特徴がある。すなわち、記紀原像の復元という作業がほとんど行われていない（念頭にない）ことに留意される。

歴史的事実は、一般に時間と地域（場所）という二つの大きな座標軸でとらえられるが、記紀に記される重大な二大座標軸がまったく検討されないまま、津田博士により否定の立論がなされている。このあまりにも素朴すぎる議論とその大前提に驚かざるをえない。記紀に見える「日向発進」「熊野大迂回」などを額面どおり後世（現代）の地理名で受け取った上で、博士がその矛盾を指摘したとしても、それが記紀記事の原型のものでなければ、本質的論理的に神武とその東征という史実の否定にはならないわけである。（この点は、津田亜流の現代の学究の見解でも同様にいえる）

個別論としても、津田博士の①～③のそれぞれに問題がある。

①の「神異な話」については、種々解釈があるので個別によく検討する必要がある。例えば、トロイヤ戦争を伝えるギリシャ神話にはオリンポスの神々が参加・活動するが、トロイヤ自体の滅亡は史

実であった。これに限らず日本においても、古代の神異譚には、トーテミズムの現れや比喩が多くあることに留意する必要がある。博士の否定論はトーテミズムの無理解・無知を露呈したものであり、自分の理解できない神奇な話を抜き去ると何も残らないというのは自明のことである。

要は神武否定といっても、津田博士が否定したのは、②にいう南九州だと彼自身が思い込んだ「日向」を出発地としたことや、神武が活動した時期（『書紀』では神武即位が紀元前六六〇年という時期）についての記紀の記事に対する彼自身の理解にすぎない。たしかに南九州の日向国は、神武の出発地としては不適当であり、誰もが反論できないものであるが、これでは、ごく素朴な彼の理解に基づく部分的な神武否定論にすぎない。「日向」という地名は、九州だけみても他の場所にもあり、記紀の編述者が南九州の日向と思っていたとしても、記紀の原像がそうだったわけではない。

③の中国の史書に記載されるものは、時期的にはごく限定される。日本列島の状況については、『後漢書』に西暦五七年及び一〇七年の後漢への倭人の朝貢が記載され、次いで『三国志』に三世紀前半の卑弥呼の時代しか記載されていない。こうした断片的なもので、中国史書と記紀との照合を行おうとしても、そもそも無理がある。

以上にみるようなものでは、津田博士の批判は疑問が大きいといえよう。記紀の記事についての自己の受け取り方や理解をもとに、神武天皇の存在を部分的に否定しただけである。ましてや、神武天皇の実在性の全否定に及ぶものでもない。この程度の分析で、しかも論理的な選択肢の可能性についてほとんど検討しないで、どうして「徹底的」といえるのであろうか。私にはとても不可解である。

戦後の史学界の動向

戦後、天皇制のタブーから解放されると、古代史学者は、「皇国史観」や侵略戦争への反発として津田博士の説に結集した。天皇は「神」であり政治的君主であるという宗教的な思想が古代国家建設の政治的物語に結実したとみる説に安易に飛びついた。このようにみるのが戦後史学界の実情ではなかろうか。

これでは、せっかく自由な科学研究ができるのに、過去に対する単なる揺り返しか反動にすぎず、科学的な歴史学が展開されているとはいい難い。そこでは、大和朝廷の当時の支配者・皇統の権力を裏付けるための歪曲、粉飾された歴史が記紀の記述であるという先入観が支配し、古代の歴史に対する冷静な判断を妨げている。記紀が政治思想の書であるという論理を抽象的にとらえ、記紀編纂は当時の天皇にとって必要であった建国の歴史、王権・王統の正当化と考えるものであるが、神武東征伝承を歴史的事実の反映として考えることさえ、学問的には無益な妄想であるという主張(前田晴人『日本古代史の新論点』)すら見える。

言い換えれば、記紀等の史書の意味する内容(原型)をできるだけ的確に理解しようとする地道な努力が殆どなされなかった。戦後になって、『魏志倭人伝』に傾注された学界の膨大な努力や検討が、記紀については同様になされていない。自己の新説を主張し展開させたいがため、安易に記紀の記事を否定しているとでもいえそうである。そのうえで、根拠のない想像的思込みを前提として議論を短絡的に展開するのだから、これがほんとうに学問的な姿勢かと問いたくなる。根拠のない「記紀による歴史の改竄・抹殺」あるいは「歴史の造作」という語句は、それがほとんど実態がないまま繰り返されるだけに（といって、記紀の記事を無批判に信ずるわけではないが）、いささかうんざりする。

もちろん、記紀の記述には編纂時の修飾・脚色ないし解釈がかなりの個所でみられる。とはいえ、それがすべてではないし、『日本書紀』は異伝をかなり丁寧かつ詳細に紹介する方針で書かれている。天皇（大王）の王権・統治権を基礎づけるような物語について、頭からの創作・構想を可能とする能力や文化基盤が七世紀（あるいはそれ以前の六世紀）の人々にあったとは到底考えられない。

神武の東征伝承が内容的に「高天原を本拠とする皇孫の葦原中国への降臨の物語という性格を持っている」「神武東征伝承の本質は天皇家の祖先が高天原から葦原中国へ降下して来る神話である」と頭から決めつけても、それですべてが片づくわけではない。そこには、「高天原」など、具体的な土地としてあるわけがないという信念がみられる。高天原から切り離して考えて、東征伝承を十分検討しうるはずである。東征伝承を「神話」「物語」と規定するとしても、それが史実と無関係かどうかは別問題である。

こうした学界の傾向に逆らって、神武天皇の実在性を細部にわたり検討する立場もあり、それに基づく見解もときに見られる。それらに対しては「逆コース」とか「皇国史観」とラベルを貼りつける非難もまた見られる。これでは、科学的態度と決していえない。星野良作氏が神武東征について、「史実性を主張する議論は結局、文献的には証明できない解釈論であって、論拠を示そうとすると破綻を露呈することになるのである」とまで言い切られるが、そういっても、前掲の津田説に依拠する限り、説得力を殆ど持たない。「文献的には証明できない」と思い込んでいるだけである。

直木孝次郎氏にいわせれば、「津田博士の業績を無視するならば格別、幾分でも認める以上は津田説に対する批判なしに、記紀所伝の合理性だけを取り上げて拠り処としても、得る所は少ない」とまで断じている（「大化前代の研究法について―記紀批判をめぐる諸問題―」『日本古代国家の構造』所収）。既に簡単に見たように、神武東征についての津田説は万全なものではない。

しかも、津田博士の業績を認め、その批判的精神を受け継いだとしても、その結論が正しいかどうかは別問題である。私としても、津田博士の業績を否定するものでは決してない。留意すべきは、津田博士の大きな業績とは、その結論にあるのではなく、戦前の特異な学問環境のなかで批判的合理的な視点を記紀研究ひいては古代史研究に持ち込んだことにあり、たんなる結論の盲信は、むしろ津田博士の精神に反しよう。

現時点でみると、津田博士の研究法は、大化前代の歴史を対象として、厳しい批判的なものではなかった。当時の学問的手法として画期的であっても、現代の学問水準として十分だということではない。いまや、津田信仰の排除（津田精神の排除ではない）ということから、科学的な上古史研究が始まるのではなかろうか。こうした論調も最近ではかなり見られる。

津田学説以降の神武否定説

津田博士以降、それを踏襲して神武天皇の実在性否定説を展開する学説はきわめて多い。その主な論拠のあらましを紹介するが、その流れは大きくいって、①反映説、②神武関連情報の否定、という二つのアプローチの傾向がある。

まず、「**反映説**」とは、神武の行動については後代の天皇の歴史的事実に類似しているとしてその相似点・合致点をあげたうえで、だから、この後代のほうの事実を基に神武の伝承が造作されたとの結論を導くものである。しかし、一般論として言っても、反映説は否定のための手段になりえない。反映法で、両者の合致点をいくら数え上げても、偶然の合致や類似は、ほぼ同様な形で繰り返されがちな歴史事象にあっては往々にしてありうることである。

神武についての反映説でいえば、神武東征の物語は、崇神天皇、応神天皇、仁徳天皇、継体天皇、天武天皇という各天皇、あるいはこれらの複合像の行動の反映とみる説が出されている。この関連で、反映ということではないが、神武東征は崇神天皇の事績の前半部分だとみる見解もかなりみられる。

これらの諸天皇と神武天皇の行動をみると、共通点・類似点といえるものがたしかにいくつかある。とはいえ、それらの点は各々が王朝の開基者（中興者）的な色彩を持ち、（神命を受け、外部地域から入って）武力でその王権を確立したことからいって、類似があっても、それはむしろ当然のことである。類似点をいくらあげつらっても、否定論の論拠にはなりえない。反映説の主張の前に、神武天皇の存在や活動が実際に即して否定されるかどうかの検討がなされねばならない。この反映説の基本的な前提が津田説の結論に拠っているという問題もある。

神武と崇神では、両者の取り巻きで現れる多くの人物に大きな相違があり、両者が同一人とするためには、『古事記』神武段（『書紀』では綏靖《すいぜい》即位前紀）に見える神武の諸子の間の皇位争いも、架空の事件として否定されなければならないが、これはきわめて不自然である。天皇家の起源を古くするために、実在初代の崇神の先祖として架空の神武を造り出して初代天皇としたとする見方は、神武の東征活動に伴う地理や習俗、氏族伝承を仔細に検討すれば成り立たない。崇神の事績記事には、外来者のイメージがないとも指摘される。

戦後一世を風靡し、いまは学究の多くに否定されている江上波夫氏の騎馬民族説（騎馬民族征服王朝説）も、この一環にあり、神武架空・崇神初代説の立場で学説が展開される。これに限らず、神武と崇神とが同一人物とする所説がかなり見られるが、記紀に記す事績が大きく異なっており、現在の訓み方とされる「ハックニシラス」の天皇が同じだからといって、漢字表記が異なりその意味も異なる二人の天皇を結びつけることには疑問が大きい。

次に、**神武関連情報の否定**という観点から見てみよう。この否定作業も、これまで的確になされてきたとはいい難い。その代表的な学説をいくつか取り上げて検討してみる。

様々な神武否定説

(1) 水野祐氏の説

水野祐氏の諸著作によれば、記紀の東征伝説の記述は、建国という重大な史実の決定を殆ど不可能にするほど粗略であり、そのうえ、この伝説は本質的に相違する二つの伝説（①単純な日向から大和への渡航伝説、②複雑な大和統一伝説）から成り立っていて、その成立年代も異なるものである。神武伝説とは、「神武天皇ではない皇室の氏祖の大和平定伝説＝大和部族連合体の建国伝説」にすぎず、伝説史的事実においてさえ、神武東征などということは考え難いとする。しかも、想像をめぐらせて、南九州にあった狗奴国が九州を統一し、さらに原大和国家を統合して、仁徳のときに大和へ東遷し西日本を統一した国家を形成した史実の反映が神武東征伝承のうちの①の渡航伝説とし、②の大和統一伝説は崇神天皇を真の初代とする統一伝説だとみる。

しかし、水野氏が東征伝承を二つに分けて、この二つは「本質的」に相違すると強調しても、その見解は主観的なものにすぎず、伝説の成立年代の違いといっても、その具体的な年代比定を伴うものではない。従って、その説得力はきわめて弱いものとならざるをえない。立論の基礎にある狗奴国が日向国にあったことも疑問が大きいうえ、その九州統一・東遷にいたっては文献や根拠がない想像論であり、大和国内の「神武＝崇神」も論拠薄弱であって、その否定論拠は先に記した。

(2) 門脇禎二氏の説

門脇氏も『神武天皇』という著作（一九五七年）をもたれるが、神武東征説話について、その構成要素の説話群に分解して考察してみると、それぞれの説話を生んだ歴史的背景は少なくとも応神・仁徳以前の時代らしいとし、それらが東征説話の祖形として形成されたのは継体朝前後の時期であり、この説話の形成には大伴氏と物部氏の所伝がとくに重要な役割を果たしていたとする。

しかし、神武東征説話の成立時期をこのようにみる根拠は薄弱である。また、神武伝承には、大伴・物部ばかりではなく、尾張連・倭国造・鴨県主や中臣氏などの諸氏族の祖先の活躍が見られている。これらに限らず、神武創業には、多くの氏族・部族の協力や敵対者があったことが所伝から知られるが、これら氏族の活動が活発であったのは、大伴・物部両氏の活動と同じ時期であったわけでもない。

諸氏族の祖先の伝承を寄せ集めたのが神武東征説話であるという見解も目にするが、それだけでバラバラな伝承を体系的な話としてうまくまとめられるのかという根本的な疑問がある。東征説話は天皇家に関する帝紀的な伝承を太い骨格としている、という安本美典《びてん》氏の指摘のほうが妥当である。

(3) 直木孝次郎氏の説

(i) 否定論の概要

直木氏の否定論は多元的になっているので、それをできる限り簡潔に要約してみよう。

まず、今日の研究段階においては、記紀神話の成立事情を問題とすることなく、神話に合理的な解釈を行うことにはついていけないとする。

日本古代における歴史書は、六世紀の帝紀・旧辞から八世紀の記紀に至るまで一貫して天皇の立場から書かれていると考えて、「天皇にとって都合の悪い言いつたえや、それにもとづく記録は書きかえられたり捨てられたりした」との推測を立論の基礎におかれる。

従って、「そうした作業の結果できあがった『記・紀』の内容は、簡単に信用できません。とくに天皇の日本支配の由来や、日本国家形成の事情を説いた部分、たとえば神代の物語や神武天皇の大和平定の話やヤマトタケルノミコトの遠征談などはそうです。『記・紀』の記事には厳密な批判がいるのです。」と結論づける（『神話と歴史』）。

しかし、帝紀・旧辞や記紀が古い言い伝えを天皇による国家統治の強化・正当化のために書き改めたかどうかは、合理的解釈の結果として判断されるものであって、先入観で結論をもってきてはならない。たしかに天孫降臨の神勅とか「女神」としての皇祖神天照大神は後世の述作であり、直系相続による皇位の継承など、歴史的事実を変改している記紀の記事はかなりある。だからといって、白紙に絵を描くように、天皇家に都合がよいように後世になってすべてが捏造されたとするには、記紀伝承の全体において、あるいは細部まで見ても整合性がありすぎる。

そうすると、部分的な変改・捏造があるとしても、むしろかなり原型的なものが記紀に残存していると考える方が合理的であろう。日本列島の古代人について、歴史にせよ文学にせよ、その創造能力を高く評価する根拠はほとんどない。いずれにせよ、原型を探究するために記紀の合理的解釈と多角度からの十分な批判は欠かせないところである。

次に、直木氏は、神武天皇の否定については、古代の日本国家の中心になる権力が大和地方に成立した時期を第十代とされる崇神天皇の頃と考えて、①崇神より前の九代の天皇について一括して否定、②神武そのものを否定、という二つの否定を組み合わせて論述している。神武以下九代の天皇の実在性否定論は、次の項で取り上げることとして、まず神武天皇そのものの否定論の根拠をみてみよう。

直木氏は、①神武の本来の呼び名をカミヤマトイワレヒコ（神日本磐余彦）と考えて、名前に「カミ（カム）」が付くこと、②神武の母親が海神の娘であり、祖母も海神の娘であって、神武の父親を生むときには本性を現して八尋の鰐になったと伝えられるとともに、神武の皇后も三輪山の大物主神の娘といわれ、このような神的存在の両親・祖母・妻に囲まれることから、神武を「まったく伝説上・

物語上の人物」であると断じている。

(ii)　否定論の問題点

ここにあげられる否定の論拠は、神武の存在否定に直ちに結びつくものであろうか。次の事情からいって、私には到底、否定にはなりえないと思われる。

第一に、神武の本来の名が最初からカムヤマトイワレヒコであったかは疑問が大きい。おそらく、当初にはサノとかホホデミとかいう単純素朴な名があり、大和入りしてからイワレヒコと名乗って、国史の記録・編纂のどこかの過程で「カムヤマト」という修辞が付けられた可能性が高い。「カム・カミ（神）」が付くから実在性を欠くというのは、あまりにも素朴な議論である。

第二にあげられる神武系譜の神話的な色彩については、古代人がその種族・出自により保有するトーテム的なものの比喩に対して無理解だというほかない。古代日本のカミ（神）は基本的には人であり（まったくの自然神を除く）、そうした理解でほぼ一貫して整合的でありうる。仮に神武の父祖が記紀の表記どおりに神であったとしても、高句麗の建国者朱蒙のように、父祖と伝えるものが神（日光）で、本人自体はまぎれもなく実在の人物と考えてよい事例もある。

井上光貞博士は、神武が別の名ヒコホホデミを持っていたということで、本来の伝えが天孫降臨したニニギノミコトの子となっていたのではないかと考え、そうであればなおさら、神武の物語は「日本神話の一部と見なければならない。そして、この物語が神話構成上必要な一コマであった以上、神武伝承の背後に何らかの史実を求めるのは無理である」と記述しており（『神話から歴史へ』）、直木氏はこれに賛意を表している。

しかし、ヒコホホデミという名前だけで、ニニギノミコトの子のホオリ（火遠理命）と神武を同一人視するのは無茶な議論である。ホオリと神武とは兄弟やその関係者がみな違っており、ホオリが九州から東遷しなければならない事情も考えられない。

さらに、直木氏は、神武が実在の人物ではなくても、神武東征の物語のような内容、「すなわち一人の英雄を中心とする勢力が九州からあらわれて大和に侵入し、これを征服したことは事実ではないか、とする説」に対しては、邪馬台国九州説及び邪馬台国東遷説は確定していないとしつつ、神武東征の物語はそういう史実とは無関係に成立したものと考えている。

その根拠として、東征の中心をなす大和平定の物語において中心的な働きをする大伴・物部両氏がいずれも伴造氏族であり、大阪平野に本拠を置くこと、このほかに活躍する久米氏も直という姓を持つことなどから、五世紀以前に遡るような古い氏族がいないことをあげる。直木氏の表現では、この物語はおそらく、「応神王朝の大和平定の史実をもとにして作られたのが、はじまり」で、「六世紀以降、継体王朝の大和征服や壬申の乱における大和での戦いの史実にもとづく説話が付加されて、現在の『記・紀』にみえる東征物語が成立した」とし、「従ってこの物語には、崇神王朝やそれ以前の大和の政権の成立、天皇家の起源を語る史実は、一つも含まれない」とまで断言する。

東征物語の形成には、大伴・物部両氏が大いに関与したとして、この物語の主要部分が形成された時期は、両氏が史上で活躍した二つの時期（すなわち、雄略朝から欽明朝初めにかけての時期、及び文武・元明・元正朝）にもとめられると考えている。

神武東征が邪馬台国東遷とは別物・無関係であるという点では、私も直木説と同じである。邪馬台国の北九州所在説は妥当だと考えるが、この国そのものが畿内に東遷したという論拠はきわめて弱く、国本体の東遷は史実と認められないからである。邪馬台国東遷説については後述するが、邪馬台国の所在地を北九州に置いたうえで、これを畿内の王朝につなげるために出された仮説にすぎない。

その一方、直木氏の氏族観については、大伴・物部氏族が伴造氏族であること以外は、賛成しがたい。初期の大和朝廷を構成する古代氏族の本拠地をみると、大伴・久米氏（両氏は本来は一氏であることに注意）は大和の高市郡築坂邑《つきさか》・来目邑《くめ》（橿原市鳥屋・久米町一帯）あたりであり、物部氏は大和の十市郡穂積邑（田原本町保津一帯）あたりである。物部氏の一族は、山辺郡石上《いそのかみ》郷や河内国の渋川郡跡部《あとべ》郷・河内郡日下《くさか》郷（石切剣箭《いしきりつるぎや》神社の地）をも主要居住地とした。氏族の本拠地は時代により変遷し、河内に比重がおかれた時期もあったろうが、大伴・物部両氏の本拠地が河内だけとはいえない。

また、大伴・物部両氏とも伴造氏族であるが、その起源が五世紀以降の新しい氏族だとはどうしていえるのか。両氏族の系譜はそれぞれ神代まで遡り、ともに崇神朝～景行朝にその先祖の活動が記紀に現れる。神代はともかく、後者の記事まで否定するというのであろうか。古い氏族ないしはその分岐が比較的新しい氏族が、新しい職掌を持つことによって、その職掌に因む氏族名を称することもありうる。具体的には、大伴氏、物部氏は各々崇神朝前代ごろに本宗家的存在の氏族（それぞれ、久米県主〔久米直〕、穂積臣につながる系統が本宗か）から分岐した支族であったとみられる。

さらに、直木氏の見解は、古代の伝承形成における古代氏族の力を重くみすぎているともいえよう。これは、先に挙げた門脇氏の見解についてもいえることである。それぞれの氏族がその祖先伝承を後世になって創作・捏造したということは、まったく証明されていない仮説にすぎない。各々の氏族でまちまちに形成された伝説や神話が、国家の力で整合的に記録化されたということの論証もなされていない。こうした論証がなされない限り、直木・門脇両説とも想像論以外の何ものでもない。

(4) 志賀剛《しがごう》氏の説

大著『式内社の研究』を著された志賀剛氏は、神武の東征伝承を二つに分けて、①出発地日向から熊野までを天照大神の神勅の理想を実現すべき神武天皇であり、②熊野から後の部分を大和で具体的に実現した神武天皇である、として、①を記紀の理想としての神話、②を現実の歴史であって、神武は三世紀後半から四世紀前半にかけて実在した、と考える（「大和朝廷の起源と発展」、『日本の神々と建国神話』所収、一九九一年）。

その根拠としては、初めての大和入りなのに、いきなり生駒越えはあまりにも無計画すぎ、荒海の熊野灘を廻ることは不可能であるうえ、熊野から大和へのコースも困難であって烏の案内だけでは不可能とみられることをあげている。安芸や吉備の滞在も行幸途上の駐在地であってその地方の征略の話も見えないので、実在性を欠くと考える。そのうえで、神武の実在性を認め、宇陀の高塚村で生まれて、そこを中心に周辺を征服し大和の中央部に進出した者と志賀氏は考えている。

この説は、神武の半分否定論であるが、要は熊野関係記事が大きな疑問であるということに帰着する。また、天照大神の神勅を重視しすぎており、神武天皇が宇陀で生まれたという根拠が稀薄である。その後の皇室が宇陀地方を先祖発祥の地として尊重した痕跡もない。この地方は、志賀氏もいうように、八咫烏の居住地ないし関係地であって、神武に密接に結びつける傍証すらない。京都の下鴨神社（賀茂御祖神社）の「祭神と斎主は、大和の宇陀地方が皇室の発祥地たるを傍証している」と志賀氏がいうのは、誤解にすぎない。

こうして見ていけば、多くの神武天皇否定説（半否定説）にあっては、想像論ないし立証されない仮説が大部分を構成しているといわざるをえない。記紀に見える神武を二つないし三つの人格に分ける説も散見するが、分け方が恣意的であり、神武に随従する多数の部下の行動とその後裔氏族への伝承を考えたとき、成立しがたい。神武たるイワレヒコをもともと大和の首長だったとする見方（上記志賀氏やイワレの首長と考える松前健氏）も、物部氏など古代の有力氏族の系譜・伝承を考えるとき、論拠がきわめて薄弱である。

大和朝廷を構成する各氏族の先祖に関する伝承が、記紀編纂の過程で神武天皇の時代の話として体系化されたという説も見えるが、神武以来の上古代における世代配分が天皇家の系譜と他の諸氏族の系譜とで明らかに異なるのに、その一方、多くの氏族間では整合的なものとなっている事実と矛盾する。古代人の物語（伝承）創造の能力を勝手に高く評価して考えても、それは想像論にすぎない。

三　初期諸天皇の実在性否定説

闕史《けつし》八代とその否定説

戦後の学説では、応神天皇ないし仁徳天皇以降の天皇の実在性は基本的に認められている。一方、それより前の天皇（大王）の実在性については否定的である。それでも、崇神以下数代の天皇については、成務・仲哀はまず否定されるものの、崇神〜景行の三代については、有力説（井上光貞・直木孝次郎などの諸氏）は認めている。

そうしたなかで、崇神天皇より前の天皇九人、すなわち神武から開化までの初期諸天皇については、歴史学界の圧倒的多数が実在性否定論に立っている。九代の天皇について実在性を肯定する立場にあるのは、坂本太郎、田中卓《たかし》、安本美典の諸氏などごく少数にすぎない。初代の神武と第十代の崇神との間に存在したとされる八人の諸天皇は、記紀に歴史的な事績の記載がない（旧辞にあたるものがない）ことで、〝闕史《けつし》八代〟と総称される。

これら初期諸天皇の実在性否定説の論拠としては次のようなものである。

(1)　初期の天皇の享年（宝算）が百歳を超す異常な長寿とその統治期間の異常な長さ、それらの結果として遡った神武天皇の即位年が紀元前六六〇年と考古学的に見て、ありえない年代とされていること。

(2)　古代天皇の名前（和風諡号）がヤマト・タラシヒコ・ヤマトネコなど新しい後世的な要素とみられるものを含んでいること。また、実名とみられるものがなく、神的存在を示すような名前が少なくないこと（第1表参照）。

(3)　神武天皇以降応神天皇までの系譜は、仲哀天皇を除き、全てが父子相承の直系相続であって、古代にあって頻出する兄弟等の傍系相続が見られないこと。

(4)　神武以下九代の陵墓が記紀に記されるものの、それに基づいて比定される陵墓は、実際の築造年代が異なるか、ただの丘や山であって、陵墓や古墳として認定できないものであり、考古学的検討に値せず、きわめて疑問が大きいこと。

(5)　第二代とされる綏靖《すいぜい》天皇から第九代の開化天皇に至る八代については、系譜的な記事（帝紀的な部分）があるものの、天皇としての統治や生活にかかわる事績（旧辞的な部分）がなんら記されていないこと。第十代の崇神天皇以降では系譜・事績がともに記されているので、これらと体裁をまったく異にしており、天皇家の歴史や系譜を長く引き伸ばすために、崇神より前はあとから机上で造作されたものである。

(6)　崇神天皇には、ハックニシラススメラミコト（所知初国天皇、御肇国天皇）、すなわち「初めて国を治めた天皇」という称号を記紀ともにつけること。大和朝廷が本当に神武天皇から始まっているのなら、崇神天皇がこのような称号を持つはずがない。

こうした否定の論理は、論理的で具体的に妥当なのだろうか。

闕史八代否定説の問題点

これら初期諸天皇の実在性を否定する根拠は、一見説得的のように見えて、少し考えると、総じて素朴的に過ぎる議論だと分かる。**安本美典氏**が言うように、これら根拠はまったく非論理的なものであり、どうして否定の論拠になるのであろうか。

つまりは、論者が信じ込んだ少数の選択肢のみを取り上げて、その他の選択肢の存在可能性を認めない形での検討を行っただけである。それなのに、それですべての実在性否定に直結させるのは、結論の先取りか思込み・信念にすぎない。安本氏は、「古代の諸天皇非実在説は、結論をみちびきだすプロセスが、論理にたえうる形をしていない。ある結論をみちびきだす証明をした答案としてみたばあい、ほとんど零点の答案である」（「古代の諸天皇非実在説は成立するのか」『季刊邪馬台国』第二六号所収）と言い切られるが、その指摘にはまったく同感である。

こうした論理が理解できないのであれば、歴史という人文科学は、「科学」という衣装をまとった津田信仰という宗教にでも転じることになろう。闕史八代が記・紀編纂上の政治的な理由で理由で追加挿入されたという総論的な見方は、根拠がなく、なんらの証明がなされていない。

とはいえ、総論だけでは説得力も弱いと思われるので、次に、上記の否定論の論拠について、具体的に反論しておきたい（先に挙げた(1)に対するのが①ということにし、以下同様）。

①古代天皇が皆長寿であることは、奇怪かつ疑問であるが、このことが直ちにその天皇の実在性につながるものではない。例えば、その実在性に疑問を提起する者がまず皆無といえる仁徳天皇も、

『書紀』の記述から見れば百歳をゆうに超える年齢となるし（『書紀』に具体的な数字をあげないが、『日本史総覧Ⅰ』では橋本義彦氏が一四三歳とする）、その治世期間も、世界史上最長とされる高句麗・長寿王の七十九年（四一三〜九一年。王位は子を通り越して孫に行った）を遥かに越える八十七年という長さであって、しかも仁徳の三人の子どもたちに次々と王位が受け継がれている。記紀に記される天皇の年齢が記述そのままに信頼できるのは、おそらく欽明ないし推古天皇くらいからではなかろうか。

古代天皇の長寿に特定の傾向が見られれば、それは一定のルールにより実際の年齢が延長されていることも考えられる。とすれば、かんたんに奇怪といえない。闕史八代にとどめず、さらに多くの即位者を加えたならば、在位年数が不自然に長くなることもなかったが、記紀がそれをしなかったのは、帝紀そのものの所伝を尊重したからであろう。

②上古代天皇の名前は七、八世紀の天武天皇前後の天皇の名前に部分的には似ているが、後者のほうから前者が作られたという証明ができていない。神武から仲哀に至る十四人の天皇の和風諡号には「美称部分」が多いが、この美称部分は必ずしも後世的なものとはいえない。上古代天皇の名前には、ごく簡単な形で実名的な部分が含まれているとみられることから、単純な否定はできない。

孝霊・孝元・開化などの諸天皇に見えるヤマトネコ（倭根子）という語は、三輪君の祖オオタタネコ（大田田根子）、和珥臣の祖ナニワネコ（難波根子建振熊命）に類似しており、初期諸天皇に限ったものではない。景行・成務・仲哀の諸天皇に見えるタラシヒコ（足彦、帯日子）という語については、御名代《みなしろ》に若帯部《わかたらしべ》という部民があることを考慮すると、タラシという名は古い歴史を持っていたことが考えられる。御名代の最後が六世紀後葉の崇峻天皇（在位五八八～五九二年）の倉椅部《くらはしべ》（倉梯部、倉橋部、椋橋部）であり、若帯部は少なくともそれ以前の設置とみられるからである。「帯日子（足彦）」の概念が歴史的に推古朝頃からしか登場せず、この語を用いた天皇の名前は造作であるとするのは、事実に合わない。

従って、タラシの例にみるように、七世紀の天皇和風諡号に使われているからといって、その当時に、往古に遡って造作されたとは直ちにいえない。初期の天皇が、実在していた場合、在世時にどのように呼ばれていたかは不明であり、現在に伝わる和風諡号が何時作られたかも不明である。

また、実名が正確に伝えられなくとも、欽明天皇や用明天皇などの例に見るように、不存在の証明になるものでもない。神霊的な概念を表示する語を名前に持っていると主張しても、それが直ちに実在性の否定につながらない。

③神武から応神に至る直系相続が否定されても、直ちに非実在性にはつながらない。その原型であった「傍系相続」の相続形態が記紀の原型ができた頃（『帝紀』が六世紀中頃の成立かと推測されている）までに、直系相続の形に改変された可能性が強いからである。

④初期天皇の陵墓の記述が不完全ないし誤りであったとしても、直ちにその非実在性にはつながらない。現在の考古学の水準からいっても、天皇陵とその被葬者が具体的に比定できて陵墓として確定できるのは、そもそもあまり多くなく、実在が疑いない天皇であっても、その陵墓が確定できないケー

第1表　古代の天皇の名

代	漢風諡号	国風諡号	実名とみられるもの
1	神武	カムヤマトイハレヒコ	ホホデミ（火々出見）か？
2	綏靖	カムヌナカハミミ	ヌナカハミミ（沼河耳）
3	安寧	シキツヒコタマテミ	タマテミ（玉手見）
4	懿徳	オホヤマトヒコスキトモ	スキトモ（鉏友）
5	孝昭	ミマツヒコカヱシネ	カヱシネ（香殖稲）
6	孝安	ヤマトタラシヒコクニオシヒト	クニオシ又はオシヒト（国押、押人）？
7	孝霊	オホヤマトネコヒコフトニ	フトニ（太瓊）
8	孝元	オホヤマトネコヒコクニクル	クニクル（国玖琉）
9	開化	ワカヤマトネコヒコオホビビ	オホビビ（大毘毘）
10	崇神	ミマキイリヒコイニヱ	イニヱ（五十瓊殖）
11	垂仁	イクメイリヒコイサチ	イサチ（五十狭茅）
12	景行	オホタラシヒコオシロワケ	オシロワケ（忍代別）？
13	成務	ワカタラシヒコ	（不明）
14	仲哀	タラシナカツヒコ	（不明）
—	（神功）	オキナガタラシヒメ	ヒバスヒメ（日葉酢）
15	応神	ホムダワケ	ホムダワケ（誉田別）
16	仁徳	オホサザキ	オホサザキ（大雀）
17	履中	オホエノイザホワケ	イザホワケ（去来穂別）
18	反正	タジヒノミヅハワケ	ミヅハワケ（瑞歯別）
19	允恭	ヲアサヅマワクゴノスクネ	ワクゴノスクネ（稚子宿祢）？
20	安康	アナホ	アナホ（穴穂）
21	雄略	オホハツセノワカタケル	ワカタケル（若建）
22	清寧	シラカノタケヒロクニオシワカヤマトネコ	シラカ（白髪）
23	顕宗	ヲケ	ヲケ（袁祁）
24	仁賢	オケ	オケ（意祁）
25	武烈	ヲハツセノワカサザキ	ワカサザキ（若雀）
26	継体	ヲホト	ヲホト（男大迹）
27	安閑	ヒロクニオシタケカナヒ	マガリ（勾）
28	宣化	タケオヒロクニオシタケ	ヒノクマタカダ（檜隈高田）？
29	欽明	アメクニオシハルキヒロニワ	（不明）
30	敏達	ヌナクラフトタマシキ	（不明）
31	用明	タチバナノトヨヒ	（不明）
32	崇峻	ハツセベノワカサザキ	ハツセベ（泊瀬部）
33	推古	トヨミケカシギヤヒメ	ヌカタベ（額田部）
34	舒明	オキナガタラシヒヒロヌカ	タムラ（田村）
35	皇極	アメトヨタカライカシヒタラシヒメ	タカラ（宝）
37	（斉明）	重祚	
36	孝徳	アメヨロヅトヨヒ	カル（軽）
38	天智	アメミコトヒラカスワケ	カヅラキ（葛城）
40	天武	アメノヌナハラオキノマヒト	オホアマ（大海人）
41	持統	オホヤマトネコアメノヒロノヒメ	ウノノササラ（鸕野讃良）
42	文武	アメノマムネトヨオホヂ	カル（珂留）
43	元明	ヤマトネコアマツミシロトヨクニナリヒメ	アヘ（阿閉）
44	元正	ヤマトネコタカミヅキヨタラシヒメ	ヒダカ（氷高）

（備考）旧仮名遣いの表記による。

スのほうがはるかに多い。（この辺の事情は、拙著『巨大古墳と古代王統譜』を参照されたい）

神武から崇神までの十人の天皇の陵墓は全て山・丘・坂など自然の丘陵などの一部を利用して築かれたように記紀に記述されており、このことは前期古墳の考古学的な事実ともむしろ合致する。崇神はともかく、それより前の天皇の陵墓が古墳の形態で築かれなかった可能性があることを意味するとしたほうが自然であろう。

これに対して、第十一代垂仁以降の天皇については、平地部に築かれたとする記述が多くなる。こうした古墳の知識を七、八世紀当時の人々が有していたのであろうか。初期諸天皇の陵墓の記述が後代に造作されたものならば、もっと規模が大きい墳墓であって、築造場所も平地部のものにあてられてしかるべきであろう。前方後円墳の発生時期を考えると、初期諸天皇の陵墓が仮に存在したとしたら、自然の丘陵などを利用してあまり盛り土のない形で造られた可能性も考えられる。天皇の系譜が後世の造作とした場合、陵墓記事も後に造作されたことになるが、古くから開けた土地にあとから古墳があったことにしても、一般の承認を得るのは不可能であろう。

⑤『古事記』の用明・崇峻・推古の諸天皇のように、事績記事を欠いてもその存在が確認される天皇もいる。それ以前でも、仁賢・武烈・安閑・宣化・欽明及び敏達の諸天皇には帝紀的な記事があるにとどまる。記紀の原型は、『帝紀』（皇室系譜の記述）に『旧辞』（事績の記述）が加わってできたものと一般に考えられていることから、旧辞的部分を欠いた天皇にあっても、帝紀や実在性を直ちに否定できるものではない。初期諸天皇の系譜記事のすべてが、机上の制作だと考えるのは、古人の構想力を

第2表　初期諸天皇の宮都

代	天皇	紀の記載（記の異伝のみ）	比定地の諸説		
			郡	現在の地名	近傍の遺跡・神社
1	神武	畝傍橿原宮	高市郡	橿原市久米町	橿原遺跡（久米町・畝傍町）（※現　神武陵付近か）
2	綏靖	葛城高丘宮	葛上郡	御所市森脇	一言主神社傍
3	安寧	片塩浮穴宮	葛下郡（一説、高市郡）	大和高田市三倉堂・片塩（一説、橿原市四条町）	石園坐多久虫玉神社 三倉堂遺跡(西・中三倉堂)
4	懿徳	軽曲峡宮（軽境岡宮）	高市郡	橿原市大軽町（一説、見瀬町マワリオサ）	
5	孝昭	掖上池心宮	葛上郡	御所市宮前町掖上（一説、同市池之内）	鴨都波遺跡、鴨都波神社
6	孝安	室秋津島宮	葛上郡	御所市室	宮山古墳後円部の八幡神社
7	孝霊	黒田廬戸宮	城下郡	磯城郡田原本町黒田	廬戸神社、黒田大塚古墳
8	孝元	軽境原宮	高市郡	橿原市大軽町	牟佐坐神社
9	開化	春日率川宮	添上郡	奈良市本子守町	率川神社付近
10	崇神	磯城瑞籬宮	城上郡	桜井市太田・箸中（一説、同市金屋）	纒向遺跡（志紀御県神社西）
11	垂仁	纒向珠城宮（師木玉垣宮）	城上郡	桜井市穴師	珠城山周辺｝纒向遺跡か
12	景行	纒向日代宮 志賀高穴穂宮	城上郡	桜井市穴師	都古谷の地｝纒向遺跡か
13	成務	志賀高穴穂宮	近江国滋賀郡	滋賀県大津市穴太	高穴穂神社
14	仲哀	穴門豊浦宮 筑紫香椎宮	長門国豊浦郡 筑前国糟屋郡	山口県下関市長府 福岡県福岡市東区香椎	忌宮神社 香椎神宮
15	応神	軽島豊明宮 難波大隅宮	高市郡 摂津国西成郡	橿原市大軽町 大阪市東淀川区か中央区	春日神社付近

高く評価しすぎる。

神武の崩御後には皇子間の皇位争いに勝った綏靖が即位したと記紀に記述されており、これはまさに第二代綏靖天皇についての即位前の事績といえよう。綏靖には、天皇としての事績が記録されなくとも、皇子の事績があったことになり、このことは綏靖の実在性を裏付けるが、綏靖の実在性を認めれば、「神武＝崇神」という図式は成り立

第3表　初期諸天皇の陵墓

		紀の記載（陵名）	記の記載（所在地）	所在郡
1	神武	畝傍山東北陵	畝火山の北方の白檮尾の上	高市郡
2	綏靖	桃花鳥田丘上陵	衝田岡	高市郡
3	安寧	畝傍山南御陰井上陵	畝火山の美富登	高市郡
4	懿徳	畝傍山南繊沙谿上陵	畝火山の真名子谷の上	高市郡
5	孝昭	掖上博多山上陵	掖上の博多山の上	葛上郡
6	孝安	玉手丘上陵	玉手の岡の上	葛上郡
7	孝霊	片丘馬坂陵	片岡の馬坂の上	葛下郡？
8	孝元	剣池島上陵	剣池の中の岡の上	高市郡
9	開化	春日率川坂本陵	伊邪河の坂の上	添上郡
10	崇神	山辺道上陵	山辺の道の勾の岡の上	城上郡
11	垂仁	菅原伏見陵	菅原の御立野の中	添下郡？
12	景行	山辺道上陵	山辺の道の上	城上郡
13	成務	狭城盾列陵	沙紀の多他那美	添下郡
14	仲哀	河内国長野陵	河内の恵賀の長江	河内国
15	応神	記載なし	河内の恵賀の裳伏の岡	河内国

たない。『古事記』には、孝霊記などに崇神よりまえの天皇の皇子たちの吉備や高志などの遠征が見えており、これを事績（『旧辞』）だとみる見方もある。

また、『旧事本紀』天皇本紀では、后妃・宮都に加え物部氏一族の補任記事が見えるにとどまるが、闕史八代の天皇すべてについて事績が記載されており、闕史とはなっていないことにも留意される。

⑥『書紀』では神武について「始馭天下之天皇」と記し、現在この訓み方は、崇神の「御肇国天皇」と同様に「ハックニシラス」の天皇《すめらみこと》とされているが、表記がまったく異なっており、従って語の意味も異なる。語義からは、崇神の呼称は日本国土の主要部分（中国地方から東海、ないし関東までの地域）の初めての統合者ということに基づくものとみられ、神武の場合には大和盆地を中心とする地域に

おけるその王朝の最初の大王と解釈できる。

このほか、神武天皇の記事は、その後代では壬申の乱の時（天武元年七月紀）の神懸かりのお告げのなかに「神日本磐余彦天皇の陵」とあるまでは、確実に出てくるものがないことから（継体二十四年紀に見える詔は疑問大）、これをもって、神武の実在性を疑う見解もある。

このような議論をするのなら、崇神天皇についての記事ですら、その子の垂仁天皇に関して表現されるのみであり（神武と同様に、継体二十四年紀に見える詔を除く）、応神天皇（誉田天皇）についても、その死後はその子の仁徳天皇に関しての記事、応神五世孫と記される継体天皇についての記事と宣化紀に「胎中之帝」とあるくらいである。上記神武陵の記事からは、壬申の乱の当時に神武陵と認識されていた陵墓が存在していたことが分かり、むしろ神武天皇の実在性が高まるほうに加担する。

これらの事情を考えると、記紀における記事の出現がその崩御後に見えないとか少ないとかいっても、実在性を否定する論拠にならない。『書紀』では、皇室の祖を一括して「皇祖」と表現する例がかなりあることも考え合わせるべきである。こうした皇祖の例が見えるのは、綏靖以降大化までに、綏靖紀、崇神紀、仲哀紀、神功摂政前紀、允恭即位前紀及び推古紀においてである。

さらに、神武の即位年についての「讖緯説《しんいせつ》」もあり、これはまだ学界では多数説かもしれないが、大きな誤解であり（後述）、この讖緯説も否定の論拠にはならない。

久保田穰氏と前之園亮一氏の説

弁護士で歴史研究家でもあった故**久保田穰氏**は、『古代史における論理と空想』（一九九二年）という著書で次のような重要な指摘を行っている。

「率直に言って、どうも古代史を扱う人達、特にむしろ専門の主流の学者の所説は論理性に欠けていると感じる。その一つの現われが初期天皇の非実在論及びそれに関連する王朝交替論であると思う」として、次のような主旨を記述される。

初期諸天皇の実在性についての直接の書証は二つ（記紀）であるが、多少遅れて（それでも、古代の伝承がまだ残っていたであろう時期に）成立した万葉集、風土記、古語拾遺、旧事本紀、新撰姓氏録、さらには各種の系図や神社伝承なども、これを支持し、少なくともこれと矛盾しない。従って、これを否定しようとするならば、その立証責任は否定論者にあることは明らかだと思う。ところが、私はまだ否定のための理由らしい理由を見たことがない。否定論者は否定のための立証責任を果たしていないと考える。自分は存在しないと思うと言っているだけである。そういう議論がまかり通る、それどころか定説になるような歴史学界とは不思議なところである。

一方、**前之園亮一氏**は、『古代王朝交替説批判』（一九八六年）で「神武天皇と欠史八代の天皇たちは、本来、神代の神々であった」という主張を展開している。

その主張の根拠は、神武等九人の和風諡号の末尾に「ミ・ネ・ニ・ヒ」などの神や精霊などを表す語彙（これを「神霊概念表示語」と同氏は呼ぶ）が付着することとされる。

しかし、同氏があげる接尾語が他の神々にも同様に付いていることを認めても、これら神々が実在の人間とはまったく別の霊的な存在という証明がなされていない。接尾語等で「神」のように表示された者は実在ではないという命題が証明されない限り、実在しないと思うから実在しないのだという信念を述べるにすぎない。

前之園氏は、また、『帝紀』『旧辞』には日向三代伝承が存在しなかったと決めつけ、第九代開化天皇までが神代に所属していたと考える。『帝紀』『旧辞』の神話の構成は、天岩戸の神話からただちにニニギの降臨神話へ接続し、その間の出雲神話はまだ載録されていなかったとし、ニニギは、本来、伊勢地方の太陽神であったアマテラス大神（天照大神）の子孫ということで、伊勢を本籍地とするサルダヒコ（猿田彦）の神に道案内されて、伊勢に天降ったはずであるという考えも呈示するが、いずれも疑問が大きい。

同氏も指摘するように、天岩戸事件から天孫降臨まで時間的にあまり間がないようであるが、いわゆる出雲神話は高天原神話とは別体系の伝承であるので、この両事件の近接をもって、ただちに日向三代伝承の否定には至らない。前之園氏がこれらの前提に立って、古代王朝交替説批判をいくら力説しても、その立論の基礎に大きな問題がある以上、説得力をもたないといえよう。

古代諸天皇の実在性否定論を見てきたが、その根底には、わが国における文字や暦の使用についての捉え方もあるようであり、次に触れておく。

四　文字・暦の伝播と使用

いわゆる戦後史学においては、文字と暦という大陸先進文明の日本列島への伝来やその修得を比較的遅い時期にみる傾向があるように思われる。この辺の認識の差異が記紀等の所伝や氏族伝承をどう考えるかに影響し、ひいては神武や初期諸天皇の実在性の論議にも影響していそうでもある。

文字の伝播

応神記には、王仁《わに》による論語・千字文のわが国への伝来記事があり、これをわが国への文字の初伝と受け取る見方が多くあった。しかし、実際にはそうではなく、記事の表現通り、論語等の諸典籍（『古事記伝』でも言うが、千字文については疑問が大きい）がわが国に伝えられただけと考えられる。応神紀には、阿直岐《あちき》や王仁が百済より渡来してきて菟道若郎子《うじのわかいらつこ》に諸典籍を教授したと記されており、この考え方と符合しよう。

『隋書』倭国伝では、もともとわが国には文字がなく、木を刻み縄を結ぶだけであったが、百済から仏経を求得して初めて文字を有するようになったと記される。しかし、六世紀中葉までになされた仏教伝来までわが国が文字を持たず、使用しなかったとするのは、五世紀後半の『宋書』記載の倭王武の上表文からみても、明らかに事実に反する。『三国史記』の百済本紀では、百済は四世紀後半の近肖古王の時代に博士の高興を得て初めて「書記」を作ったという古記の伝承を記すが、これも歴史書の作成ということで、なんらかの文字による記録さえなされていなかったというわけではなかろう。王仁の記事や、わが国の金石文の遺文で最古のものとされる隅田《すだ》八幡宮の銅鏡銘文、江田船山古墳出土の太刀銘文が、応神朝以降の五世紀代のものであることから、日本人が応神朝より前に漢字を用いたことに否定的な見解も多く見られる。こうした立場では、応神朝より以前の時代の記録や伝承・系譜に対して否定的・懐疑的になりがちである。上記の銅鏡・太刀がともに五世紀後葉で雄略朝以降のものだとみられるが、だからといって、それ以前の文字の伝来・使用とは別問題である。

以上の諸事情を考えて、上古の文字使用について、否定的・懐疑的でよいのだろうか。

藤堂明保氏は、わが国の万葉仮名の字音は三国六朝時代（西暦三〜六世紀）のものとして、「余程年代をひかえ目にみても、西暦三世紀から五世紀には両国の交通が行われて、漢字が日本に入っていたことは確かである」と述べられる（昭和二十三年東大文学部講義「中国音韻学の諸問題」）。大陸・朝鮮半島との交流により、文字は早くにわが国の北九州に伝播していたとみられる。後漢・光武帝の時代の倭国はともかく、二世紀初の帥升等の後漢への朝貢などの交流を通じて文字を知るようになり、三世紀前半の邪馬台国の時代には、史部《ふひとべ》（文書・記録を仕事とする者）が未成立であったとしても、支配者層は文字による記録や意思伝達の手段を有していたと考えるほうが自然であろう。

中国との王朝との交渉においても、当初は通訳を重ねて行なったとしても、ほどなく中国語を理解・修得していったとみられる。『魏志倭人伝』にも、①魏帝が倭女王卑弥呼に詔を出し、倭王は使によって上表した、②帯方郡が倭国に使するときは伊都国に居た一大率は文書・賜遣の物を女王に至らせた、と記されており、これらの文書を倭人（ないし倭人社会で王権の近くにあった渡来系の技術者層）は理解し、作成したものと考えられる。この際の文書には、当然のことながら、倭国の人名や官職も漢字で表現されていたものであろう。既に『後漢書』の倭伝でも、光武帝に朝貢した倭の奴国の使人は自ら大夫と称したと記されている。

森浩一氏も、北九州の弥生時代の銅鏡には、たいてい漢字で文章があらわされており、倭人たちが銘文の内容を理解できたとすれば、漢字受容の歴史がまったく異なってくるとし、「弥生社会はすでに文字を受け入れつつあった」とみる（『日本神話の考古学』）。西暦二〇〇年頃の築造とみられている前原市の平原王墓から出土した鏡には、弥生期の文字が大量に記されていた。

このように、文字の伝来・使用の時期を遅くとも二、三世紀頃とすると、その頃には倭国には支配階層が成立しており、その階層に属した人々の名や事績・系譜について記録されたことは不思議ではない。奴国や邪馬台国の支配階層の由来・原郷が大陸や朝鮮半島にあったことも十分考えられるうえ、中国や朝鮮、大陸北東部の民族における血統重視の思想も伝わっていたものであろう。

とすれば、神武天皇が弥生後期の西暦二百年頃の人で、しかも北九州の出自であったとすれば、神武を取り巻く人々の名や事績が文字による記録の対象になったことは十分に考えられる。

それゆえに、神武以降の系譜や事績が文字で伝えられたものと思われるが、そうでなくとも、伝承は四百年くらいは真実が伝えられるといわれる。これは、池田源太氏がそう言い、末永雅雄氏も同意している（『神話と考古学の間』一〇頁）。記紀の原初的なものが六世紀前葉の継体朝か七世紀前葉の推古朝にまとめられたという立場にたてば、二、三世紀以降のわが国の歴史が記紀によく残されたことも十分考えられる。神武非実在論の先駆といわれる江戸後期の山片蟠桃の論拠も、わが国の文字使用と神武年代の捉え方にあり、ともに問題が大きい。

末永氏は、記紀の記録のなかには一般に考えるよりも沢山の史実があるとして、記紀の最初のほうを全部が神話でウソの塊として片づけるというわけにもいかないと述べられる。三品彰英氏も、神話のなかには大化の改新以降の記紀編纂時代の要素がたしかにあるが、それとともに、稲作開始時期、つまり弥生時代が記紀神話のスタートであり、記紀にはそうした古い要素が含まれる（縄文時代の神話は考えられない）、と述べられる（ともに『神話と考古学の間』）。いずれも、傾聴すべき先学の見解と受け取られよう。

かなり時代が下って、七世紀前葉の推古朝頃の遺文（元興寺露盤銘《がんこうじろばんめい》、天寿国繍帳《しゅちょう》）を見ると、固有名詞を中国語の上古音という音韻（漢や魏の音）によって記すものが少なくない。推古朝は長江《ちょうこう》（揚子江）下流地域の発音である呉音系の字音がゆきわたり始めた時代であるのに、これはなぜであろうか。大野晋《おおのすすむ》氏は、推古朝頃に古い漢・魏の音が残っているのは、それ以前に活躍した史（ふひと）たちが漢・魏の時代に栄えた楽浪郡の漢人の系統をうけていたからだと推測し、井上光貞氏も、「この推測は、西文首《かわちのあやのおびと》一族が楽浪郡系統ではないかと述べたことと、ふしぎなほどよく一致している」と記される（『神話から歴史へ』四一六頁）。

私としても、西文首一族が楽浪系統の漢人出自であることに異論がない（『姓氏録』には漢高祖の後とされ、王仁の先祖に遼西や百済にあった者が系譜に見える）が、漢・魏の発音はこの一族だけに担われたわけではないので、むしろ漢字が日本列島に伝来し実用化していった時期に因るものではないかと考えている。とすると、以上にあげた諸事情も併せ考えて、二、三世紀というのがわが国の漢字使用の大きな画期となるであろう。

暦の伝播

『書紀』の記事からは、欽明十四・同十五年条に百済からの暦博士の来朝・交代、推古十年条には百済僧を師とする暦法の学習が知られるが、それ以前にはわが国に暦法がなかったのだろうか。

暦についても、文字と同様に大陸との交流を考えざるをえない。それ以前でも、稲作農業の開始に応じて春耕・秋収の時期を太陽や月の観測で知ったとみられる。「春分」の初見が仁徳紀六二年条としても、垂仁～成務朝に春分・夏至・冬至を認識していたとみる見解もある（金子陸奥三氏「農業三節祭祭日の由来」、『歴史研究』第三一三号）。

有坂隆道氏は、倭が漢や魏の冊封体制に入っていたから、邪馬台国がすでに魏の正朔を奉じていて、皇帝権のシンボルというべき暦も授けられた可能性が大きい、とみている。陳寿が『魏志倭人伝』を編纂したとき、『魏略』逸文の「その俗、正歳四節を知らず、但春耕秋収を記して年紀となす」という文を省いたのは、陳寿の見識であり、邪馬台国がすでに魏の正朔を奉じていることを認めたからだ、とも記される（『古代史を解く鍵』）。

文字と暦とが大陸や朝鮮半島との交流・往来を通じて日本列島にもたらされ、西暦一、二世紀の支配階層（ないしその周囲の限定された知識人）がこれらをある程度知っていたら、記紀伝承に史実の裏づけがあった可能性はより大きくなる。なかでも、暦や距離計測の単位については、朝鮮半島からその北方の中国東北地方にかけての地域に伝えられた古暦・古尺度の影響が大きかったのではないか、と私には思われる。『魏志倭人伝』の距離表記（倭地などの里程記事に見えるいわゆる「短里」）もそうした一環で考えられる。

五　神武否定論の再検討

神武の存在否定は困難

ここまで神武天皇の実在性についての否定論を通観してきたが、否定論はいずれも論拠が乏しいと言わざるをえない。少なくとも、神武の存在を決定的に否定するのはきわめて困難とするのが論理的な帰結であろう。実在性を肯定する説もいくつかを紹介するので、否定論と対比してみてほしい。

田中卓博士は、「神武天皇の御東征は、之を疑ふ学者もあるけれども、仮に疑ふとすれば、紀・記は大変な造作虚構を敢てしたことのみならず、皇室にとってむしろ不利を冒し、説話の上でも好んで矛盾を招いたことになる」と説かれる（「日本国家の成立」）。神武以降の九代についても、「この期間の帝系譜の信憑性を高めるものは、皇妃の出自についての紀・記の所伝の素朴さである」と記している。これに限らず、九代の后妃の出自伝承が地域的に自然なものであり、そうした通婚から皇室の支配地拡大の動向を読み取って、それが継続的な征定という自然な歴史の流れだと考える見方もある。

武光誠明治学院大教授は『日本誕生』（一九九一年）で、次のように事実上神武天皇的な存在を認めた趣旨を記述する。

(1)　大和朝廷は、銅鐸の祭祀を行っていた近畿地方の小国の中から出たものではない。九州から吉備を経て来た集団が大和朝廷を作った。それが分かるのは、三世紀中葉頃までに西方から近畿地方に移住した者が残した遺跡が多く出現し、その直後に、銅鐸が姿を消すという事情からだ。神武東征伝説は、そのことに関する記憶から作られた。

(2)「神武天皇」等の漢風諡号は奈良時代に作られたものだが、私は、「後世の人が神武天皇と呼んだ人物」の意味でこの後を使うことにしている。

また、京大出の直木賞作家であって、古代史関係でも『大和は邪馬台国である』などの著作のある高城修三《たきしゅうぞう》氏は、「古代史を抹殺した津田左右吉の大罪」という論考（「歴史諸君！」二〇〇二年五月号臨時増刊）で、「戦後の歴史学が神武天皇を否定する論拠に確たるものは何もない」と記している。

神武天皇実在論の基本的な認識

神武の実在性を肯定する説や根拠は、次章以下で神武天皇を様々な角度から検討するなかで詳しく触れていくこととして、まず実在性に関する基本的な認識をあげておきたい。

上古の人物についての実在性の証明は、資料が乏しいだけにかなり難しいが、神武とその伝えられる業績に関して、実際の当時の地理に適合し、活動したとされる年代と関連する事物が具体的に体系的整合的であれば、実在性は高まる。神武の活動に現れる味方・部下や敵対した人物が実在的な印象が強ければ、神武についても同様となろう。神武に関連する人物の子孫たちが年代的世代的に整合して記紀編纂当時まで残っておれば、これも実在性の傍証となる。また、神武の主要業績である東征について、その痕跡・影響が具体的に事物や伝承などの形で残っておれば、事件が後世の造作と片づけるわけにはいかない。さらに、記紀の東征伝承において、記紀やその原典にあたる書（天皇記・国記など）の編纂当時には存在しないような古習俗が的確に記述されていれば、東征が実際におきた事件であったことの傍証になろう。神武伝承にまつわる神奇性の払拭も必要である。

実在論のはじめに、七世紀後半の壬申の乱当時、神武天皇は権威賦与の存在として認識されており、その陵墓が高市郡に存在すると『書紀』に記述されることを示しておく。

『書紀』の記事（天武元年七月条）によると、壬申の乱（六七二年）の最中に高市郡大領の高市県主許梅《こめ》が神憑りして言った言葉に、「吾は高市社にいる事代主神であり、また身狭《むさ》社にいる生霊《いくたま》神である」として、「神日本磐余彦天皇の陵に馬及び種々の兵器を奉れ」といったので、この言辞に従って御陵を祭祀し馬・兵器の奉納などを行った。さらに、「吾は皇御孫命《すめみまのみこと》（大海人皇子）の前後に立って不破まで送りし、今もまた官軍のなかに立って守護している」「西の道から軍勢がやってくるので、用心せよ」と述べられ、村屋神のお告げもあり、現に近江軍の来襲があったので、神が教示したことはこれだったかと思い、戦の勝利の後に将軍たちは三神の教えを天皇に奏上し、天皇は勅して三神の位階を引き上げ祭祀したと記される。

神武天皇が確実な史料に出てくるのはこの記事が最初であり、**神武の陵墓**とされるものが壬申の乱の当時、高市社・牟狭社から遠くない高市郡のどこかにあったと確かめられる。これは、架空の伝承上の人物について陵墓設置をしたという証明がないかぎり、神武の実在性を傍証するものであろう。

森浩一氏は、神武を伝説上の始祖王としてとらえ、高句麗の始祖王朱蒙との対比で、神武の陵墓について六、七世紀ごろの造成を考える。しかし、その論理には次のコラムに見るように破綻がある。その陵墓として、大きな高塚ではない墓が伝えられていたため、壬申の乱当時は識別ができていた墓が、時代の経過とともに墓自体や被葬者の所伝が消滅してしまったのではないかとみられる。

＜コラム＞始祖王の陵墓

1　森浩一氏は、神武陵について、「日本の国の歴史が意識される段階で、伝説上の始祖、最初の国王の墓がないとおかしいということで、西暦六世紀から七世紀ごろにつくられた」と考え、日本以外でも、例えば高句麗も伝説上の一代目の国王、朱蒙の墓が平壌郊外にあるが、これは五世紀代の古墳であると述べる（「唐古・鍵遺跡と考古学」）。

2　これは、神武天皇が伝説上の人物で実在性を欠くということであろうが、論理としておかしな点がいくつかあるので、次にあげておきたい。すなわち、

①　神武の陵墓が西暦六世紀から七世紀ごろに造られたのなら、その頃に造られた古墳が多く残っているのに、大切なはずの始祖王の墓がきちんと残らず、どうして行方不明になってしまったのか。

②　朱蒙など初期高句麗王が都とした地は平壌ではなく、遠く離れた建国の地である中国東北地方の卒本（現遼寧省桓仁）であり、その地に始祖廟が造られ、四二七年に国内城（集安）から平壌城に遷都した後に、平壌城の近隣に始祖の陵を造営したことが考えられる。いま、平壌城の東南約二十キロに真坡里《しんぱり》古墳群があり、戊辰川の北岸の丘陵尾根上に十七基の古墳があって、そのうち伝東明王陵（真坡里十号墳）と真坡里一号墳・同九号墳（文咨明王《ぶんしめいい》〔在

位四九二～五一九）の陵と推定される）の三基が壁画墳である。故地の卒本にも始祖廟があり、石室構造が伝東明王陵と類似するなどの事情から、米倉溝《べいそうこう》一号墳がそれにあたるのではないかとみられている。この朱蒙の例に対し、神武の場合にはその都の近辺に陵墓が造られたという事情があって、高句麗と同様には論じられない。

③　朱蒙は東明王と号し別名を鄒牟《すうむ》といい、広開土王碑文には、始祖を鄒牟王（東明聖王）として、それから十九代の広開土王の事績が記される。武田幸男東大名誉教授（朝鮮史）によると、四世紀末から五世紀初めの小獣林王・広開土王の時代に王統系譜が整えられたとされるが、朱蒙自体が実在しないわけではない。すなわち、王莽の討伐により始建国四年（西暦十二年）に斬られたと『漢書』王莽伝に見える「高句麗侯騶《スウ》」が鄒牟に当たるとされ、日光による卵生伝承があるが、その実在性が認められている。そもそも、古代の中国や朝鮮半島で架空の人物について陵墓を造るという風習があったのだろうか。

第二章　神武東征の経路

神武東征を具体的に検討する際、年代と地理が大きな座標軸になる。記紀の東征伝承では、地理・地名がかなり詳しいものの、年代については、間延びしているとみられる書紀紀年の記載があるだけである。そのため、本書では、その年代を大づかみで古墳の発生前の時期である弥生後期頃としておいて、まず記紀に具体的に記される地名や東征経路という活動の舞台をとりあげ、地理的検討を加えることとしたい。年代論が重要と考えられる読者におかれては、第四章の「神武天皇が活動した時代」のほうを先に読んでいただいてもよいと思われる。

一　東征の出発地

出発地としての「日向」はどこか

神武東征の出発地は、記紀の記事から「日向」と解されている。

『記』の表現では、高千穂宮に居た神武が兄の五瀬《いつせ》命と相談して東に行くことを決め、日向より発して筑紫（一般的には筑前筑後を合わせた地）に向かい、まず豊国（豊前豊後）の宇沙《うさ》に行ったとされる。父祖の陵墓については、祖父ホホデミの陵は高千穂の山の西にありとするが、父とされるナギサについては何も記さない。

『書紀』では、太歳甲寅《たいさいこういん》の年に、神武が諸兄及び子等と協議して、東の美《よ》き地に都を遷すことを決めて出発し、速吸之門《はやすいのと》を経て筑紫国《（ママ）》の菟狭《うさ》に行ったとされる。ここでは、出発地として端的には日向の地名が出ないが、祖父及び父の陵墓が日向の高屋・吾平《あひら》の各々山上陵、妃が日向国吾田《(ママ)》邑の吾平津媛と記して、これら近親の記事から日向という地域が示される。神代紀に見える吾田・笠沙は後の薩摩国阿多郡、高屋・吾平は大隅国姶良《アヒラ》郡に属する地名を想定しているようであり、いずれも薩隅分離後の日向国の地名ではない。阿多郡と姶良郡とはかなり離れており、これら地域を一括して日向とか高千穂と呼んだとは思われないから、『書紀』の記事は地理的に不自然であって信拠できず（これこそ後世の造作か）、『記』の陵墓記事のほうが自然であろう（推測すると、ナギサ在世中に神武兄弟は進発し、その陵墓は大和朝廷の記録に残らなかった可能性がある。その事情は後述）。「日向三代」が薩隅地方に居たとすると、神武の出発地・高千穂宮があった「日向」も宮崎県ではなく、薩隅の鹿児島県になってしまうという矛盾も出てくる。

なお、『書紀』では、上記のように「筑紫国」、「日向国」として「国」が濫用されているが、この「国」は衍字《えんじ》（誤って入った余計な文字のこと）のように思われる。そもそも、豊前の宇佐（宇沙、菟狭）が筑紫（筑前）に属したことがかつてあったのだろうか。

それでは、この出発地「日向」とは、具体的にどの地域を指すのであろうか。

津田博士をはじめとして、記紀から神武像を描く学究たちはほとんど大部分が、この「日向」を南九州の太平洋に面した日向国、現在の宮崎県だと信じて疑わなかった。現在の宮崎市の宮崎神宮あたりが高千穂宮の霊地とされ、耳川の河口の美々津《みみつ》港（日向市）から船出したと地元では伝える。神武の出発直後の寄港地や宮崎県各地に残る伝承からも、宮崎県となる。それは、記紀の編纂者の認識自体がそうだったとみられるので、やむをえないことなのかもしれないが、それでも、神武の存否にかかわる基礎的な必須認識だとしたら、現代の研究者としては、不十分な検討だという誹りを免れない。「日向」を天孫降臨の高千穂と関連して、ともに南九州（主に宮崎県）にあると理解したが故に、神武東征の史実性は根底から崩れている。このように、これまで受け取られてきた。

この場合の「日向」の地とは、はじめは南九州全域で日向・大隅・薩摩を含む地域であったのが、後に八世紀初めには薩・隅二国を分出して日向一国の地域となったとみられてきた。神代紀の天孫降臨の段には「膂宍之空国《そじしのむなくに》」（背の肉のように痩せた地）と書かれた未開地であり、その住民は長い間朝廷の威に服せず、熊襲や隼人として異民族のように扱われてきた。このような地が、どうして皇室の発祥地・都でありえたろうか。

この限りでは、津田博士の指摘は正当であろう。ところが、次に一歩進んで、「日向」の地は南九州以外に適当な地はないだろうかとして、別の「日向」の地を求める検討は一切なされなかった。そして直ちに、神武東征は虚構の日本神話の一部であると結論された。大和朝廷の祖ニニギが南九州の日向に天降ってしまったために、日向と大和を結びつける必要があり、日に向かうという意義の土地、ヒムカを日神の子孫と称する皇室が初めて都を置いた土地として適当であると記紀の編者が判断して記事に採用されたという要因分析に至ったわけである。

いいかえれば、神武東征は日神思想による観念の所産であって、歴史的事実ではないので、ヤマトの朝廷は始めから大和国に存在したものとされる。神武東征の物語が『魏志倭人伝』により知られる三世紀頃のツクシ（九州全体という意味か）の形勢に適合しないのも、クマソに占拠されていたヒムカの状態と一致しないのも当然である、とされる。

しかし、こうした解釈でよいのだろうか。

ここで、記紀における「日向」の記述を再考してみよう。

『記』では、崇神天皇より前の時代では、日向が現れる個所は次の三か所である。

①　イザナギの神が穢れを払うために禊（みそぎ）をして天照大神等を生み出した地が、筑紫《つくし》の日向の橘の小門《おど》の阿波岐原《あわきはら》

②　ニニギの尊が天降りした地で、筑紫の日向の高千穂のクジフル嶺

③　神武東征の出発地であり、高千穂宮に居していたのが、東へ行くということで、日向より発して筑紫に向かう、と記される。

一方、『紀』では、もう少し多くの「日向」が現れる。

ア　『紀』の一書第六に、イザナギの神が祓《みそ》ぎして天照大神を生んだ地として、筑紫の日向の橘の小門の檍原《あわきはら》……『記』の①と同じ。

イ　火火出見尊（ニニギの子で、神武の祖父とされる）が日向の高屋山上陵に葬られる。

ウ　波瀲尊《なぎさ》（ホホデミの子で、神武の父とされる）が日向の吾平山上陵に葬られる。

ホ　神武の妃は日向国の吾田《あた》邑の吾平津媛

これら「日向」の地が現れる記述はほぼ一致しており、まったく実存性のない神話的事件と考えられるイザナギ神の禊ぎの地を除くと、ニニギ尊の天孫降臨の地であり、ニニギ以降の「日向三代」の居住地かつ墳墓の地であり、神武の居住地で東征の出発地、その妃の出身地、として位置づけられ、実在する土地として一貫した記述がなされる。この「日向」の地がやはり南九州なのであろうか。森浩一氏や安本美典氏など、神武東征伝承を尊重する立場の研究者も日向国としていて、とくに問題意識がみられないが、「日向」については、神話の流れを踏まえて多角度から検討する必要がある。

『記』のニニギの言葉に、天孫が降臨した地について、「此の地は韓国に向ひ、笠沙《かささ》の御前《みさき》を真来《まき》通りて、朝日の直刺《ただださ》す国、夕日の日照る国なり。故、此の地は甚《いと》吉き地」とあることに注目される。これが、「日向」の地の探索にあたり重大な示唆を与える。このニニギの言葉が「日向」の起源であろう。古代の国名としての宮崎県日向国の起源も同様であり、景行十七年紀に、「この国、直《なお》く日の出づる方に向けり」という天皇の言葉により、その国を名づけて日向という記される。

この二つの地名伝承をならべて見ると、「日向」という地名はその地理的状況に由来したこと、南九州の日向国は景行朝に至って初めて日向と名づけられ、それまでは「襲国《そのくに》」（『古事記』上巻には建日別《たけひわけ》と見える）と呼ばれたことが分かる。そうすると、追記でもしない限り、神武当時までの皇祖の居住地「日向」とは、南九州になかったことになる。韓国に向かう「日向」の地とは、北九州の玄界灘沿岸地帯にしか該当地が見いだせない。

この「韓国」については、「膂宍之空国《そじしのむなくに》」の空国ではないかとみる見解もあるが、空国は「むなくに」であって「からくに」ではなく、しかも「韓国に向かう」地に居るということは、膂宍之空国《そじしのむなくに》そのものに居るということとは異なるから、文理上もおかしい。倉野憲司《くらのけんじ》氏も『古事記』の岩波文庫校注でいうように、韓国はやはり朝鮮半島を指しているものと考えている。なお、膂宍之空国の語は仲哀紀八年条にも見えて、熊襲の居住地についていわれるから、ニニギの天孫降臨段に見える膂宍之空国の語は、「日向」を南九州と受け取った書紀編纂者の書入れであろう。

記紀の「日向」の語について見ると、上掲のように日向国と記されるのは神武紀に見えるただ一か所であり、残りは日向とのみ記されて、しかも「筑紫の」という語が頭に付けられている。記紀には「筑紫の豊の……」とか「筑紫の肥の……」という表現が見られないことも考慮すると、「筑紫」は筑紫島という九州全土ではなく、狭く限定された筑前筑後（さらに限定して筑前）の地域とするのが妥当である。

南九州にある高千穂（宮崎県臼杵郡高千穂）や吾田《あた》（阿多。鹿児島県西部の呼称）という地名やニニギ以下の日向三代の陵墓所伝は、後世になって大和朝廷や隼人族など当地の住民により記紀に因んで命名・指定されたものではなかろうか。吾田（阿多）という地名の起源が古ければ、記紀編纂に際して、南九州を代表する地名として取り入れられたのかも知れない。

以上の事情からみて、記紀の「日向」については、北九州の筑紫（筑前）の玄界灘沿岸地帯に求めざるをえない。三貴神産み神話の舞台となる浜辺の「小門《おど》」という地名さえも、この沿岸地帯にあり、志賀島対岸の早良郡（現福岡市西区）の姪が浜の地名、小戸《おど》・小戸神社として見える。

この地帯に居住した日向三代のうちの二代（ホオリ、ナギサ）が、ニニギ降臨に先住する有力部族で福岡平野の那珂川下流域に本拠を置き、竜蛇トーテムを強くもつ海神族《かいじんぞく》の族長一族と通婚したことは、地理的な近隣性のみならず、天孫降臨の道案内者猿田彦の出自からみて、ごく自然である。筑紫国の古名「白日別《しらひわけ》」（『古事記』上巻に見える呼称）も、光・明・火などを表す「白」がついており、明るい太陽の地域という意義からみて日向と関係がありそうである。

「日向」が北九州の筑紫の地であるという主張は、最近ではかなり多く見られる。管見に入ったところで、そうした研究者を順不同であげると、上田正昭、門脇禎二、田中卓、原田大六、阿部秀雄、古田武彦、辻直樹等の諸氏がおられる。

丸山二郎氏は、戦後まもなくの昭和二十二年六月に、大和朝廷の発祥地を筑紫の北部と伝えていたところ、筑紫の南日向の経略に伴って、その日向という点と日神の苗裔としての点が、ここに縫合した変形ではなかろうか、と指摘された（『日本紀年論批判』）。

田中卓博士は、皇室の起源の地・高天原は筑後川下流域付近とみるものの、そこから宮崎県西臼杵郡の高千穂を経由して神武東征したと考えられる。

津田博士自体も、皇室の起源が筑紫地方にあったことを否定する確証がないことを記述しつつも、その一方で、三世紀以前の中国の文献の記載と記紀の物語とにまったく交渉がないこと、及び中国の文献が大体確実であるという点から、「記紀の上代の物語は我々の民族の上代史では無い」こと、すなわち三世紀の筑紫地方の状況と東征物語とが適合する理由がないことを説いている。しかし、中国文献が記述するわが国の上代の期間はきわめて限定されており、『魏志倭人伝』でいえば、二世紀後半から半世紀強ほどの期間にすぎない。こうした事情からいえば、中国文献をもって、記紀の神話や伝承を全面的に否定することはできないはずである。

このほか、「天孫降臨」を朝鮮半島から日本列島への海路渡来とみる説も散見されており、その場合には当然のように筑前海岸部に日向の地を求めることになる。よく混同されるものの、「天」と「海」とは語義がまったく異なり、関係する種族も祭祀・習俗も異なる（天は天孫族、海は海神族）という事情があるので、「アマ」の音だけで同一視すべきではない。「高天原」なる地は天孫族の本拠を指す語として、その具体的に指す地名が時代により移遷があったとしても、記紀神話ではあきらかに日本列島内である。

「日向」の地の具体的な比定

韓国に向かう筑紫地方にあった「日向」の地は、具体的に比定できるのであろうか。

筑前の沿岸地帯を東北から西にかけて、宗像・遠賀地方、福岡平野地方、糸島地方として三つに大別すると、中央部の福岡平野地方は、「朝日の直刺《たださ》す国、夕日の日照る国」とは地形的にいい難い。湾入した地に位置して、朝日も夕日も、陸地から出て陸地に沈むことになるからである。また、神武東征のときの経由地として、『紀』に岡水門《おかみなと》、『記』に竺紫の岡田宮があげられるが、この地は筑前国遠賀郡の遠賀川の下流域付近の地とみられており、東征の途中、岡田宮に一年滞在したともされるので、岡田宮の近隣で東に位置する宗像・遠賀地方に「日向」を比定するのも、やや無理がある。これらの事情から、「日向」は現在の糸島地方とその周辺であったと考えるのが比較的自然となろう。

糸島地方には、日向《ひむか》峠・日向山という地名もある。福岡平野の旧早良郡から山越えで旧怡土《いと》郡に入る地が日向峠であり、そのすぐ北の高祖《たかす》山（標高四一六㍍）の三つの峯の真ん中が槵触《くしふる》山と呼ばれていることに注目される。『書紀』の一書の第一には、まさに「筑紫の日向の高千穂の槵触峯」と記され、『記』でも「竺紫の日向の高千穂の久士布流多気《くしふるたけ》」とあって、ほぼ同様となっている。高千穂と高祖とが少し違うくらいである。

高 祖 山（福岡市教育委員会提供）

日向峠からみて、西のほうに下ると旧怡土郡（現前原《まえばる》市）であり、東のほうに下ると旧早良《さわら》郡（現福岡市西区・早良区）であって、西側地域の三雲遺跡・志登《しと》支石墓群、東側地域の飯盛《いいもり》高木遺跡など、その双方の地域に著名な弥生遺跡がある。福岡市西区にも、日向川、大字吉武及び金武《かなたけ》の小字に日向が見られる。

　怡土郡には、いわゆる日向三代（ニニギ、ホホデミ、ナギサの三代）の伝承と関係の深い神社・史跡が多い。怡土郡唯一の式内社である志登神社（前原市志登）の祭神は、豊玉姫（ホホデミの妃）であり、この付近には志登支石墓群がある。この郡内で『魏志倭人伝』の伊都国の中心地と考えられるのは井田《いた》から郡里・三雲にかけての地域であるが、井田には三社神社があり、その境内には北九州における最大級の支石墓の上石（もともと井田用会《いたようえ》に所在といわれる）や玉依《たまより》姫（豊玉姫の妹でナギサの妃とされ、神

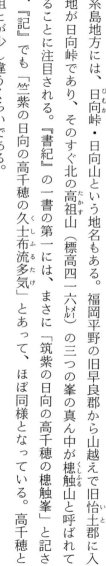

武の母）の腰掛石という巨石が置かれている。その南の三雲地区は、鏡・剣・玉の著名な出土地であり、産土神の細石《さざれいし》神社の祭神は木花開耶姫《このはなさくや》とその姉・磐長姫《いわなが》（ともにニニギの妃）とされ、同社の鳥居の中の眺望に上記の槵触山が収まり、太陽祭祀とも関係があるとされる。

高祖山の西麓に鎮座する高祖《たかす》神社では、主座に彦火火出見尊、左座に玉依姫、右座に息長足姫を主神として祀り、天照大神を配祀する。同社は、『三代実録』元慶元年九月二五日条に筑前の高磯比咩《たかしひめ》神と記されるので、本来の祭神は女神と分かる。この高磯比咩神とは神武の母たる玉依姫かその姉の豊玉姫かではなかろうか。怡土県主の祖という比売許曽命《ひめこそ》（天日矛の妻《あめのひぼこ》）も祭神の候補であるが、同社の特殊神事として伝えられる高祖楽のなかには「磯良舞《いそら》」があり、海神である安曇磯良神《あづみのいそら》（猿田彦と同神）の舞を模したとみられることから、同社の創建と海神のつながりも示され、この点からいって、奴国王猿田彦・天鈿女命《あめのうずめ》夫妻の娘となる豊玉姫・玉依姫姉妹のほうの可能性が大きい。

前原市の西部の瀬戸には天降《あまおり》神社があって、猿田彦命を祀っている。このほかにも、狭い糸島平野にほぼ二列になって道路沿いに十社ほど、天降神社という名前の神社があるという指摘がある。灰塚照明氏の調査では、糸島郡・前原町に合計十二社（すべて祭神はニニギという）の同名社があって、異常に多いことが指摘される（『邪馬台国徹底論争』）。

門脇禎二氏も、怡土郡の地には山幸彦（日向三代のホオリ（火火出見））の信仰が定着していること、猿田彦の信仰が強いことを『筑紫の神話』（一九六六年）で記述している。

最近では、石井好《よしみ》氏が『忘れられた上代の都「伊都国日向の宮」』（二〇〇二年）という著作を発表し、筑前沿岸部と日向の関係の深さを各種の地名などから指摘している。それによると、①「天津《あまつ》神《かみ》」の密度日本一が福岡県であり、なかでも天神社と天降神社が最も密集する地域が同県糸島郡（前原市・福岡市西区西部も含む）であり、ここに一五一社も集中している、②糸島郡には、神世七代と日向三代の神々の出現率が高いうえに、五十《い》猛《たける》神（宝賀註：日本における天孫族の始祖）が異常に多く祀られる、③志賀島が属する糟屋郡には綿積三神・住吉三神や山幸彦・豊玉姫・玉依姫の比率が高い、などの事情がある。

このように、怡土郡には日向三代とそれにまつわる神社・史跡が多いが、その東隣の早良郡にも弥生の注目すべき遺跡がある。飯盛高木遺跡がそれで、日向峠から発する日向川が福岡平野側に東流して、室見川と合流するあたりに位置する。この遺跡には、千基を超す甕棺墓と、支石墓の変形とみられる木棺墓があり、そのなかから朝鮮製の鏡・剣・玉という日本最古の三種の神器セットが見つかっている。この辺の事情は、門脇禎二氏の前掲書や奥野正男氏の「筑紫の神々の原像」（『古代史を歩く3』所収）などにも記される。

古田武彦氏も、文献解読や三種の神器をもつ弥生墓の分布等の事情から、「糸島・博多湾岸」を「日向」と考えている。

怡土・早良両郡付近には、韓国山（日向峠南西の王丸山のこと）や可也山（カヤ〔伽耶〕は韓の意。糸島半島西部の志摩町）、韓亭（志麻郡韓良郷で、現福岡市西区宮の浦・唐《からどまり》泊付近）などの韓国がらみの地名も多く見られる。

以上のような事情からみて、日向峠を中心として怡土・早良両郡辺りが天孫降臨の地で、かつ日向三代の居住地でもあった「日向」の地と推定される。高天原から派遣されてこの地に住んだニニギは、後年の邪馬台国から伊都国に派遣された「一大率」のような役割を果したものであろう。なお、これとはニュアンスが多少異なるが、天孫降臨の地は北九州の福岡付近をいうのではないかという上田正昭氏の見解も早くにあった。

「日向」に関連して、ニニギの妃の木花開耶姫《このはなさくやひめ》（鹿葦津姫《かあしつひめ》）の居住地を考えると、その近辺とみられる。駿河の富士山が木花開耶姫の神体に擬せられること（富士山の神威を仰ぎ祀る浅間神社の祭神は同姫）でもあり、糸島富士とされる可也山（標高三六五㍍）を含む志麻郡こそ、その居住地ではなかったかと推される。可也山の南麓には小富士という字名、北方には久米という字名も残り、大山祇神《おおやまつみ》を祖神とする山祇族の居住を窺わせる。なお、後年、志麻郡は怡土郡と陸続きとなり、両郡が合して糸島郡となったが、往古はまさに島であり、現状の糸島半島ではなかった。いまの船越湾から東側の今津湾に抜ける水路が両郡の間に通っており、この水路をかっての魏使も利用したのではなかろうか。

二　「日向」から紀伊へ

神武天皇の東征の経路は、『記』と『紀』とでは若干異なっている。

まず、『記』によると、日向の高千穂宮→豊国の宇沙の足一騰宮《あしひとつあがり》→竺紫の岡田宮（一年）→阿岐《あき》国の多祁理宮《たけり》（七年）→吉備の高島宮（八年）→速吸門《はやすいのと》→浪速渡《なにわのわたり》→白肩津《しらかた》（日下《くさか》の蓼津《たでつ》）→南方《みなみかた》→血沼海《ちぬ》→紀国の男水門《おのみなと》→熊野→大和国、となっている。

一方、『紀』では、日向→速吸之門→筑紫国菟狭《うさ》の一柱騰《あしひとつあがり》宮→筑紫国の岡水門→安芸の埃宮《えのみや》（二か月）→吉備国高島宮（三年）→難波碕→河内国草香邑の白肩之津→龍田→孔舎衛《（ママ）》坂→草香津（蓼津）→茅渟《ちぬ》の山城水門（雄水門《おのみなと》）→紀国竈山《かまやま》→名草邑→狭野《さの》→熊野の神邑→熊野の荒坂津（丹敷津《にふ》）→大和国、と記しており、『記』よりも詳細ではあるが、これは河内の日下辺りと紀伊国内での行程で地名が詳しいことによる。両者比べてみれば、大略同じ地点を経過して大和入りしていることが分かる。

記紀で大きな差異は速吸の門の位置づけであり、行程の不自然なのが筑紫国の岡水門（岡田宮）であるが、これらは、「日向」を南九州としたときにでも北九州としたときにでも、行程順路でたいへん不自然なものとなっている。

古代の「岡水門」

これらの経由地のうち、まず岡水門《おかのみなと》（岡田宮）の問題である。

「岡《ヲカ》」は遠賀川に代表される筑前国遠賀《ヲカ》郡と同じであるが、「日向」を南九州としたとき、大和へ行く方向とは逆の方向にあって、しかも航行が難しい関門海峡をわざわざ逆方向に通過して遠賀川河口部までなぜ行ったのか、という指摘がある。これも、「日向」を筑前の玄界灘沿岸部とする見方の傍証となろう。そもそも、古代にあっては南九州の太平洋側東海岸に沿って船で南方から北方へ航行すること自体が相当に困難だったとみられる。

やや雑談めくが六年ほど前に、北九州市八幡地区の南にあって、市街地を眼下に望む帆柱山系の皿《さら》倉《くら》山（標高六二六㍍）に登る機会があった。その山頂から北方の平野部を見ると、かって偉容を誇った八幡製鉄の高炉が全く消えてしまったという現代の産業構造変化が如実にわかった。それとともに、左手には遠賀川と深く切れ込む洞海湾《どうかいわん》が見え、右方遙かに関門海峡が見えて、この地が上古から交通の要衝にあったことがよく理解された。

遠賀川下流域は、三世紀当時の日本列島で、北九州の筑前・筑後・肥前方面から畿内に向かうに際し、通過しなければならない交通の要地であった。この地域に岡県主《おかのあがたぬし》が置かれ、さらに遡って部族国家も存したと思われる。

地形的に見て、往時の遠賀川は、中・下流域が広大な入江（古遠賀潟と呼ばれる）となっており、その河口部あたりで洞海湾にも繋がっていた（『筑前国風土記』逸文の塢舸《おか》水門条も参照。『角川日本地名大辞典福岡県』にも同旨）。海岸線も現在よりもっと奥に入り込んでいたので、岡水門は現在の河口部よりはや上流あたりにあったものと推されている。

この事例に限らず、地形は時代により変化するので、地形の変遷を念頭に置きながら古代史の地理関連記事を考える必要があり、そうした地域として出雲や吉備、河内、摂津、紀伊、尾張、常陸などを森浩一氏が指摘している（『日本神話の考古学』）。吉備以下の四つは、神武東征に関連する地域であり、以下のそれぞれの個所で見ていきたい。

仲哀紀八年正月条には、仲哀天皇の親征を周防の佐波《さば》（防府市）の浦まで出迎える岡県主熊鰐《わに》の話が見え、海路を道案内するが、山鹿岬（遠賀川下流右岸の遠賀郡芦屋町山鹿にある狩尾岬か、その東方の北九州市若松区岩屋崎（妙見崎）か）から廻って岡浦に入りその水門に到ったとある。このとき、神功皇后は別ルートをとり、洞海《くきのうみ》から入ったが、潮が引いて進むことができなかったので、熊鰐がまた迎えて潮が満ちたところで、岡津（＝岡水門）に来ることができたと見えるから、岡水門は遠賀川河口部からも洞海湾入口からも奥まったところにあったことが知られる。

仮に神武の東征軍や魏遣使が北九州から東方の畿内方面に向かうとした場合には、玄界灘・響灘の荒い風波を避けて、遠賀川下流部か更に東方に陸路を進んで豊前北部の瀬戸内沿岸（例えば、京都《みやこ》郡

響灘に注ぐ遠賀川（国土交通省提供）

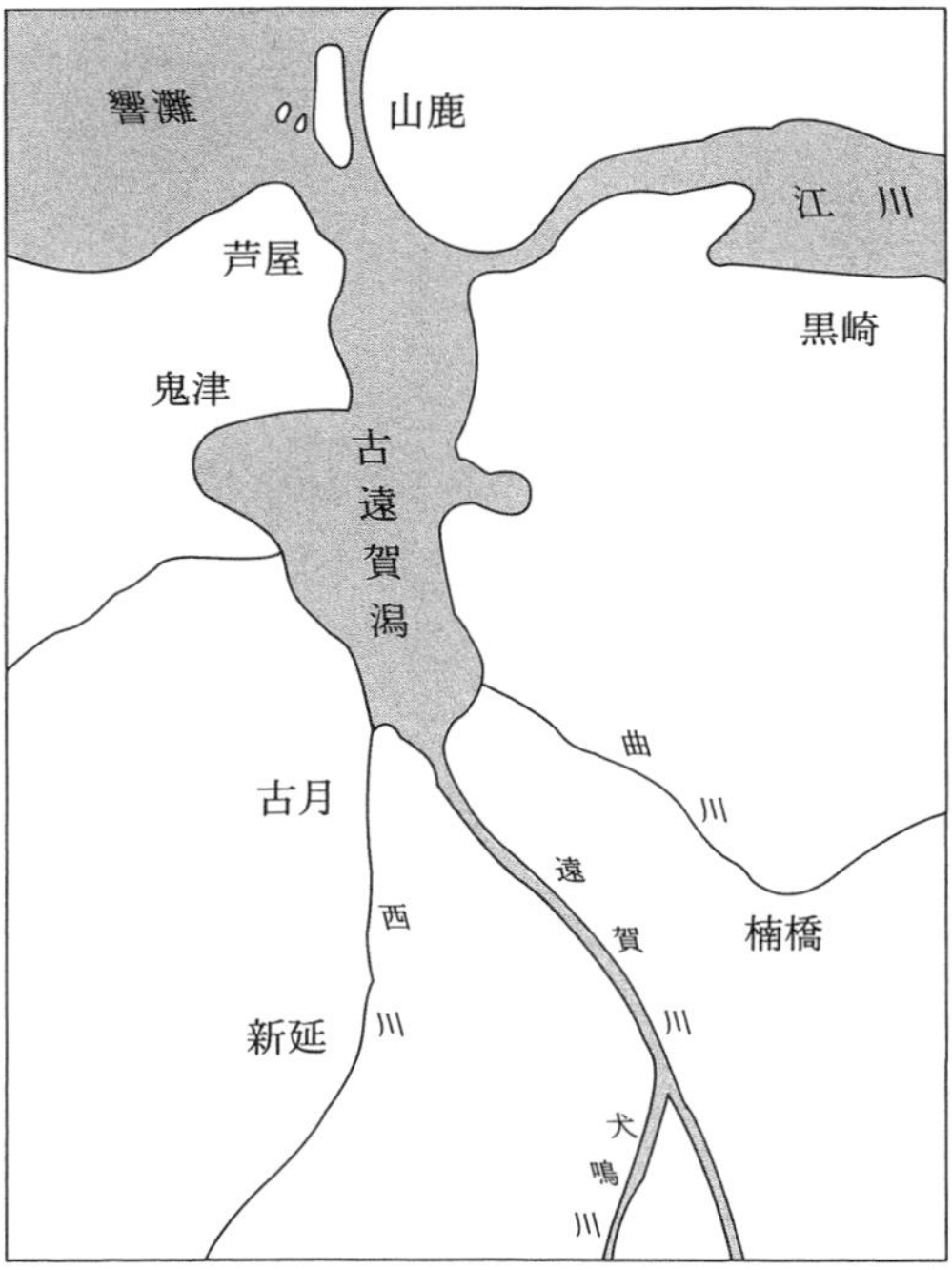

第1図　遠賀川河口の古代地理
（『鞍手郡誌』より）

の苅田港）まで至ったところで、船出するのが地理的に自然であったろう。
神武東征に先立ち、北九州から大和に向かった饒速日《にぎはやひ》命の随従者の起源地・関連地が遠賀川下流域の鞍手郡を中心とする地域に多く見られると鳥越憲三郎氏は指摘する（『大いなる邪馬台国』等）。

こうした観点でみると、神武東征の経由地として〝岡水門〟（旧遠賀川下流部の港）があげられるのは全く無理がなく、しかもその出発地「日向」が岡水門より西方にあったことも示唆される。岡水門の具体的な比定地については、一般に芦屋津（現遠賀郡芦屋町の遠賀川下流の沿岸部）とされ、芦屋町には町役場の付近には神武天皇社跡という地や岡湊神社もあるが、これらは疑問である。上述した古代地理からいって、現在の洞海湾岸から遠賀川下流域の水巻町・遠賀町にかけての地域のなかにあったかとみられ、『続風土記』には「水茎《くき》の岡の湊」という記される。「水茎《くき》の」という冠言葉は、「くきのうみ」と呼ばれた洞海湾に通じるものであろう。

太田亮博士は、「大観して考ふれば、古代の若松港と云ふも適当ならずとせず」とも記述する（『姓氏家系大辞典』ヲカ条）。『古事記』には、神武が東征途上、竺紫の岡田宮に一年坐すと記されるが、この地で船舶・食料・武具など海路東征の準備をしたものであろう。岡田宮は黒崎村熊手（現北九州市八幡西区）かという説が太田博士により紹介されるが、これは留意すべき見解と考えられる。というのは、岡県主の後裔という家が熊手権現社（現岡田神社）神主の岡氏（のちに波多野氏に改）として存続し、その所伝では、八幡西区西部の折尾から小倉北区にかけての地域の祭祀を掌り、熊手村に代々の墓地をおいていたとされるからである（上掲ヲカ条）。岡田神社の波多野氏が水巻町東南部の吉田にある河守神社（もとは興玉《おきたま》神を祀る幸神社という）の神官も兼ねたので、その文書も同家に伝わる。なお、熊手権現の祭神は大国主神、縣主神（熊鰐という）、少彦名命とされるが、後世の転訛があろう。

これらの事情を総合的に考えると、洞海湾南岸で八幡西区東部の大字熊手・黒崎・岡田の一帯（JR黒崎駅の南方近隣）に神武東征にいわゆる岡水門（岡田宮）があったと考えられる。

もとは黒崎宿の一部であった大字岡田には岡田神社が鎮座するが、その由緒としては、古代洞海、菊竹ノ浜に熊鰐族が祖神を奉納した地主神であって岡田ノ宮と称され、いま黒崎地域五十余町の産土神とされる。神武が東征の途次には本宮に詣り、ここに一年留ったとされ、この地を熊手と号した。また、神功皇后、朝鮮征討の折に熊手出岬（皇后崎）に到り、当宮に詣ったとも伝えられる。古代より当地は北九州における海陸路の要（洞海舟溜、皇后崎津、大宰府官道）に位置し、江戸期にも、筑前六宿の起点となり、京阪舟便が定められたというから、黒崎一帯の要衝ぶりがよく分かる。

なお、岡は乎加（ヲカ）の神に由来するもののようで、これはウケの転訛であり、五穀豊穣の食糧神たる保食神《うけもち》（豊受比売神《とゆけひめ》、倉稲魂神《うがのみたま》、宇賀御魂神）に関連しており、信濃の筑摩郡の式内社岡田神社が保食神を祀り、近江の神崎郡の式内社乎加神社が豊遠加比売神、羽前の田川郡の式内社遠賀《おか》神社が豊岡比咩神等を祀ることに通じる。

「速吸の門」はどこか

岡水門と宇佐との関係では、記紀ともに宇佐から岡水門へと記されるので、順序が逆となるが、地理を考えると実際の行動としては、岡田の宮から関門海峡を通って豊前の宇佐に行き、そこから瀬戸内海を東進したとみられる（鈴木武樹『偽られた大王の系譜』も同旨）。

宇佐では、宇佐国造の祖の宇佐津彦・宇佐津媛が一柱騰宮《あしひとつあがりのみや》（足一騰宮）を造ってもてなしたが、宇佐津媛は神武配下の天種子命《あめのたねのみこと》（中臣氏の遠祖）の妻となったと記紀に記される。これに関して、森浩一氏は、壁をもたない一柱ないし二柱の建物が中国の稲作地帯にあり、一柱の建物が記紀の撰者たちの創作とはとても考えられないとしている（『神話の考古学』）。

問題は「**速吸の門**《はやすいのと》」である。『紀』では宇佐の前にこの地を経由し、『記』では宇佐・安芸・吉備を経てからこの地に至ると記される。

「速吸の門」は、大倭国造の祖・珍彦《うずひこ》が神武一行を出迎えて海上の案内をはじめた海域である。「速吸の門」の語義が、本来、潮流の早い海峡をいうことからいって、その比定地を、(A)豊予海峡とする説（本居宣長など）、(B)明石海峡とする説（久米邦武など）の二説が見られる。『紀』の記述順を考えると前者と考えられ、『記』の記述に基づくと後者ということになり、両地とも潮流の激しい海上交通の要衝であった。

珍彦と両地の関係を考えるとき、後裔の居住地が参考となる。豊予海峡付近の豊後国海部《あま》郡には海部直・海部君という豪族が居り、明石海峡を臨む地には明石国造が居って、その一族に海直（神護景雲三年には大和赤石連《やまとのあかし》を賜姓）が出ている。『旧事本紀』の「国造本紀」に見えるように明石国造が珍彦（椎《しい》根津彦《ねづひこ》）の後裔であり、「天皇本紀」には豊後の海部直が景行天皇後裔と称したと見えること（実際には大分国造一族か）からいっても、珍彦が神武を迎えた速吸之門は瀬戸内海の東関門である明石海峡とするのが妥当であろう。

古代の豊後には珍彦の一族後裔が存在しなかった事情にある。豊後の佐賀関に椎根津彦神社があり、海部郡に北九州では傑出した規模の前方後円墳がいくつかあったとしても、前者は式内社などの古社ではなく、海部郡の古墳と珍彦を直接に結びつける論拠はない。田中卓博士も、「国造本紀」や「大倭神社註進状」裏書に見える記事（大倭氏自身が伝承する古伝と評価される）、上記の氏族系譜を考慮して、明石海峡説を支持している（『日本国家の成立と諸氏族』）。もう一つ留意したいのは、『書紀』には、神武に先立ち神代紀（第十段一書第十）に「速吸名門」が見える。これは、泉国（「よもつくに」と訓まれるが、和泉国と考えてもよかろう）に関連して、粟門《あわのみと》及び速吸名門があげられ、この二つの門は、「潮既に太《はなは》だ急《はや》し（潮の流れがたいへん速い）」と記され、鳴門海峡と明石海峡をさすものとみられる。

『書紀』では、珍彦が曲浦《わだのうら》で釣りをしていたが、天神の子が来ると聞いて出迎えたと記されており、「曲浦」は具体的には神戸市兵庫区和田岬《わだみさき》付近の港湾ではないかとみられる。鈴木真年翁は、珍彦を「海神ノ孫、武位起命《たけくらおき》ノ子」として、速吸門を「播磨潟ナリ」と記している（『日本事物原始』）。田中卓博士は、上掲書で、珍彦は「西宮付近を中心に大阪湾の北岸に勢力を張り、西は明石の瀬戸を押さへる有力な海部の首長であった」と考えている。珍彦の後裔は、摂津では倉人《くらひと》氏（のちに大和連を賜姓）として『続日本紀』に見えており、莵原郡の葦屋倉庫を管掌し、神戸市東灘区にある同郡の式内社保久良《ほくら》神社（ホクラは「秀倉《ほくら》」の義か）の祭祀に関わった。

こうした事情からみて、近隣の武庫水門《むこのみなと》（神功皇后紀に見える務古《むこ》水門。西宮市津門か神戸市東灘区魚崎に比定される）も珍彦後裔が押さえていて、「灘」の地名もこの一族の故地である福岡市の奴国・儺県・那津に由来し、「葦屋」も、出自部族の葦積《あしつみ》（阿曇の原義）に由来するものであろう。昭和三九年（一九六四）には、近くの灘区桜ヶ丘町の山中から十四個の銅鐸と七本の銅戈が発見されていて、このあたりに原大和国家に属した有力者が居たことも知られる。銅戈が出た保久良神社を含む六甲山南斜面には、西から東に伯母野山《おばのやま》・保久良山・城山・会下山《えげのやま》・五箇山などという高地性集落遺跡が続いており、これら遺跡が珍彦一族に関係するものであったならば、遠く明石海峡あたりまでを望んでいたとみられる。明石海峡から武庫水門にかけての地域を海陸で押さえていた部族の帰服は、神武軍にとって海導のみならず軍事的にも大きな力となったものであろう。

珍彦が畿内から遠い豊予海峡まで出迎えに行き、その地から大和まで海路案内をしたというよりは、播磨の明石あたりから河内・大和方面へ案内をしようとしたとするほうが地理的・行動的にも自然である。そうでもなければ、当時の古代河内湖の入り込んだ複雑な地理状況を北九州から来た神武軍は知りうるはずがない。珍彦は河内日下の敗戦後も神武に随行して、大和の宇陀に入ってから菟田川《うだがわ》の朝原の祭事にも参加したことが『紀』に記される。そもそも、神武の出発地「日向」が筑前の怡土・早良地方だとすると、行路として豊予海峡を通過するはずがない。

以上の検討を踏まえると、実際の神武東征の経路は、概略でいうと「日向」（筑前）→岡水門（筑前）→豊前の宇佐→安芸の埃宮《えのみや》→吉備の高島宮→速吸の門（播磨明石）→難波碕《なにわのみさき》→河内、さらに紀伊、という順であったとみられる。

安芸の埃宮と吉備の高島宮

難波までの途中経路にあたる地点について、少し戻って見ておこう。

宇佐の次の安芸の埃宮《えのみや》（多祁理宮《たけりみや》）については、戦前の昭和十七年（一九四二）に文部省が発行した『神武天皇聖蹟調査報告』では、広島県安芸郡府中町とされる。なお、この聖蹟調査は、昭和十三年から十五年にかけて当時の学界の総力をあげてなされた学術的調査とされる。

埃宮については、鈴木真年翁が何に拠ってか、「安芸国高宮郡ナリ、今ハ高田郡吉田ト云フ地《エダ》ナリ」（『史略名称訓義』）と記している。これは現同県安芸高田市吉田《よしだ》町吉田に当たるが、山間部の地であって疑問もあり、一応紹介するにとどめる。

安芸郡府中町に鎮座の延喜式名神大社多家《たけ》神社は、神武天皇の埃宮跡に建てられたという伝承を持ち、神武を主神として祀っている。多家《たけ》神社の「多家」はタケリの宮との関係があるのだろうか。ただ、同社は中世にその所在を失しており、多家神社の名を争った松崎八幡と総社とがともに廃社とされ、明治七年（一八七四）には多家神社に合祀されたものであって、もとの地自体が不明である。土佐の安芸郡には同訓の多気《たけ》神社もあるが、これら命名の由来も分からない。

なお、『日本古典文学大系　日本書紀　上』の上註には、埃と多祁理とは同じ意味（すぐれた、優越なという意味）をもつことから、「ここは、もと、何か訓読すべき漢字が書いてあって、それを、一方では埃（え）と訓読し、他方では多祁理と訓読したものではなかろうか」と記述する。記紀には原本（原記録）があったようにみられることから、これは興味深い見解といえよう。

次に、**吉備の高島宮**については、上記の『調査報告』では岡山県児島郡甲浦村大字宮浦字高島（現岡山市）とされ、『史略名称訓義』では「児島郡宮浦にある竹島か上道郡脇田村龍口山（註：現岡山市祇園の竜ノ口山《たつのくちやま》）」とされるほか、笠岡市の沖合に浮かぶ高島という説もあった。神武軍はここで数年間ほどの期間（『記』では八年、『紀』では三年とする）留まって侵攻の軍備を整えたのだから、高島宮の比定地が児島湾に浮かぶ高島という小島（岡山市宮浦沖）とか、その南の対岸の狭隘な地（宮浦）とするのは、疑問が大きい。いま無人島となった高島には、昭和十五年の聖蹟比定による高島神社があり、島の最頂部である岩盤山山頂には、「磐座《いわくら》」とみられる巨石群があるが、これが古代の祭祀遺跡であっても、ただちに高島宮に結びつくものではない。笠岡市の高島説にも、同様な疑問がある。

そこで、別の地を探すと、岡山市の竜ノ口山南麓からJR高島駅にかけての地域は、いまでも「高島」とよばれるが、『和名抄』の上道《かみつみち》郡上道郷の地であり、その名のとおり、吉備臣一族のなかでも本宗だったとみられる吉備上道臣氏の本拠の地であった。

同地は、旭川東岸の北端に位置して、南方に操山《みさおやま》（標高一六九㍍）を望み、古くから吉備文化の開けた地で備前平野の穀倉地帯でもあった。近隣には、湯迫《ゆば》古墳群や備前国府跡、備前総社宮、高島神社が散在する。湯迫《ゆば》古墳群は、そのうち多数の三角縁神獣鏡を出土した車塚古墳が著名であるが、同古墳の被葬者は倭建命の遠征に随行し貢献した吉備一族の関係者であったとみられる。三角縁神獣鏡の分布と倭建命の遠征コースとが関係深いことは、辻直樹氏も「倭建の再発見」（『まほろばの覇者』一九七六年）で記述する。

竜ノ口山はなだらかな起伏をした僅か二五七㍍の隆起であるが、その南斜面中腹には岡山市内を一望できる竜ノ口の旧城跡に湧く湯迫温泉や高嶋山安養寺もあり、「高島」の名もこの地形に起ったものであろう。こうした兵粮確保と防備の地理から考えて、竜ノ口山南麓あたりに高島宮がおかれたものと考えておきたい。

なお、神武行軍では河内まで戦闘が記されないが、吉備あたりでも、児島半島に貝殻山・種松山、備讃瀬戸に浮かぶ小島の豊島にも壇山という高地性集落が知られる。

古代の吉備の地理事情についてもふれておくと、「吉備の穴海《あなうみ》」と呼ばれる海が現在の内陸部まで随分入り込んでいた状態にあり、こうした事情に照らしても上記の高島の比定は妥当なものと考えられる。古代には岡山市南部一帯は広大な遠浅の海で、現在の児島半島は島（『書紀』の国産み神話に見られる「吉備子洲（きびのこじま）」）であったのが、高梁《たかはし》川や旭川・吉井川などの河川の堆積作用や干拓が進んで、十七世紀前半には児島が陸続きの半島となり、分断された「吉備穴海」の東側部分は「児島湾」と呼ばれるようになった。さらに昭和三四年には、児島湾の締切り堤防が完成して、淡水湖（「児島湖」）となったという大きな変遷があった。弥生当時、現在の倉敷市の大半は海であって、その東隣で岡山平野の真ん中に位置する都窪郡早島《はやしま》町（岡山市と倉敷市に挟まれた地域）あたりの地でさえも、その昔は「吉備の穴海」に散在する島の一つであったというから、穴海の広大さが知られる。

景行朝に日本武尊（倭建命）は吉備の族長吉備武彦を従えて東征に活躍するが、武彦の妹・吉備の穴戸武媛（大吉備建比売。武媛・武彦という対応や世代等から考えて、武彦の妹とするのが妥当）は日本武尊の妃となったと記紀に伝える。「穴戸」とは穴海の門口の意味であり、穴海一帯に吉備氏の本拠があったことが知られる。吉備の中山の南麓にある現在の吉備津神社のあたりまで穴海がきていて、中山の北の大窪まで堺江という入江があったともいわれる。

難波碕と弥生後期の河内湖

神武の行軍が畿内に入って最初の地、難波碕《なにわのみさき》は「大阪市東区（註：現中央区）上町台地《うえまちだいち》の北端から北区天満付近にわたる地域」とされる（古典文学大系の上註）とされる。現在、天王寺区生玉《いくたま》町に鎮座する生玉神社（難波坐生国魂神社）の社伝によれば、神武天皇が難波津に到着のみぎり、石山碕（大坂城付近）に生島《いくしま》神・足島《たるしま》神を祀ったのが、当社鎮祭の始めだとされる。石山碕は上町台地の北端地にあたり、難波碕と同じだと考えてよい。

神武東征当時（弥生時代後期）、大阪湾は現在より深く湾入しており、大阪市東方の河内平野（主に東大阪市域）には「河内湖」と呼ばれる広大な潟湖《せきこ》があって、上町台地の北端部は千里丘陵と相対して潟湖の口を扼《やく》していたとみられる。六世紀以降の地理的状況は、弥生後期から大きく変わっていた。記紀編纂当時には分からない地形が、記紀の神武の行動には実にしっかりと反映されている。

大阪湾から難波碕を経て河内湖に入った神武軍は、生駒山地西麓の河内の草香《くさか》（日下）邑の白肩之津に至って船を停泊させた。ここで下船して、竜田（奈良県北葛城郡王寺町あたり）まで行って山越え（信《し》貴《ぎ》越えまたは亀瀬越え）をしようとしたが、路程が狭嶮のためまた戻ってきて、生駒山を越えようとした日下（東大阪市日下）で、長髄彦の率いる軍隊と戦って手ひどく敗れた。そこで、やむなく草香津から退却し、「南方」から迂回して茅渟海《ちぬのうみ》に行くことを余儀なくされたのである。

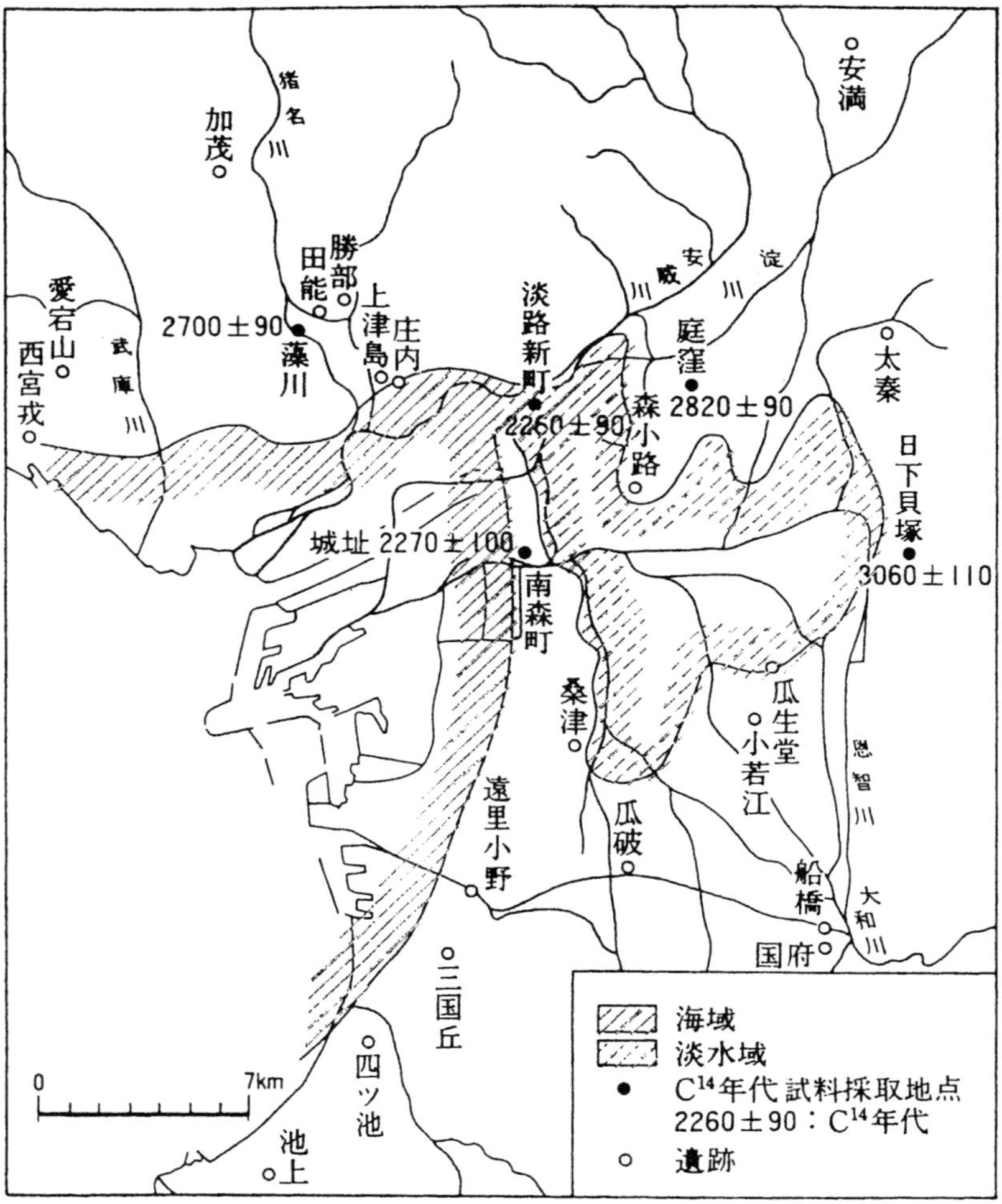

第２図　弥生期の河内湖の地形（縄文晩期〜弥生前半頃）
（鳥越憲三郎著『女王卑弥呼の国』より）

日下付近から生駒越えをしようとする道筋は、物部連の祖・饒速日命が先に辿った行程とほぼ合致しよう。饒速日命は河内の河上の哮《たける》ケ峯に天降りしてから大和へ遷住したとされ、哮《たける》ケ峯が生駒山の西斜面中腹にある石切剣箭《いしきりつるぎや》神社の上之宮の後背地に比定されることとほぼ対応する。同社の神主は現在に至るまで、饒速日命後裔の木積《こつみ》（穂積《ほづみ》の転訛か）という氏が世襲してきた。物部連は原始姓を穂積といい、崇神前代に本宗（のちの穂積臣の系統）から分岐したものである。日下は石切のすぐ北方にあり、この日下・石切あたりから生駒山の北越えルートが往古もあったとみられる。

また、生駒山の南越えルートも暗《くらがりとうげ》峠越えとして知られ、この河内側登り口には中臣氏一族の枚《ひら》岡《おか》連が枚岡神社を世襲奉斎して押さえていた。中臣連の祖の天種子《あめのたね》命が神武軍に随ったことは、神武即位前紀（甲寅年十月の菟狭《うさ》条）に見える。生駒山には山畑・高尾山・小平尾という高地性集落があったと知られる。

「南方」については、従来はたんに「南の方」という方向と解されていたが、これを地名の南方《みなみかた》とするのが古田武彦氏の新解釈である（『ここに古代王朝ありき』一九七九年）。この地名の起源が何時まで遡るかという問題は残るが、「自_南方_廻幸之時」という神武紀の文意が明確になる。

旧南方村は摂津国西成郡に属し、現在では東淀川区東中島一～二丁目、淀川区西中島一～五丁目にあたり、上町台地から北に延びる砂州の先端に位置して、上古の河内湖から大阪湾へ向けての出入口に当たる。まさに湾口の南潟にあたる地であって、神武軍が敗走して日下津から西方の大阪湾に脱出する際に通過しなければならない交通の要衝であった。

南方付近には、弥生時代に始まり古墳時代を中心とする崇禅寺《そうぜんじ》遺跡という集落遺跡がある。弥生式土器では畿内第二様式から第五様式にかけての長期にわたる生活の場で、大阪市内の弥生遺跡としては数少ない住居跡が検出されている。かつてこの遺跡から銅鐸の出土したことが古記録にあるが、一九八一年に行われた発掘調査では、古墳時代初頭の各地の土器や鉄製の素環頭大刀《そかんとうたち》が出土した。素環頭大刀とは、柄頭が環状をなす飾大刀で、地方首長が大和王権への服属ないしは連合の証として、三角縁神獣鏡などと同様に、大和王権から地方首長に分与されていたとみられる。この南方付近の重要性とすでに弥生後期に有力者がいたことが分かる。

大阪及び日下付近の弥生時代後期の地理描写の妥当性は、記紀の神武東征記事を後世の造作とみる立場に対する強い反論となろう。こうした主張は、古田武彦氏の前掲書や『盗まれた神話』、辻直樹氏の論考「神武が来た道」（『五王のアリバイ』所収）でもなされている。

弥生時代の紀ノ川河口付近の地理

神武軍は、これを迎え撃った長髄彦の軍勢により河内の日下で手痛い敗北を喫した。神武の長兄で、その時点までの行軍部隊の長であったとみられる五瀬命《いつせのみこと》は、敗戦時の矢傷がもとで茅渟《ちぬ》の雄水門《おのみなと》（和泉国日根郡）、またはそこから進んだ紀伊の竈山《かまやま》（名草郡）で死去したと伝える。『古事記』では、五瀬命について、「詔」とか「崩」とかで天皇と同様な語が使われていることに留意される。

雄水門は、『記』では紀国の男之水門《（ママ）》とあるが、多くの説は『和名抄』に見える和泉国日根郡呼於《ヲ》郷の男里川の河口部にあった入江に比定される。この辺りには古代南海道の噮唹駅《おおのえき》がおかれた要地であり、現在の泉南市男里《おのさと》には式内社の男神社《おのじんじゃ》が鎮座する。その祭神は彦五瀬命と神武天皇とされ、境外摂社の浜の宮でも彦五瀬命を祀る。この地にも中臣連の一族がおり、中臣表《なかとみのうえ》連（『姓氏録』和泉神別）というが、系図に「和泉国日根郡男郷〔於郷〕」と見える。

和泉市仏並《ぶつなみ》には和泉郡式内社の男乃宇刀《おのうと》神社があり、ここでも五瀬命と神武天皇に関する伝承が残される。『和泉名所図会』等には、神武の東征時、兄の五瀬命が流矢に傷ついて軍を返したとき、当地の横山彦がこれを奉迎して行宮を営んだと記される。このような山間部の横山谷に神武東征の伝承は不思議であるが、この近隣沿岸部の伝承がなんらかの訛伝で伝えられたものか。

五瀬命は、男之水門（山城水門、山井水門）では無念さで雄々しく叫んだものの、ついに死去し、紀伊の竈山《かまやま》に葬られたと記紀に記される。竈山は和歌山市和田の竈山神社の地とされており、竈山という小山の南麓に位置し、同社の祭神は彦五瀬命とされる。

なお、今の紀ノ川河口部にあたる和歌山港の辺りが雄之水門、紀之水門と呼ばれたようにも伝える。本居宣長の『玉勝間』九の巻には、「雄水門《ヲノミナト》は、今若山の内に、湊といふ所に、小野町《ヲノマチ》といふ有て、蛭子（ノ）社ある、そこに雄之芝《ヲノシバ》といふあり五瀬命の薨ましゝ跡也といへり」と記される。たしかに和歌山城の西側で紀ノ川大橋の東たもと辺りはもと雄湊と呼ばれ、竈山との地理的関係では説明がつきやすいが、この伝承は、つぎに記す弥生当時の紀ノ川の地理からいって、疑問が大きい。

竈山神社

竈山はいま和歌川の支流和田川の南岸に位置するが、このあたりにも注目すべき弥生期の歴史地理がある。

紀伊から大和と結ぶ重要水路であった紀ノ川は、流路や河口を長い年月の間に度々変えており、現在の河口は室町時代に形成されたとされる（和歌山市教育委員会）。弥生時代には、紀ノ川は現在の河口の少し上流の中之島辺りから流路を南に変えて流れ、和歌浦湾付近に注ぎ込んでいた。神武軍が来た当時は、紀ノ川の河口は現在の和歌川河口付近にあったもので、この和歌川河口部の東方近隣の地にある名草山（標高二二八㍍で、山腹に紀三井寺がある）の西側麓は、当時は河口部につづく海岸であった。

紀ノ川の河口を扼する、この要地が名草邑であって、この地の名草戸畔を神武軍が討ったのは、大和侵攻のために自然な成り行きであった。

弥生当時の紀ノ川河口から東へ二キロほどの地に竈山があり、神武が軍船を通行させようとしたとみられる旧紀ノ川河口の入江から近くの地であった。この河口付近から和田・竈山までの間には氾濫原が広がっていたとのことであり、和田の地名もワタツミ（海神）に由来することが多い事情からみて、海神族関係の地であった。『和歌山市史』によると、和田にも弥生遺跡の痕跡があり、弥生土器が多数出土したとされる。和歌山市の西側で紀伊水道に面した地域は旧海部《あま》郡（名草郡の西隣で、のちに両郡合わせて海草郡となる）であり、海部が入植した地域であった。

こうしてみると、神武軍は紀ノ川遡航を目的として、河内を出て茅渟の海を南に向け進んだものであって、日神の御子だから日に向かって戦うのを避けたというのは、敗戦ないし進路変更の口実（ないしは編纂時の解釈）にすぎない。

河内から南方の紀伊に進んで、まず紀ノ川の河口付近で名草戸畔を討ち、それが終わったところで死亡していた兄・五瀬命を近隣の竈山に葬ったものであろう。『書紀』には、紀伊で竈山から名草邑に行き名草戸畔を誅したとあるが、軍船での行動と当時の紀ノ川の地理を考えると、これでは順序が逆転している。

いずれにせよ、弥生後期当時の難波や紀ノ川などの地理状況を踏まえた行動を神武軍がとっており、これらからも、珍彦などの在地勢力により海路の誘導があったことがうかがわれる。紀ノ川は古来水運の発達した

現代の紀ノ川下流

ところであり、川を遡れば船を利用したまま南大和に到達することができた。

三　紀伊から大和の宇陀へ

九州から河内を経て紀伊の海岸部までやって来た神武軍は、再度大和入りをめざして、今度は大和盆地南部の後背部から進軍を試みた。この経路のなかで様々な協力者が出てきており、その氏族伝承や系譜などから、東征伝承の虚実や具体的な経路を考えてみたい。

紀伊から大和入りの経路

神武行軍の経路について、紀伊の竈山から橿原宮までを見ていくと、記紀でかなりの差異があるが、具体的に比較して見ていくと第4表のとおりとなる。

この間の経路について、記・紀の記事間の大きな差異は、次のように整理される。

①　『紀』の記述のほうが『記』よりも詳しいが（特に熊野で詳しい）、大和の忍坂以降はほぼ同様となっている。ただ、忍坂以降の記事は、『旧事本紀』を参照すると、『紀』のほうが合理的であることに留意したい。

②　和泉の雄水門から大和の忍坂までの経路は、途中に「紀伊の名草郡竈山、熊野、吉野・阿陀、宇陀」という四地域を経由するが、その順序にかなり差異がある。

第4表　紀伊から橿原までの行軍経路

古事記	日本書記
紀国の竈山	紀国の竈山
｜	↓
｜	名草邑（名草戸畔を誅）
｜	↓
｜	狭野を経て熊野の神邑
↓	↓（暴風のなか兄二人が脱落）
熊野村（高倉下の登場）	熊野の荒坂津（丹敷戸畔を誅）
｜（八咫烏の登場）	（高倉下及び八咫烏・道臣命の登場）
｜	↓
↓	菟田の下県の穿邑（兄猾弟猾の登場）
吉野河の河尻	↓
（阿陀の鵜養の祖の登場）	（吉野首部の祖の登場）
↓	↓
（吉野首の祖の登場）	（吉野の国樔部の祖の登場）
↓	↓
（吉野の国巣の祖の登場）	（阿太の養鸕《うかい》部の祖の登場）
↓	↓
宇陀の穿	菟田の高倉山
（兄宇迦斯弟宇迦斯の登場、	↓
道臣命の活躍）	菟田川の朝原
↓	↓
忍坂の大室（土雲八十建）	国見丘（八十梟帥《やそたける》討伐）
↓	↓
（登美毘古討伐）	忍坂邑
↓	↓
（兄師木《えしき》弟師木の討伐）	（兄磯城の討伐）
↓	↓
（邇芸速日《にぎはやひ》の登場）	鵄邑（長髄彦を討伐、饒速日命の登場）
↓	↓
畝火の白檮《かし》原宮	橿原宮

すなわち、『記』では、上記の順序であるのに対し、『紀』では、「紀伊の名草郡竈山→熊野→宇陀→吉野・阿陀→宇陀」とされており、具体的な地理のもとで比較して考えると、『記』の記述が合理的である。「熊野」を古代熊野国造が置かれた紀伊国牟婁《むろ》郡の地とすると、熊野から吉野を経由しないで宇陀に至る『紀』の行程は地理的に無理である。その次の「宇陀→吉野・阿陀→宇陀」という『紀』の行程も、宇陀が重出して不自然である。

一方、『記』の経路についても疑問点もあり、そうしたものとしては、

③　熊野が牟婁郡とした場合、そこから吉野に至るとすれば、吉野の川尻（川口）ではなく、川上に至る。また、熊野から出発しても、宇陀から出発しても、国巣→吉野→阿陀という順序になるので、この点では記紀双方の記述とも不適当であるが、「熊野」の地理的位置づけに根本的な問題があることを窺わせる。

以下では、忍坂までは、総じて合理的な『記』の記述を主に考えていくこととする。

紀伊に入ってからの神武行軍の足跡について、氏族伝承等を踏まえ具体的な地理を当てはめると、そこには意外といえば意外、当然といえば当然という経路が浮かび上がる。この経路を具体的に見ていこう。

名草郡の竈山から南西二キロほどの地で名草山の付近が神武紀に見える名草邑の地と考えられ、ここでその酋長名草戸畔を神武軍が誅伐したことは、先に記した。名草戸畔の近親（兄弟くらいか）と推されるのが紀（紀伊）国造の初代天道根命《あめのみちね》である。同人は神武の大和平定後に功績により紀伊国造

に定められたので（「国造本紀」）、この誅伐のときに神武軍に服属し、以降はその行軍ないしその準備の協力者になったとみられる。ただし、国造に定め賜うという記事は『書紀』には見えないので、橿原宮にいた神武の版図に紀伊国が入っていたかどうかは疑わしい面もある。

名草山の南方近隣には内原（和歌山市内原）という地名がある。これは宇治原の義であって、紀国造第六代とされる宇遅彦《うじひこ》の名に通じ、その東北（名草山からは東方）の旧安原村には宇治彦の旧跡や名草神社があって紀国造の本拠と知られる、と吉田東伍博士が記している。内原には式内社の内原神社があり、その祭神名草彦命・名草姫命は天道根命の五代の孫で紀の国造であったと伝えられる。

これらの事情は、名草戸畔と紀国造家との同族性を示すものであろう。紀国造の一族には、内原直・紀打原《きのうちはら》直という姓氏が見られ、『続日本紀』天平宝字八年七月条によると、氷高《ひたか》評の人内原直牟羅《むら》が見える。この者は日高郡内原郷に居たと推定されるが、もともとは名草郡内原に基づき名づけられたのが日高郡の地名なのかもしれない。

名草郡宇治に起った大伴連の一族に宇治大伴《うじのおおとも》連があり、『日本霊異記』上巻五に大花上大部《おおとも》（＝大伴）屋栖野古《やすのこ》連公がその先祖として見えるが、大伴連は紀国造の同族であった。大伴連の祖・道臣《みちのおみ》命（日臣命）は熊野神邑から中洲（大和か）に赴こうとする神武行軍の道案内をしたが、もともとは名草郡片岡の人と伝える（「古屋家家譜」）。『続日本紀』神護景雲三年（七六九）条の記事には、陸奥國牡鹿郡の俘囚《ふしゅう》大伴部押人が申し出た言に、先祖は紀伊國名草郡片岡の里にいたとある。

片岡邑は現和歌山市片岡が遺称地であり、和歌山城の南側にあたる地であって、式内社の刺田比古《さしたひこ》神社が鎮座する。その祭神は名前通りの刺田比古命であって、「古屋家家譜」には道臣命の父と記される。道臣命は天道根命の再従兄弟かとみられるが、この者も名草戸畔誅伐のころに神武に服属したものか。その服属については記紀はなにも記さず、行軍が大和の宇陀郡穿邑に来たころに突然同人が出現するが、その居地を考えると、道臣命ははやくに名草郡から道案内をしていたものとしてしか考えられない。

このように、紀ノ川下流域の名草郡地方で紀国造・大伴連の遠祖らを服属させてこの地域を押さえた神武軍が、地元の道臣命を道案内にし、川船を用いて当時は水量が多かった紀ノ川を溯上航行して、東方の大和へ向かって進んだことはごく自然な成り行きであった。この道案内に途中からでも八咫烏《やたがらす》も加わっておれば、大和南部の葛城郡に本来の居地（宇陀郡にも植民か）があったとみられるので、当時の進路に無理がなくなる。

疑問が大きい熊野大迂回

神武軍の紀伊での行軍にあたって、紀伊北部の名草郡から南端の牟婁郡熊野まで紀伊水道をくだり、海路で大迂回する行程をとったと記紀が記すが、これは当時の地理事情を考えると不可解である。

それでも、熊野大迂回を支持するような事情もないではない。往古から熊野灘方面と大和とを結ぶルートがあったことが傍証としてあげられる。例えば、吉野川北岸にある縄文・弥生期の宮滝《みやたき》遺跡（吉野町大字宮滝）の調査で、熊野灘以外には産出しない原石を用いた石器が見つかったこと（上治寅治郎博士の分析）や、熊野灘でとれた魚の鯖に塩をして商品とし、それを北山川を溯り高見山の麓に出て吉野川に沿って大和平野まで売りに来るルートが古くからあったことなどである。とはいえ、こうしたルートの起源は不明であり、行軍のルートを考えると、積極的な根拠とはいい難い。

熊野大迂回に否定的な点としては、①紀ノ川下流域を制圧した神武軍がこの川を溯上するのが自然で合理的な経路であること、に加えて、②熊野―吉野間の往来は、修験道の行者が通るたいへんな難路であったこと、③高地性集落は神武東征と強い関連性を有する遺跡とみられるが、紀伊では田辺以北にこの遺跡が見られるものの、潮岬から新宮方面という熊野にかかる地域では見られないこと、④荒々しい熊野灘を道案内なしに航行することが不自然なこと（居住地や出自からみて、道臣命や八咫烏は紀北の陸地案内に適しており、海神族出の海導者の珍彦も熊野灘あたりでは案内が不能ではないか）、などがあげられる。

邦光史郎氏も、熊野経由ルートを疑問視する。すなわち、「熊野灘は、波の荒い海で、後世でも難所と称され」、「大阪港を出て熊野灘を乗り切って東へ行くという航路がひらけたのは、江戸時代も元禄年間になってからで、地理の知識のない古代人が、熊野まわりで大和にはいる道筋を知っているはずがない」とし、「合理的に考えると、当時の小舟では熊野水道を乗り切るのはたいへんむずかしい」と海路の大きな問題点を指摘する。それとともに、陸路の熊野から伯母峰《おばみね》峠を抜けて吉野に入る道についても、「たいへんな難路で伯母峰峠は千㍍をこえる山道でかっての行者道でもある」ので、「東征の順路で、もっとも不合理なのは、このあたりの記述である」と考える（『消えた銅鐸族』）。邦光氏は、本業が作家だとはいえ、こうした見解は非常に傾聴すべきものといえよう。

神武行軍における紀伊の名草郡から大和の吉野に至る経路の記憶が、記紀編纂当時に失われていたことも考えられないわけではない。それよりも、「熊野」という名の経由地を古代の熊野国造の領域たる牟婁郡だと編者が頭から思い込んだ結果の記述ではないかと思われる。これは、『書紀』の編者が進発地の「日向」を南九州の日向国と思い込んだことと軌を一にしている。

『古事記』の記事を見ると、行路は「紀国の竈山→熊野村→吉野河の河尻」という簡単な表現となっている。これに対し、『書紀』記事には、名草郡から熊野までの海路と熊野—吉野ルートの陸路という海・陸のたいへんな難路に加え、神武の二人の兄の離脱など奇妙な記事（おそらく竄入とみられる）もあって、素朴で自然な『記』の記事のほうが原型に近いものと考えられる。船で九州から近畿にやって来た神武軍が目的地である大和盆地の付近ならともかく、大和から遠く離れた熊野灘沿岸まで行ってそこでで船を乗り捨てたなど、戦略的にはきわめて疑問でもある。

こうした事情から、神武行軍が現在の熊野地方（牟婁郡）を経由せず、地理的に自然な紀ノ川溯上ルートをとったとみられる。九州から近畿地方に至る神武行軍の経路では、『記』の記事のほうが妥当であると先に記したが、紀伊から大和侵攻の経路でも『記』の記事のほうが妥当だと考えられる。ただ、熊野地方を経由しなかったとして、新宮市の神倉山付近から、銅鐸の出土があったことを考えると、当時の牟婁郡辺りにも大和の長髄彦関係者の勢力が及んでいたことを否定するものではない。

『書紀』に記される「紀国の名草邑 → 狭野 → 熊野の神邑 → 熊野の荒坂津（丹敷浦）→↓（吉野）」という行路も、とりあえず「熊野の神邑」（後ろで検討）を除いて考えると、紀ノ川溯上ルートを否定するものではない。狭野《さの》については、紀ノ川中流北岸の伊都郡かつらぎ町に大字佐野《さや》があり、その対岸には丹生都比売《にふつひめ》神社が鎮座する丹生（天野盆地）の地が位置することに留意される。

神武軍が名草戸畔《とべ》を誅した地が名草邑であったので、丹敷戸畔を誅した地が丹敷邑ではなかったろうか。「丹敷」とは、「ニシキ」（一説に北牟婁郡の錦村に比定）ではなく、「ニフ」（すなわち、丹生）と訓むべきであろう。丹生とは丹朱（辰砂《しんしゃ》で、硫化水銀鉱のこと）の産地であり、丹には毒性がある。「戸畔《とべ》」が女性酋長の呼称であるのなら、丹敷戸畔は丹生都比売に通じることになる。なお、『古事記伝』にいう北牟婁郡の錦村は現三重県度会郡大紀《たいき》町錦にあたるが、これは熊野川の下流域で熊野新宮（熊野速玉神社）の鎮座する新宮市からさえも遥かに東方に離れた地であって、このような更なる迂回地が熊野から吉野に抜ける経路にあるはずがない。

「荒坂」という地名も、吉野川沿いに見える。阿陀に入る少し手前の五條市の北部にある地名に荒坂峠・荒坂池があり、岡町の東北、今井町から西河内町荒坂に入るあたりが荒坂峠である。その四キロほど東方に阿陀の地が位置する。五條市には、吉野川と丹生川との合流点近くの丹生川西岸に丹生川神社（宇智郡の式内社）があり、その付近が丹原《たんばら》と呼ばれるから、丹生と荒坂とが一緒にある五條市あたりが丹敷戸畔の居地であったのかもしれない。この丹生も古い地名であり、天野盆地に鎮座の丹生都比売神が現鎮座地に至る前に宇智郡の布々岐《ふふき》丹生（上記の丹生川神社か）を経たと伝えられる。

紀ノ川沿いには、天孫族の移動に際して特徴的に現れる鷹取山（奈良県五條市）という地名もあり、こうした地名分布も紀ノ川溯上説の傍証となろう。天野の丹生都比売神社の地元では、神武行軍が紀ノ川を溯り、吉野川の下流に出たとの所伝があるとのことである。

熊野の高倉下の登場

紀伊の名草郡竈山から宇陀の穿邑に至る過程で、神武とその軍隊は在地の「高倉下《たかくらじ》」なる者に救われたと記紀に伝える。その伝承はほぼ同じであるが、登場する地点は『記』では熊野村、『紀』では熊野の荒坂津（丹敷津）でその地の神（丹敷戸畔）を誅したとき、と記されて、微妙に異なる。

この伝承を、まず『記』により記すと、次のようになる。

神武軍が竈山から熊野村に到ったところ、大熊が出現して消えたが、このときに神武及びその軍隊が皆、気を失って倒れた。その際に、高倉下が剣（フツノミタマ）を持ってきて奉ったので、熊野の山の神全てが倒されるとともに、悪神の毒気により倒れていた神武とその軍隊が正気を取り戻した、とされる。なお、この神剣に関して、天照大神・高木神・建御雷神の登場という高倉下の夢が語られるが、この神々関与の伝承は疑問が大きい。

一方、『書紀』には丹敷戸畔を誅したときに、神が毒気を吐いたので神武軍の兵士は皆、体力や気力を失ったと記されるが、これは、硫黄や水銀の毒気に当たったことを示唆する。奈良女子大学教授の小路田《こじた》泰直氏は、古代日本における最も重要な幹線の一つであった紀ノ川ルート（「鉄の道」のなかに位置づけ）を神武の大和侵攻の経路と考えており、「溶けた金属の放出する毒ガス（例えば硫化銅）に神武軍はなぎ倒されたのである」と記される（「奈良、「鐵の道」考」、『月刊奈良』二〇〇六年三月号）。『書紀』でも、高倉下が夢の教えに従って神武に献上した神剣により、悪神の出した毒気を払って覚醒したとある。

記紀の高倉下と神剣の所伝について原型を探るのは、やや難しいが、神武一行は土地の発する毒に当たって気を失いかけたときに、高倉下が駆けつけ、神剣を道具としてなんらかの祭祀を行い毒気を振り払ったので覚醒したということではなかろうか。そうすると、この事件が起きた土地は「丹生（丹敷）」であって、そこで硫黄等の毒気に当たったとするのが自然であり、「熊野村」は高倉下の居住地か近隣であったと解される。神剣フツノミタマは、後に物部の祖・宇摩志麻治命《うましまち》（饒速日命の子）が帰順したときに神武から与えられ、後年は石上神宮に収められたというから、物部氏関連の所伝といえよう。

高倉下は、『旧事本紀』「天孫本紀」に別名の天香語山命《かごやま》・手栗彦命《たぐりひこ》とも見え、物部連の祖・饒速日命が天道日女命を妻として生んだと記されるが、高倉下は本来、海神族系の尾張氏族の祖となるから、天孫族系の饒速日命とは男系が別である。そうすると、饒速日命の息男ではなく、実態は女婿であったとみられ、こうした事情から、熊野村あたりに居住していたのではなかろうか。天孫本紀の記事は、系譜仮冒か饒速日命の女婿という本来系譜の訛伝かである。尾張氏族には、尾張連、伊福部連《いふくべ》、津守連などの諸氏があり、銅鐸祭祀氏族として主に伊福部連をあげる見解（田中巽《たなかたつみ》氏など）もみられるから、もともとは長髄彦を長とする大和原始国家の一員であったことがうかがわれる。

「熊野」の地については、紀伊の名草郡竈山から大和の宇陀への途中で通過することから、これまでは紀伊の牟婁郡熊野の地、具体的には熊野川河口部の新宮市付近と頭から思い込まれてきた。従来の学説では、鳥越憲三郎氏の説を除き、いささかも疑われることがなかったといってよい。少なくとも、『書紀』の編者がそう信じていたとみられる。このことは、熊野の地名に関してほかに新宮市佐野にも比定される「狭野」とか、荒坂津（またの名を丹敷浦）という海岸部の名を挙げることからも分かる。しかし、「熊野」は実際に牟婁郡の熊野だったのだろうか。

神武行軍に際して紀南の牟婁郡を経由する大迂回路をとる必然性がまったくなかったことは、先に述べた。しかも、熊野―吉野間の往来は、修験道の行者でもたいへんな難路であったので、神武行軍ではむしろ避けねばならない行路であったろう。そうすると、牟婁郡とは別の地に「熊野」をもとめるほうが妥当であろう。

この「熊野」に関して、鳥越憲三郎氏が昭和五十年（一九七五）に紀ノ川上流域に熊野があったとする見解を発表されており（『大いなる邪馬台国』）、私見と相通ずるものであるので、その卓見を紹介させていただく。

鳥越氏は、まず、「古代の舟で熊野灘への迂回は常識として考えられないが、これは後世の地名に影響された脚色であろう」とし、次に、熊野の荒坂津（丹敷浦）で神武に討たれた丹敷戸畔についても、万葉仮名では「丹敷」が「にふ」と訓むべきであって、「それは紀ノ川の中流、高野山の登山口にある支流の丹生川の合流地域を指すものであろう。そこには延喜式内の名神大社である丹生都比売《にふつひめ》神社がある」と記される。熊野からの行軍については、「後に紀伊半島をひろく熊野と称したことに禍いされて、紀伊半島の南端から熊野山岳地帯を越えたものとみたのである。しかし、古くは紀ノ川の上流を熊野と呼んでいたとみるべきであろう」と考えて、「実際、紀ノ川に沿って遡ると、たやすく大和の南にある葛城連山の南端に達する。神武帝の一族が大和で後に定住したところも、この葛城山麓であった。しかも、紀ノ川は、大和南部と紀伊とを結ぶ古代の主要な交通路でさえあった。…（中略）…神武帝が南に迂回したのは、紀ノ川の河口の津から遡行して、大和に入ろうとしたからである」と結論する。これは、きわめて合理的で妥当な見解といえよう。

「熊」の意味としては、「隈にて古茂累《こもる》義」（『紀伊国続風土記』）と説かれるように、山川幽深にして樹木の生い茂るところ、こうした地だから死者の霊も隠れるところであり、紀伊国の中心たる平野部の名草郡からみて奥まった山地の地域が本来「熊野」と呼ばれたのではなかろうか。

紀伊の地名と出雲の地名との類似がいわれ、これは出雲から紀伊に向けての集団移動の痕跡とみられるが、出雲にも意宇郡に熊野（現松江市八雲町南部）の地があり、出雲国造家が奉斎する名神大社熊野神社が鎮座する。この地は、同国造の本拠たる意宇川の下流平野から溯った上流域で、『出雲国風土記』に熊野山と記される天狗山（標高六一〇㍍）の北麓の山間地にあって、熊野の語義通りの隈々しい山峡の地である。紀伊においても、出雲と同様な関係を、平野部とそこを流れる大きな川の上流地である山間地とで考えれば、紀伊の熊野の本来の地が推されよう。

「熊野邑」はどこか

高倉下命の居た地は「天孫本紀」にも記されており、高倉下が天孫尊《あめみま》（ここでは饒速日命のこと）に随って天降りして紀伊国熊野邑に坐したと記される。

この熊野邑が本来は牟婁郡の地名ではないことは、鳥越氏の説明で十分であろうが、高倉下命の後裔となる尾張氏族やその関係神社の分布を見ても、とくに上古においては、牟婁郡地方との関連が殆ど見られない。

牟婁郡に替わる本来の「熊野邑」の地として、二つの候補地を考えられるが、一つは大和国宇陀郡大熊村（現宇陀市大宇陀区大熊）であるため、地域を紀伊に限れば、那賀《なが》郡の打田《うちた》町（現紀の川市打田町）あたりが取り上げられる。

紀伊国那賀郡に高倉下の居住地の比定を考えるのは、この者の出自に因るものである。すなわち、高倉下命の本来の系譜は、海神豊玉彦の曾孫にあたり、神武行軍の海導者で倭国造の祖・珍彦の従兄弟にあたる者であった（『古代氏族系譜集成』海神族を参照のこと）。高倉下の帰服には、珍彦の手引きもあったことが考えられる。

具体的な熊野の比定には、那賀郡の式内社 海《うなかみ》神社（打田町神 領《じんりよう》）の存在によるところが大きい。同社に所蔵の「海神系図」により、その祭神は豊玉彦命とされるが、同社は海岸線を遠く離れ、紀ノ川の中流域北岸、和泉国との境界線を画する和泉山脈の最高峰葛城山（標高八五七㍍）の南西麓にある。海神族は竜蛇信仰をもち、那賀郡に通じるナーガ（那賀、那珂、長）は蛇の意味であった。

北九州の筑前国那珂郡はわが国海神族の起源地かつ本拠地であったが、阿波国の那賀郡も主要居住地であり、紀伊国那賀郡にも海神社があるのは興味深い。この海神社がある地は、『和名抄』の那賀郡那賀郷といわれて同郡の中心地域であり、海神族が住んでいた。同郡の郡領を見ると、承和の頃の大領外従八位上長我孫《ながのあびこ》縄主、大領従八位下長《ながのきみ》公広雄という者が史料（承和十二年十二月五日付け紀伊国那賀郡郡司解、東寺古文書『平安遺文』七九）に見える。紀伊の長我孫・長公という姓氏は、海神族の出自であり、阿波の長国造に関係が深いことに留意される。

海神社についていえば、牟婁郡には式内社の海神社があり、紀伊半島南端の潮岬の付け根にあたる東牟婁郡串本町笠島の地に鎮座する潮崎本之宮《しおざきもとのみや》神社に比定される。同社は住吉三神を祀り、通称は『元の宮』、境内からは弥生式土器なども出土し、近くには笠島遺蹟がある。この神主家は高倉下命の後裔たる津守宿祢氏であって、その苗字をはじめ笠島といい、後に芝・小原といった。海神社の論社としては、熊野本宮旧社地（田辺市本宮町本宮）である大斎原の海神社もあげられるが、祠官家などから考えて、串本町笠島の神社のほうが妥当である。

海神社の沿革は、神功皇后の時、香坂《かごさか》・忍熊《おしくま》二王（ともに仲哀天皇の皇子）の叛乱陰謀に遭ったので、皇后は武内大臣をして皇子（応神天皇）を奉じて紀伊に赴かしめ、大水門浦に御船を寄せて住吉の大神を祭られたといわれる。これによると、串本町の海神社の創祀は神武東征の遙か後代のことであって、高倉下の居住とは無関係である。

海 神 社（紀の川市打田町神領）

大和にも式外ではあるが、吉野郡・宇陀郡に各々二社ずつ海神社がある。紀伊国那賀郡から紀ノ川を溯上して大和国吉野郡に入ると、その本支流の吉野川、丹生川に各一つの海神社（吉野郡の下市町大字立石、西吉野村〔五條市に編入〕大字夜中に鎮座）があり、さらに宇陀郡に入ると宇陀川沿いにも二つの海神社《かい》（宇陀市室生《むろう》区大野と、その東北近隣の同区三本松に鎮座）がある。これら四つの海神社は豊玉姫命を祀るというが、高倉下同族の後裔がその祖の豊玉彦を祀ったと考えられ、海神族が紀ノ川を溯上した名残りをとどめる。紀伊の打田の海神社ともども、神武行軍の足跡との関係も示唆されよう。大和国の室生は平安期には竜神信仰の霊場となっていた。

和泉山脈の最高峰葛城山についていえば、大和国にも同名の葛城山（標高九六〇㍍）があって、大和のほうが有名である。その東麓の葛城邑は高尾張邑とも呼ばれ、高倉下後裔の尾張氏族の本貫地とみられるので、紀伊と大和の葛城山は相互に関係があるとみられる。那賀郡の海神社の社伝によると、祭神は富王彦命・国津姫命の二神で、十一代垂仁天皇の御代に、明神が熊野の楯が崎《たてがさき》（三重県熊野市北東端）に出現するのを見た忌部宿弥が当地に創立したと伝えられる。また、同社は古くは熊野の楯が崎に鎮座していたが、いつの頃か紀北の現在地に遷されたとされ、それゆえ同社の鳥居は三か所あって、一の鳥居は熊野の楯が崎、二の鳥居は海神社の鎮座する神領の南の南中に、三の鳥居は現社地の入口にあるとされる。この「楯が崎」は、紀伊国牟婁郡木ノ本荘甫母《ほぼ》浦より東南の海中にある大岩という伝承もある（『日本一社船玉神宮略記』）。こうした伝承によると、海神社は遠く熊野の地から勧請されたことになるが、逆に元来の「楯が崎」は打田町神領の近くではなかったろうかとも思われる。

「神領」という地名は海神社の社地に由来するといわれるが、「神」はクマとも訓まれる。打田町の南部、紀ノ川中流域の南岸には高野《たかの》という大字があり、「熊→神《くま・こう》→高」という地名転訛がなかったろうか。紀伊のほうの葛城山の五キロ東方には神野（伊都郡かつらぎ町北端）という地名もある。那賀郡の南部にも神野《こうの》荘という荘園（現在は海草郡紀美野町）が平安〜室町期にあったとされ、現在でも神野市場《こうのいちば》という地名が残る。空海の高野山で名高い伊都郡高野町もある。これらの地名は上古の熊野が紀北の山間部にあった名残ではなかろうか。大和に入って丹生川を少し溯った吉野郡の西吉野村（紀伊の伊都郡の東隣で、現五條市）には神野《こうの》という地があり、「慶長郷帳」では高野村と記されるが、近隣の和田及び夜中の海神社、竜王山（標高六一九㍍）は海神族にゆかりの地名である。

私が紀伊国那賀郡に「熊野」の地を探すのは、このほか、高倉下の母が名草郡を本拠とする紀国造家の出（母が天道日女命で、天道根命の叔母〔父・天御鳥命の妹〕）と伝えることや、上記のように神武記の記述では、名草郡竈山から吉野河尻の阿陀に到る途中で熊野の高倉下に出会うとされることにもよる。『書紀』に見える「熊野の神邑」が熊野村と同じと考えられるが、ここでも「神」が「熊」に通じるし、「神領」という地名は「神邑」に由来するのではなかろうか。丹敷戸畔の居た地が丹生だとすれば、竈山から丹生に行く途中に「熊野」が位置したことになり、この意味でも打田町神領はふさわしい。なお、大和国宇陀郡の大熊村は、後述するが、ここも高倉下に関係があった可能性がある。

以上に見てきたように、神武が高倉下に出会った熊野邑（神邑）は紀伊国那賀郡の地あたりとする可能性が大きそうである。

小路田泰直氏の前掲論考でも、熊野の候補地として金屋、高野山、丹生社に関連する地をあげている。神武軍は、紀伊の名草郡から紀ノ川を溯上して大和国の宇陀郡に到る途中で高倉下や八咫烏に出会い、その協力を得たとするのが自然であろう。明らかに現在の熊野山中だとみられる地域では、神武行軍関係で協力ないし敵対した部族の後裔が後世にいなかったことは、その傍証となろう。

吉野古部族の先祖たち

那賀郡神領から紀ノ川を東方へ溯上していくと、丹生（かつらぎ町天野一帯）あたりを経て、阿陀《あだ》の地（五條市東端部）に到る。紀ノ川は上流の奈良県に入ったあたり、五條市二見付近で本流の吉野川と支流の丹生川に分かれるから、阿陀辺りまでは吉野川の「河尻」としてよいのかもしれない。紀南の熊野から山越えしてくれば吉野川の川上になら到着できるが、『記』に記す「河尻」では妥当ではない。本居宣長の『古事記伝』では、この矛盾を考え、「河尻」は川上の間違いであろうとしたが、むしろ熊野山越えコースがおかしかったものである。

この阿陀の地で、神武行軍は**阿陀ノ鵜養部**の祖である「贄持之子《にえもつのこ》（苞苴担）」に出会う。この者は梁《やな》（竹製の魚取り道具）を作り魚を取ると記されるが、『万葉集』巻十一にも「阿太《あだ》人の魚梁《やな》うち渡す瀬」と見え、阿陀あたりは現在でも吉野鮎の漁場として有名である。

阿陀ノ鵜養部の系譜は不明であるが、「鵜養」という職掌の世襲からみて、中国四川盆地の氐《てい》族を想起させ、それと同系の天孫族系ではないか（鴨氏と同系で、八咫烏同族か）とみられるものの、具体的な系譜は分からない。**贄持之子**の子孫と称する鵜飼家は、明治に至るまで紀州名草郡の**竈山**神社の神主を世襲しており、五瀬命の陵と伝える**竈山**墓の守戸三烟の一つで、いまも和歌山市和田に居住するとのことである（『日本の神々　6』三二六頁の丸山顕徳氏の記述）。

　阿陀の地は、大和国宇智郡阿陁郷、現在の五條市の東・西・南阿田一帯にあたる。西阿田の西方の宇野はもと鵜野と書き、阿陁郷に含まれた。宇野の東南隣で、西阿田の南方に当たる原町は吉野川西岸にあって、宇智郡の式内社、阿陀比売《あだひめ》神社が鎮座しており、ここも同郷であった。神社南方の標高一三〇メートルほどの平坦地には原遺跡があり、多くの弥生式土器が出土していて、主に弥生後期の遺跡とみられる（『奈良県の地名』）。当神社の周辺一帯は、考古学上でも重要な地域であり、阿陀比売神社周辺に阿陀ノ鵜養部の本拠があったものか。近くの南阿田では銅鐸の出土があったと伝え、東阿田に

阿陀比売神社

阿田の吉野川。吉野鮎の漁場でもある。

は北側丘陵に円墳を主体とする二十数基の大阿太古墳群が存在する。

　阿陀から吉野川をまた溯上すると、吉野の地に入る。そこでは、**吉野首**《よしののおびと》部の祖である井光《いひか》（井氷鹿）に出会うと記紀に記される。吉野郡の地は広大であり、奈良時代には芳野監《よしののげん》が治した地域であるが、行軍路程の「吉野」は吉野郡吉野郷の地で、現在の吉野町飯貝・上市一帯であろう。井光の名は飯貝《イヒカヒ》に相通じるという『古事記伝』の見解は注目される。いま吉野川のさらに上流の川上村には井光川と井光という地名が見えるが、これはその後の吉野首一族の分布によるものか。

　飯貝と北対岸の上市をつなぐ吉野川の渡り津が「桜の渡《わたし》」という要衝で、近くの中洲にかつては水分《みくまり》神社・エビス神社が祀られていた。飯貝とその南の丹治《たんじ》との境や吉野山にも水分神社があり、丹治遺跡では縄文晩期の土器や櫛目文のある弥生式土器を出した。

　吉野首の後裔である吉野連は、『姓氏録』大和神別

吉野川をはさんで右手が飯貝、左手が上市（吉野町）

には地祇に分類され、加彌比加尼《かみひかね》（井光と同じ）の後なりと記される。その記事では、白雲別《しらくもわけ》神の女で、名を豊御富《とよみほ》という者が井光女であって、神武により水光姫と名づけられたとされる。この辺に男女の混同があるようだが、神武が出会ったのが女性の井光女であるのなら、その夫が井光であったか。栗田寛博士は、伴信友の考えを引いて、記紀では男神と見えるのに姓氏録は女神としており、実は夫婦二神ではないかとも指摘する。そう考えないと、吉野連だけが女性を始祖とするという奇妙な系譜をもつことにもなる。祖の加彌比加尼自体は、男性の名であろう。

吉野首の系譜については、井光にあたる加彌比加尼命を尾張連の祖・高倉下の兄弟に位置づける系図（『諸氏家牒』所収の「紀伊国牟婁郡海神社祝笠嶋家系図」）がある。井光に水汲みの所伝があり、吉野水分《みくまり》神社の奉斎をこの氏族が行ったことや、井光に「尾ある人」とあって竜蛇信仰に通じることからみて、尾張連と同族の海神族系かと推される。

加彌比加尼命の系譜について、「大水神櫛玉命―笠水彦命―白雲別命」とする所伝も残り、この部族が「水」に関係深いことが推される。水管理を職掌する水取《もとり・もいとり》部（水部、水主部）には海神族系統と天孫族系統の二系統があったが、海神族系統には伊賀水取《もいとり》（阿倍氏族）、大宅水取臣（和珥氏族）、水主直（尾張氏族）があった。

吉野首の本拠地と考えた飯貝が猪養《いかい》（猪甘、猪飼）の転訛ともいわれるが（『大和志料』など）、猪養部を管掌した伴造《とものみやつこ》は海神族系統の和珥氏族から出ている。上市の北近隣には志賀という地名が見られることも、吉野首の出自推定の傍証となろう。志賀《しが・しか》は、「漢委奴国王」を刻印した蛇鈕《だちゅう》の金印が発見された奴国海神国の本拠の志賀島《しかのしま》（筑前国糟屋郡志珂郷、現福岡市東区志賀島）や磯鹿海人《しかのあま》（神功皇后紀）、当地の綿津見三神を祭神とする志賀海神社で代表されるように、海神族に特徴的な地名であった。海神族が繁衍した近江には滋賀（志賀）郡があり、同じく信濃にも佐久郡志賀村があった。吉野郡の志賀と上市の中間地で志賀の東南にあたる峯寺について、『霊異記』下巻に見える「吉野山に一つの山寺有り。名を海部《あまべ》の峯と号《なづ》く」という記事にあてる伝承もある。志賀や峯寺は中世の竜門郷に含まれた。吉野町竜門からは銅鐸の出土があったと伝える。

　そうしてみると、吉野自体も、もと葦野《あしの》であって、筑前国那珂郡を原郷とする海神族「葦積《あしつみ》」（阿曇の原始姓）種族の居地に由来するのかもしれない。讃岐では那珂郡に良野郷が見られる。琵琶湖があって海神族の繁衍が見られた近江には、高島郡に善積《よしつみ》郷（高島市今津町あたり）が『和名抄』にあげられるが、この地名はもとは脚身《あしつみ》（＝葦積）といったことが知られる。石見にも那賀郡があって、伊甘郷が見えるが、太田亮博士は「猪甘の転訛か」と『姓氏家系大辞典』に記される。那珂・那賀が海神族のもつ竜蛇信仰の蛇（ナーガ）に由来する地名であることは先に記した。

　吉野からさらに吉野川を遡上すると、国樔《くず》の地である。現在の吉野町東部の国栖《くず》・南国栖一帯であり、ここでは神武軍は岩を押し分けて出てきた尾の生えた「石押分之子《いわおしわけ》」（磐排別之子、石穂押別神子）に出会うが、これが**吉野国栖部**の祖であった。

　国巣については、『常陸国風土記』茨城郡条に、俗語にツチグモ（土蜘蛛）、ヤツカハギ（八束脛）という佐伯であって常に穴居生活をおくると記されるから、吉野国栖（葛、国主）の系譜は山祇族の系統であって、紀国造や丹生首に近い部族であろう。「天野祝《はふり》系図」には丹生都比売大神の曾孫に阿《あ》佐比《さひ》命をあげ、国主《くず》神の祖と記されるが、これが神武記・紀や『姓氏録』に見える石穂押別神の子に当たるものであろう。

同系図や『丹生祝氏本系帳』には、崇神の御世に、天道根命裔の紀伊国造宇遅比古《うぢひこ》命と国主神の児・大阿牟太《おおあむた》祝《のはふり》が仕え奉ったが、宇遅比古命の子の豊耳命が、国主神の女児の阿牟田刀自《とじ》を娶って生んだ児の小牟久《おむく》君が丹生祝等の祖となり、大阿牟太の子の江都智《えつち》・於刀都智《おとつち》（兄地・弟地）兄弟が国栖の祖となったと伝える。『姓氏録』大和神別の国栖条には仁徳朝に国栖意世古《オセコ》・乎世古《ヲセコ》がいたと記されるように、国栖には後世まで兄弟統治の風習があったようである。

国栖部は国栖奏という古い舞を伝え、世々笛工として朝廷に仕えたというから、歌舞音曲や木竹の加工に優れたことが分かる。

以上の阿陀→吉野→国栖という『記』に記される行程は、実際の地理である阿陀→（東へ約十キロ）→吉野→（東へ約八キロ）→国栖に合致しており、まさに紀ノ川、及びその上流の吉野川を川下から上流に向かって遡るものである。

現代の国栖の里

北部九州の怡土郡あたりから出発して紀伊国に至った神武軍が紀ノ川を溯行したことは、名草郡の上流域が那賀郡、その上流域が伊都郡がおかれるという地理的配置からもいえそうである。

「穿邑」と宇陀の古部族

国栖辺りから津風呂《つぶろ》川に沿って北上し、烏《からす》ノ塒屋山《とややま》（宇陀市大宇陀区と吉野町の境界に位置し、標高六六〇㍍）を左に見て右折し、大熊（大宇陀区東南端）を経てから榛原街道に至って左折して、同街道を北上すると宇賀志《うかし》（宇陀市菟田野区南部）に至る。あるいは、国栖辺りから東北方へ高見川・鷲家川沿いに進んで鷲家《わしか》（東吉野村の大字）辺りで榛原街道に当たって、そこから同街道を北上して大熊・宇賀志へという経路だったのかもしれない。いずれにせよ、宇賀志一帯が往古の菟田下県、菟田の穿邑《うかし》であって、この穿邑に至る行程では、神武一行は八咫烏らの道案内を受けた。

菟田の穿邑には、兄猾《えうかし》・弟猾《おとうかし》という族長兄弟がおり、兄猾（兄宇斯）は大伴連の祖の道臣命に滅ぼされた（『書紀』は道臣命だけだが、『記』では道臣命と大久米命の二人で現れており、両者は同一人）。一方、弟猾のほうは神武軍に降伏

穿邑《うかしむら》伝承地（宇陀市菟田野区宇賀志）

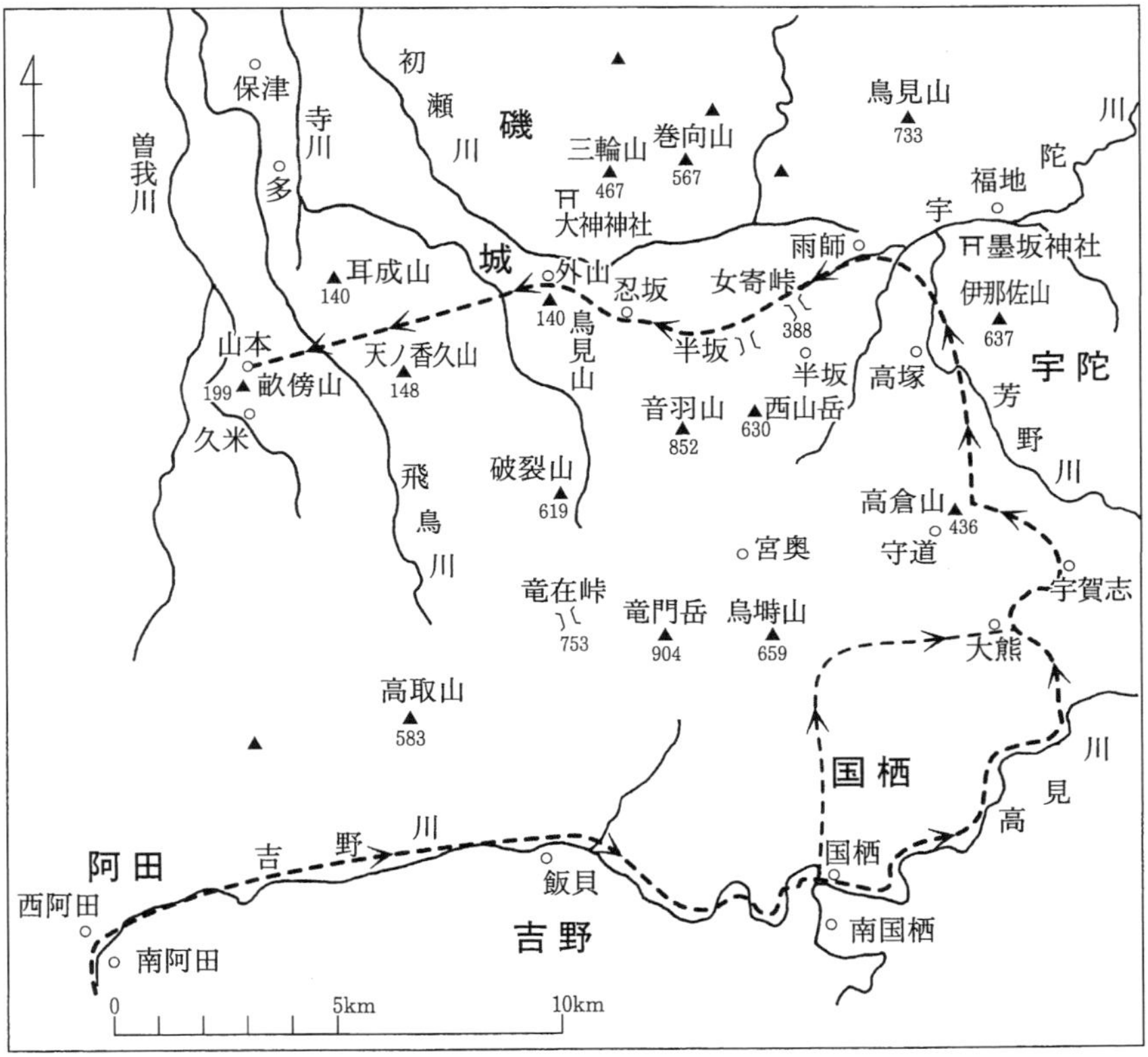

第３図　大和南部の行軍経路

して大和鎮定に功績があり、神武紀には猛田県主《たけだのあがたぬし》（宇陀県主と同じか）に任ぜられ、**宇陀主水部**《うだのもいとり》の遠祖となった。

兄猾が斬り散らされた地を流れた血の多さから宇陀の血原《ちはら》という記紀に見えるが、これに関連して、菟田野区宇賀志《うかし》の西北近隣にあたる見田《みた》・大沢あたりは興味深い。この地の見田・大沢古墳群五基は纏向の初期古墳と同じ頃か少し前頃（庄内式・布留式）に築造され、とくに方墳の四号墳は日本最古の古墳の一つではないかとみられるうえ、周辺には朱の原料である辰砂（水銀）の産地が多くあり、「血原」の語義（血のように赤い色の原。市毛勲『朱の考古学』）にふさわしい。大沢には戦後も長く操業を続けられた大和水銀鉱山があり、その東隣の入谷《にゅうだに》は丹生谷の転訛とみられるが、当地の丹生神社は宇陀郡式内社の丹生神社の論社となっている。見田にも、すぐ南の古市場《ふるいちば》にも戦後まで水銀鉱山があるなど、菟田野区には水銀の産地が多かった。

見田・大沢古墳群あたりは、近くの古市場に大和国四水分社の一で式内社の宇太水分《うだのみくまり》神社があり、北に伊那佐山も望める地であって、古代宇陀の中心地域だったとみられる。見田の春日神社（もと水《みく》分《まり》宮）の鎮座地を水分山といい、宇太水分神社を奉斎したのが宇陀主水部であろう。古市場の馬場田遺跡からは弥生式土器が出土した。

猾兄弟はその後裔が水取部（水部）となっている点からみて、同じく水部を後裔にもつ八咫烏の同族ではないかとみられる。八咫烏が兄猾兄弟に降伏を勧める使者となって出向くのは、もともと同族であったという事情が背景にあったものと思われる。

大熊村と高倉山

神武行軍の経由地として考えられる宇陀郡の大熊村周辺にも、興味深いものがある。

大熊村の地名がいつの時点で生まれたのか不明であるが、十五世紀の史料『大乗院雑事記』にはその名が記されており、注目すべきことには『寛永郷帳』には「大熊野村」と記される。「大熊」は先に紹介した神武記の妖しい大熊の出現にも関係があるのかもしれない。

大熊の東北二キロという近隣には、宇陀の宇賀志があり、大熊の北西三キロには菟田の高倉山（宇陀市大字陀区守道《もち》にある標高四三六㍍の山）もある。高倉山の上は相当広くて台地状になっており、三方は急崖となる要害であって、すこぶる展望に富み、当時賊虜が拠っていたと思われる西方の山々を望むことができる（志賀剛『式内社の研究』第二巻）。

　高倉下の名はこの高倉山またはこの山の東西の山麓にあった高倉という地名（近世の『元禄検地帳』に見える）に因るものではないかとも考えられる。高倉山頂には『延喜式』神名帳の宇陀郡の高角《たかつの》神社二座に比定される高角神社が鎮座しており、その祭神は高倉下命とされる。

　高角神社の社名・祭神名も、この山を高倉山と称して以降、山名によって起ったものとみる考えもあるが、これは疑問であろう。明治頃には山頂の当社を大高角社、字下守道《もち》の八坂神社を小高角社と称したという記録（『政始村名勝旧跡調』）もある。おそらく、本来前者は高倉下命、後者は八咫烏（鴨健角身命）を祀り、この二座で式内社の高角神社に当たるものではないか。こうしてみると、大熊から高倉山にかけての地域にも、高倉下や八咫烏が勢力を伸ばしていたものであろう。後世、宇陀郡の郷士として八咫烏の子孫と称する者が居たことも知られる。

　高倉下と八咫烏の組合せは、宇陀市の榛原区にもある。同区福地字椋下山には式内の椋下神社（式内社の訓はムクモト、クラジとされるが、現社名はクラゲ）があり、高倉下命を祭神とする。その旧鎮座地は東南に一キロの福地岳（標高五二一㍍）の山中「くらかけ」の地とされるが、何時かに当地に遷祀されたと伝える。福地岳は別名をタカクラ山というが、社名のクラジと余りにも合いすぎるので、近世の付会ではないかとされている。古老の所伝によれば、神武天皇が紀伊国の熊野邑に到った時、高倉下が横刀を献上した功によって、宇陀郡高塚邑の八咫烏神社と同時に慶雲二年（七〇五）に勅により創祀されたとされる。

　八咫烏神社も式内社で、現在は芳野川《ほうの》を隔てて東に伊那佐《いなさ》山（福地岳の南方三キロにあり、標高六三七㍍）を仰ぐ地である榛原区高塚字八咫烏に鎮座する。しかし、伊那佐山の主峰の「嶽《だけ》さん」の山頂に古来から祀られていた神社が真（旧）の式内社であって、現在の神社は旧の神社の遙拝所＝斎宮であった、とみる志賀剛氏の見解（『式内社の研究』第一巻）には注目される。伊那佐山の頂上からは遠く大和平野も見えて眺望絶景であり、その主峰は頭が丸く大きいから、特に「頭八咫烏」ともいったと思われるという指摘も、志賀氏は併せて記している。

　宇陀郡の式内社には剣主《つるぎぬし》神社もあり、宇陀市大宇陀区の宮奥か半坂の同名社に比定されていて（宮奥説のほうが有力）、前者の祭神は不詳、後者の祭神はスサノヲ神・葦原醜男《あしはらのしこお》神（大己貴《おおなむち》神）・経津主《ふつぬし》神とされるが、本来の祭神は神剣を神武に献上した高倉下命ではなかったろうか。

八咫烏神社（宇陀市榛原区高塚）

日本サッカーのシンボルでもあるヤタガラスの像。境内にある。

伊那佐山（宇陀市榛原区）

以上に、宇陀郡における高倉下と八咫烏の足跡を見てきたが、これらの事情は宇陀郡と両者との関係の深さを物語るものとみられる。この両者の子孫がともに崇神前代に居住したのが大和の葛城山の東麓の葛城郡である。

八咫烏の子孫は山城国愛宕郡にあった鴨県主とされるが、『山城国風土記』には、「神倭石余比古《いわれひこ》（神武）の御前に立ち坐して、大倭葛木山の峰に宿り坐し、彼より漸く遷りて」、山城の賀茂に至ったと記されており、この一族が後になって山城に遷ったことが分かる。神武当時では、葛上郡の鴨の地が八咫烏の本来の居住地ということで、これが御所市北部の櫛羅あたりであって、葛城山の東麓一帯にあたる。この事情に併せ、高倉下の紀国造家との関係も考えると、両者が神武行軍の道案内ができるとしたら、紀ノ川溯上ルートしか考えられない。

四　宇陀から橿原へ

菟田の穿邑から進んだ神武軍は、北西四キロほどの高倉山の頂きに登って周囲を見渡したところ、八十梟帥《やそたける》や兄磯城《えしき》などの敵軍が要害の地に満ちていることが分かった。そこで、天香具山の埴土《はにつち》を取って八十平瓮《やそひらか》（多くの土器）等を作り、菟田川の朝原《あさはら》で天神地祇を祀ったとされる。この朝原の地については、『大和志』などは宇陀市榛原区雨師字朝原に鎮座する丹生神社の境内にあてている。

次に、神武は軍を整えて八十梟帥（多数の賊酋）を国見丘で撃ち破り、磯城郡の忍坂邑（現桜井市忍坂）に進み、そこで道臣命は計略を用いて敵賊を討滅した。神武紀では話が前後するが、この忍坂邑までの行程の伊那瑳山（前出の伊那佐山）や墨坂でも戦闘があったことが知られる。国見丘とは、経ケ塚山とする説があるが、経路からいって女寄峠かもしれないし、あるいは伊那佐山かもしれない。墨坂は、榛原町西方の坂で、大和中央部と伊勢とを結ぶ要衝であって、式内の墨坂神社（祭神は三輪山の神と同じか）がある。忍坂まで進軍した神武は、いよいよ宿敵長髄彦と対決することになる。

墨坂神社（宇陀市榛原区）

長髄彦との戦い

長髄彦は、磯城郡の鳥見山《とみ》（標高二四五㍍）の北麓、登美邑（現桜井市外山《とび》）を本拠として、神武の大和入りとその平定に当たって最大の難敵として立ちはだかった。

神武軍は様々な手を尽くし長髄彦を討とうとして連戦しても、なかなか勝ち得なかった。ところが、長髄彦のほうで誤算が生じたのは、盟友のはずの可美真手命《うましまて》の裏切りである。長髄彦が主君と仰いでいたという饒速日《にぎはやひ》の子の可美真手は、伯父の長髄彦を誅殺して、衆を率いて神武に帰順してきたのである。従って、可美真手こそ、神武の大和征服時の最大の功労者であった。

こうした長髄彦討滅の事情は、『記』には記されない。『書紀』も饒速日命の功績と記すが、正しくは『旧事本紀』皇孫本紀に記すように、饒速日命の子のなすところであった。同書に記すように、饒速日は既に死去していて、その子・可美真手に代替わりしていたものとするのが年代的に妥当である。『旧事本紀』の物部氏伝承は無視できない。

神武軍の大和平定の最大の難敵であった長髄彦が滅ぼされてからは、その余の賊酋の討滅にはそれほどの困難は記されない。こうして大和平定を終えたのち、神武は橿原の地で初代大王（天皇）として即位することになった。この間、「日向」を出発してから四年ほど（後述）の歳月が経過していたと推される。

物部連、磯城県主や宇陀県主などの先祖は投降したものとされるが、敵対勢力の一部は滅ぼされ、また一部は神武への投降を拒否して東国に走り、信濃の諏訪や伊豆、武蔵などの国造家の先祖となったと伝える。なお、「藤崎系図」（偽書である『東日流外三郡誌《つがるそとさんぐんし》』も同様）では、長髄彦敗死のあと、その兄の安日《あび》が陸奥の津軽に逃れて蝦夷の酋長となったとするが、これは虚構であるものの、これに類した行動はあったとみられる。

神武来攻のとき、既に大和地方には、「前大和朝廷国家」とも「大和原国家」ともいうべき原始国家組織が作られていた。この原始国家が銅鐸を主な祭祀具としていたことからも、その勢力圏は大和のみならず河内、摂津、山城、近江、紀伊に広く及んでいたことが推される。そうすると、大和国磯城郡を本拠とする総帥の長髄彦が河内の日下まで出撃して、神武の生駒越えによる侵入を退けたのも自然な行動である。

長髄彦が登美毘古とも登美の長髄彦とも記されるので、その本拠地を生駒に近い富雄川沿いの地域とみる見解もあるが、その出自から見て、磯城郡登美邑としたほうがよい。神武紀には、磐余邑に磯城彦の兵満つとし、天香山も賊地とするなど、長髄彦の勢威がはなはだ盛んなことがうかがわれると指摘するのは太田亮博士である（『姓氏家系大辞典』シキ条）。

長髄彦が主導的な地位にあった原国家においては、先に北九州から渡来した饒速日命を受け入れて、長髄彦は妹の御炊屋媛《みかしぎやひめ》を娶せ主君と仰いでいた、と『書紀』には記される。『記』では、饒速日命が神武行軍を追い掛けてきただけと記すが、これは饒速日の大和先着を否定するための潤色であろう。神武即位前紀にあるように、饒速日が神武に先着して大和に入ったことには間違いない。それ故に、饒速日が大和下着に際して、「虚空《そら》見つ日本《やまと》の国」と命名したと神武紀（三十一年四月条）に記すわけである。神武の大和到着時には、饒速日は死んでいて、妻・御炊屋媛《みかしぎやひめ》との間にもうけた可美真手命《うましまて》

第４図　金鵄伝承の絵
（『国史画帳大和桜』より）

（宇摩志麻遅命、味真治命）が成人になるくらいになっていた。饒速日の大和到着はそれだけ早かったとみられる。

金鵄伝承の意味するもの

長髄彦が饒速日とその子孫に対して崇敬すればするほど、神武軍に対する抵抗も強くなる。神武軍は、長髄彦側にすればまさに侵略者であったが、長髄彦の率いる原大和国家軍に対して劣勢であったことは否めない。こんな状況に登場したのが金鵄《きんし》伝承である。

ここで、金鵄伝承の有名なシーンを見てみよう。その一つのサンプルとして、戦前の昭和十年（一九三五）に刊行された『國史畫帖《こくしがちょう》・大和櫻《やまとざくら》』という絵本にふれておきたい。この絵本は、日本史上の名場面を図示して簡単な解説記事をつけたものであるが、私は子供の時分に見た記憶がある。その最初のほうの絵が神武の金鵄伝承である。

神武がもつ弓の上にとまった鳥が金色の光を発して、

敵方を圧倒しているような絵（「大和地方御平定の神武天皇」）であったが、子供の理解力では、金鵄の出す光がどうも光としては受け取れなかった。当時は幼なかったので、「幾多の賊共を降して、大挙長髄彦を征伐に進まれ、この激戰の最中一天俄《にわか》にかき曇り黒雲天を被《おお》ひ風荒れた折柄、一羽の金色の鵄《とび》が飛び來り、御弓の上弭《うわはず》に止つた。その燦々たる光に、賊共は忽《たちま》ち目が眩《くら》み、戰ふ力を失ひ降伏した」という記事も、ほとんど理解できなかったようにも思われる。

これが、いわゆる金鵄伝承であるが、この話は『書紀』のみに見えて、『記』には見えないから、後世の造作めいたところがある。しかも、話としては変な倒錯がある。つまり、神武軍は鵄の瑞兆を得たから、この地を鵄邑と名づけたというが、敵方の首長は早くに登美彦という名で呼ばれていた。そうすると、鵄が味方をするのは、むしろ登美彦のほうではないのかという疑問である。

今となっては、天孫族は鳥トーテミズムをもち、鷹・鷲といった猛禽類《もうきん》もそのなかに現れるから、ワシタカ科の鳥である「鵄」がトミの地名に合わせて助力として登場させられた伝承、と考えればよい。谷川健一氏も、「鍛冶氏族には鳥の伝承がまつわる」と指摘される（『白鳥伝説』）。これを、金鵄の伝承は神異だから信じられないといっても始まらない。

鳥見山伝承地（桜井市の等弥神社）

これと似た建国神話がハンガリーにもある。マジャール人がアルパート王に率いられてハンガリーに侵入したとき、軍が疲れ果てて一歩も進めなくなったところに、鵄ないし鷹とみられる鳥が現れて軍は元気を回復し、この鳥に導かれて建国をはたしたと伝える。ドナウ川地方には、東アジア系の騎馬民族アヴァール人が六世紀半頃から定住しており、九世紀にまた東方から侵入してきたマジャール人がアヴァール人を吸収したとみられているが、アヴァール（Awar）は烏丸《うがん》（烏桓）の古音のAwanと同じとみる説もあり、上記建国神話は本来、アヴァール人がもっていたことも考えられる。なお、烏桓は、内モンゴルを中心に活動した遊牧民族で、匈奴の冒頓単于《ぼくとつぜんう》に滅ぼされた東胡の一派であって、鬼神・天地・日月などを祭り、シャーマニズムを信奉した、とされる。

　このように国家創業と鳥とが密接に絡んだ伝承は、蒙古諸族・トルコ諸族などに広く分布している。北アジアの諸族においては、天神・日神信仰と鳥トーテミズムがあり、この流れをくむマジャール人においても、建国神話に鳥を持ち出したものであろう。従って、神武にまつわる金鵄伝承や八咫烏の道案内伝承も天孫族の鍛冶部族としての性格からくるものであった。

　『書紀』の記事では、金鵄が現れて霊験を見せても、敵は力を弱めつつも、まだ降伏したわけではなかった。長髄彦は神武に使者を遣わして、饒速日が天孫降臨してきたとして天羽羽矢《あまのははや》・歩靫《かちゆき》といった、神武の同族たる天孫族の証拠を提示したところ、神武もそのことは認め、自己の天表《あまつしるし》を示したとされる。それでも結局、神武に従わなかった長髄彦は、味方と思っていた饒速日の一族により殺されてしまう（神武即位前紀戊午《ぼご》年条）。これでは、長髄彦はいい面の皮である。

天孫族の証拠の天璽端宝《あまつしるしのみずたから》とは、『旧事本紀』の「天皇本紀」によれば、饒速日が故地よりもたらし、その子の宇摩志麻遅《うましまち》が神武に献上したとされる「十種の神宝」で、澳都《おきつ》鏡・辺都《へつ》鏡という鏡二種、八握《やつか》剣、生玉《いくたま》・足玉《たるたま》などの玉四種、比礼《ひれ》（領巾。女性が肩に掛ける薄く細長い布）三種という祭儀・呪術の道具であった。鏡・剣・玉という三種の神器に比礼がプラスされる構成になる。同書の「皇孫本紀」には、ニニギの降臨のときに天璽《あまつしるし》鏡剣を天祖が授けたとあり、『書紀』一書第一でも、天照大神がニニギに八坂瓊《やさかに》の曲玉《まがたま》、八咫鏡、草薙剣という三種の宝物を授けたことが記される。

　饒速日命は神武により天孫族の一員と認められながらも、記紀にはその具体的な出自を記さず、『姓氏録』では天孫としては扱われていない。それに対して、『旧事本紀』天孫本紀では、天照大神の子の忍穂耳の子の天火明命こそが饒速日命にあたると物部氏は主張していた。この系譜ならば、神武の祖先たるニニギの兄弟に饒速日があたり、しかも天火明命は長子と主張するから、家格はむしろ饒速日のほうが良さそうである。なぜ、饒速日の一統は神武に屈服したのであろうか。

　この辺りは推測でしかないが、おそらくこの時点までに神武軍がかなりの力をつけてきたのに加えて、饒速日の出自が実は神武に対して劣ることを知ったからではなかろうか。

　私は、長年古代氏族の系譜を研究してきて、物部氏の系譜には若干の仮冒があることに気づいてきた。すなわち、饒速日の系譜の実態は、高天原の嫡統たる火明命とは同人でもその子でもなく、この王統から早期に分かれた支庶家にすぎなかった。神武自体が伊都支分家の庶子であったが、物部系統は、それよりも早く嫡統から分かれた分家であり、具体的には奴国（葦原中国）を服属させるにあたり功績をたてた経津主神《ふつぬし》（天目一《まひとつ》箇命、天太玉命とも同神で、忍穂耳の弟の天若日子《あめのわかひこ》の子）の子が饒速日ではないかと推している。

長髄彦の素性とその一族

長髄彦は、登美《とみ》の那賀須泥毘古《ながすねびこ》（『記』）とも記される。この「長髄」とは、神武即位前紀にも記すように、その居住する「邑の本の号《な》」であり、これを以て人の名としたものである。従って、神武のイワレヒコ（磐余彦）と同様に、ある地域の首長・君長としての呼称であり、髄（脛）が長いという意味での身体的な特徴を呼んだものではない。そのことは、妹が長髄媛、御炊屋媛とも鳥見屋媛とも記されることに対応する。

記紀は長髄彦の出自についてなんら記述しないが、鈴木真年翁は、「醜類ニ非ス」として、「大和国城上郡登美ノ人、長髄モ同所ノ邑名、飛鳥事代主神ノ子」と記される（『史略名称訓義』）。真年翁の記述の根拠は不明であるが、傾聴すべき見解と思われる。

これに関して、丹後宮津藩主の本荘氏に伝わる有道宿祢姓の系譜（『本荘家譜』）には、饒速日命の子の汙麻斯麻尼足尼命《うましまにのすくね》（ウマシマチのこと）の右註に「母飛鳥大神之女登美夜毘売」と記されるので、その根拠になろう。これらの記述によると、長髄彦は事代主神の子で、磯城の三輪氏一族の族長だったということになる。太田亮博士も、早くに「磯城彦は即ち三輪氏に外《ほか》ならず」と指摘していた（『姓氏家系大辞典』シキ条）。

そうすると、兄磯城・弟磯城のうちで珍彦の計略が奏功して斬られたほうの兄磯城も、長髄彦かその近親を指すことになり、それは磯城郡の居住地にも対応する。記紀の兄磯城が長髄彦にあたるとしたら、兄磯城に関する記述には混乱があるが、近親の別人であれば問題がない。一方、神武に降伏した弟磯城の名は黒速《くろはや》で、建国後の論功行賞で磯城県主に任ぜられたとされるが（神武紀二年条）、この人は三輪氏の系図に天日方奇日方《あめのひかたくしひかた》命（またの名を櫛御方《くしみかた》命、鴨主命）と記される者に対応する。その妹が神武天皇の皇后となった媛蹈鞴五十鈴媛《ひめたたらいすずひめ》命（伊須気余理比売《いすけよりひめ》）である。この女性が事代主神の娘であったことは、『書紀』神代第八段（宝剣出現）の一書第六に見える。

先に述べたように、神武が大和に侵入したときには、すでにこの地域に原大和国家が成立していたが、その国家は部族連合体だったにせよ、磯城の三輪氏族が主体をなしていた。

その基礎は、二世紀前葉頃の大物主命（櫛𤭖玉《くしみかたま》命）ないしその父祖による博多平野から大和の三輪山麓への東遷により築かれていた。それ以来、ほぼ五十年にわたり、その子の事代主命（玉櫛彦命）、さらにその子弟の長髄彦（天八現津彦《やあきつひこ》命）、と竜蛇信仰をもつ三輪氏族の君長が続いてきた。このように、長髄彦を一介の賊酋だったと考えるべきではない。とすれば、長髄彦の「長」は蛇のナーガにあたるが、「スネ」はソネ（曽祢）かスワ（諏訪）に関係するのかもしれない。

大和国には鳥見（登美）という地が二か所、城上郡（現桜井市）と添下郡（現奈良市）にある。長髄彦の本拠については論争もあるが、城上郡のほうが妥当であることは先に述べた。添下郡のほうも無縁ではないようで、長髄彦の勢力範囲であって、その近親関係者が居住したのであろう。

二つの鳥見には、それぞれ式内社があり、城上郡の等弥神社、添下郡の登弥神社である。後者は奈良市の南境の石木町にあって富雄川東岸沿いの小高い森に鎮座するが、その祭神のなかの一人に登美建速日命という神があげられる。同社の他の祭神が高皇産霊神、神皇産霊神、誉田別命、天児屋根命であることから、登美建速日《たけはやひ》命が本来の祭神と考えられる。この神はどういう神なのだろうか。
中田憲信編の『諸系譜』（国立国会図書館蔵）第六冊所収の「長公系譜」には、建日別《たけひわけ》命という者が見える。この建日別命こそ登美建速日命ではないかと考えられる。

同系図では、建日別命は長国造（阿波南部）・長我孫《ながのあびこ》や都佐《とさ》国造（土佐）の遠祖であり、事代主神の孫に位置づけられる。その父を天八現津彦《やあきつひこ》命（一云観松比古《みまつひこ》命）とするが、又名の観松比古命は「国造本紀」の長国造及び意岐《おき》国造の条に観松彦色止《いろと》命と見えており、阿波国名方郡の式内社である御間都比古《みまつひこ》神社（名東郡佐那河内村下モノミ石に鎮座）の祭神でもある。観松彦命は事代主神の子であること、その子に登美に関係ある者がいること、その後裔に長国造・長我孫《ながのあびこ》を出したことなどを考え合わせると、神武に立ち向かった長髄彦その人ではあるまいか。そして、「登美建速日命」が登美彦・長髄彦であるならば、建日別命はその父の位置にある天八現津彦命とも同人ということになる。

長国造の領域は阿波国那賀郡の那賀川流域とみられるが、その領域周辺には、勝浦郡の式内社であった事代主神社、名方郡の式内社の多祁御奈刀弥《たけみなとみ》神社（名西郡石井町浦庄字諏訪に鎮座し、諏訪神たる建御名方命・八坂刀売命夫妻を奉斎）など三輪・諏訪一族に関係が深い古社が存在する。なお、那賀郡の式内諸社は奉斎神がどういう由緒の神なのか不明な神がほとんどであるが、長国造関係者が祀ったものとみられる。

観松彦とか天八現津彦《やあきつひこ》とかいう呼称は、大和の支配者の美称にふさわしい。初期大和朝廷第五代の天皇である孝昭天皇は、和風諡号が観松彦香殖稲《かえしね》尊とされることも想起される。なお、観松彦の下の「イロト（色止・伊呂止）」が弟を意味する語であることで、「兄磯城」との関係から気になるが、長髄彦が事代主神の後継者であっても子ではなかったとすると、兄・事代主神に対する「弟」（建御名方命にもあたるか。伊勢津彦のコラム参照）の意味で妥当なのかもしれない。

上記の推定が正しければ、長髄彦本人は討たれたものの（ないしは討たれたと装って逃走したため）、その子孫は残って四国の阿波・土佐方面に逃走・遷住して後の長《なが》・都佐国造を出した。この地域には、後期の銅鐸の出土が多数あり、関連して、同じような銅鐸出土傾向を示す三河・遠江が諏訪神一族の逃走経路にあったことが想起される。三河・遠江地方を中心にする地域には、弥生時代後期では畿内地方とは異なる三遠式銅鐸が発達したことが知られ、古墳時代では物部氏族系の参河・遠淡海・久努などの国造がおかれた。

この東海政治圏については、魏志倭人伝の記す「狗奴国」とみる見方もあるが、狗奴国は南九州の肥後あたりを主要領域とし縄文人の流れを汲む熊襲隼人種族（犬狼トーテム（犬祖伝説）・月神信仰をもち、山祇族とも同種）の国家であり、当然のことながら三遠地方にはその痕跡を残していない。「狗奴」を音により遠江の久努（久能）国と安易に結びつけることは疑問が大きい。

長髄彦が難敵だったからこそ、神武軍は河内で一度は大敗し、大和入り後も苦戦したものであり、姻戚の長髄彦を討ち取ってまでして神武の陣営に降ってきた物部連の先祖の功績が大きかったことが分かる。神武は大和の旧勢力のいくつかと手を結んで平定事業を終え、弟磯城たる黒速《くろはや》をそのまま磯城県主に任じ、その妹の伊須気余理比売《いすけよりひめ》を皇后としたが、神武の子孫たちはもとの支配者であった磯城県主一族を主な通婚先として、代々を重ねて后妃を入れ続けている。

第三章　神武の大和平定と初期の諸天皇

一　大和盆地平定と宮都

大和盆地平定の伝承

神武は、宿敵長髄彦を滅ぼした後も残余の敵対者がまだ残ったので、これらを討滅して大和盆地の平定につとめた。

その討滅の対象としては、①層富《そふ》県の波哆丘岬《はたのおかさき》の新城戸畔《にいきとべ》、②和珥《わに》坂下の居勢祝《こせのはふり》、③臍見《ほそみ》の長柄丘《ながらのおか》岬《さき》の猪祝《いのはふり》、④高尾張（葛城）の土蜘蛛などであり、平定事業関連の地名としては磐余（旧名は片居または片立）、猛田《たけだ》、城田《きた》、頬枕田《つらまきた》、埴安《はにやす》が『書紀』にあげられる。これら地名の具体的な比定は難しい面もあるが、①②は添上・添下郡、③④は葛城郡としてよさそうである。ここに磯城郡の地名が見えないのは、長髄彦の本拠が磯城郡にあって、その討滅の効果が大きかったことを意味しよう。

これら賊酋の居住地など神武の大和平定の地名が正しく現在の地名に比定できるかという問題もあるが、神武関係で記紀等に見える地名三十三か所を奈良県編の『神武天皇聖蹟考』に準拠のうえ比定して、樋口清之氏は次のような立論をしている（『逆・日本史3』一九八七年）。

大昔の大和盆地には巨大な湖（大和湖）があったが、土地が隆起したため水位が次第に下がっていった。大和湖の湖面は、二七〇〇〜二八〇〇〇年前の石器時代には標高六〇㍍の線にあり、弥生・古墳時代には標高五〇㍍まで水位が下がったが、それ以下の土地には人間が居住できなかった。ところで、神武関係地名はすべてが標高六〇㍍の線以上の土地に存在していることが分かり、しかも、それらは大和湖のまわりの小高い所で、縄文式土器の出土する遺跡とピッタリ一致しており、神武の都とされる橿原の土地も存在していた。

神武の大和平定伝承が後世の奈良時代に捏造されたものなら、大和湖はすでに幻の湖となっていたことでもあり、このような地理的整合性はまずありえない。神武天皇の実在を即断するつもりはないが、神武伝承が生まれてきた必然性を再考してみてはどうか、というものである。

これは樋口氏の記述であるが、かつて同氏は、大和湖の縮小とこの地域における縄文・弥生文化出現の過程を考察して、縄文遺跡（弥生土器も混在）の多くが標高七〇㍍またはその少し高位の地帯に、弥生土器の殆どが標高五〇㍍～七〇㍍線の地帯に分布しているという考古学的事実を踏まえて、縄文遺跡の分布と神武伝承の敵対異族が分布したとみられる地域とが重なり合っている点を指摘された（「神武天皇説話の異族」『日本歴史』二～四、一九四七）。

大和湖の縄文、弥生時代の湖面の標高がどのくらいであったか、神武の大和平定伝承の関係地の現在地名の比定が適切であるかは難しい問題であるが、神武関係の地名がすべて標高六〇㍍の線以上の土地に実在し、弥生式土器の殆どが標高五〇㍍～七〇㍍線の地帯に分布しているならば、神武伝承は、樋口氏のいわゆる縄文遺跡の時代ではなく、弥生遺跡の時代のものとして理解される。もちろん、樋口氏も言うように、こうした神武伝承と弥生時代の地理との整合性は、直ちに神武天皇の実在性の根拠づけではないとしても、神武伝承がすべてに整合性があれば（整合性をもって理解できれば）、その実在性を認める方向が合理的といえよう。

神武の宮都と陵墓─畝傍の橿原宮

大和平定を終えたのち、神武は橿原の地で初代大王（天皇）として即位した。神武の都は、『記』には畝火《うねび》の白檮原宮《かしはらのみや》とあるのみであるが、『紀』の記述ではもう少し詳しく、「畝傍山《うねびやま》の東南の橿原の地」が橿原宮の所在地で、山林を切り開いて造成したことが記される。

橿原の地名は後にいつのまにか消滅してしまい、明和九年（一七七二）に当地を調査した本居宣長は、橿原の地名を確認できなかった（『菅笠日記』）、とのことである。しかし、橿原市久米町の**橿原遺跡**から白檮《かし》の樹根が検出され、この地にむかし白檮の林があったことが確認されている。

久米町あたりには往古、久米県主が置かれ、久米直などの久米氏族の本拠地であった。神武東征の際に目の周辺に入れ墨をした大久米命が随い、神武の皇后選びに当たったことが神武記に見えるが、この大久米命は実は大伴連の祖の道臣命と同人であった。大伴連と久米直との関係については難解な面もあって、これまで諸説が出されているが、

畝傍山と橿原神宮

実は安牟須比命《やすむすび》や天手力男命《たぢからお》（大伴系では天石門別命《いわとわけ》、久米系では麻戸明主命《まとあかるぬし》という名で伝えるが、同義の名前）という祖先を同じくする同族の関係にあって、崇神前代に分岐したものである。両氏や後に大伴連から分岐した佐伯連が古代の天皇に近侍した兵力で、久米部・佐伯部を率いたことは、よく知られている。

橿原遺跡は、畝傍山の東南山麓に位置する縄文時代及びそれ以降の遺跡で、昭和十三～十五年の橿原神宮拡張整備の際に発見されたものであり、現在の橿原市の畝傍町・久米町の地域にある。この遺跡から、縄文後期の土器を包含する溝状遺構をはじめ、多くの地点で弥生式土器や歴史時代の井戸跡などの遺存が見つかった。遺跡内から発掘された井戸跡は二十二基を数え、その内部から須恵器・土師器質の土器が出土し、なかには「大」「神」などの文字が墨書されたものも見られた（『奈良県の地名』三三〇頁）。

これに先立つ明治二十二年（一八八九）には、橿原宮跡と治定された地に橿原神宮が建てられたが、神武天皇が実在の場合には、記紀の橿原宮に比定すべき候補地の一つといえよう。少なくとも、『紀』の橿原宮についての記述を否定するものではない。橿原やその少し南の大軽という村落からは、船着き場のような設備が見つかり、大和湖の陸内港であったことを示すとされる（樋口氏の前掲書）。

神武天皇の陵墓については、『日本書紀』の記事によると、壬申の乱（六七二年）当時に高市社・牟狭社から遠くない高市郡のどこかにあったとされる。

神武陵については、江戸末期に三つほどの候補のなかから論争のすえ、谷森善臣の強く主張する山本村（明治にはその枝郷の洞村《ほら》）のミサンザイ、すなわち神武田《じぶでん》（現橿原市大久保町西北部）のものと治定され、それが文久三年（一八六三）に修造されて現在に至っている。このため、古墳としても、記紀に記す陵墓としても異なるものではないかと考えられるが、こうした陵墓治定の経緯が神武天皇の存在を直ちに否定するものではない。神武天皇が実在してその陵墓が存在したとしたら、『古事記』に記されるように、畝傍山頂から東北方面の尾根、自然丘陵の上に築造され、長い年月のうちに自然に帰ったのではなかろうか。その場合、同書に「畝傍山の北方白檮《かし》の尾の上」という表現から見て、神武田よりもっと西南に寄った畝傍山の北側中腹の丘上の場所ではないかと思われる。

実は、こうした主張は江戸末期の論争の際に、当時畝傍山東北裾部にあった洞村《ほら》（現橿原市大久保町の西南端部）の丸山説（竹口英斎・北浦定政）でなされており、最近でも安本美典氏が『大和朝廷の起源』（二〇〇五年七月刊）で、郷土史家菊池山哉《さんさい》の著書『長吏と特殊部落』を引用しつつ、丸山説を詳しく紹介してその妥当性を述べている。

その根拠の要点をあげると、当地は丘陵の上にあって地理・地形的に記事に合い、元は白橿村といったこと、洞村は神武陵の守戸と伝承し、先祖が神武に随行して九州からきたとも伝えること、ごく近くに生玉神社があることなどである。

その一方、洞の丸山は祠を建てるために丘陵裾を一部削平した小規模な平坦面であり、とうてい古墳や遺跡ではありえないという春成秀爾氏の指摘がある。丸山は、「場所が狭隘に過ぎ、墳墓を思わせる遺構も特に見当たらなかったようです」（石部正志氏「「天皇陵」の現状と問題点」、『続・天皇陵

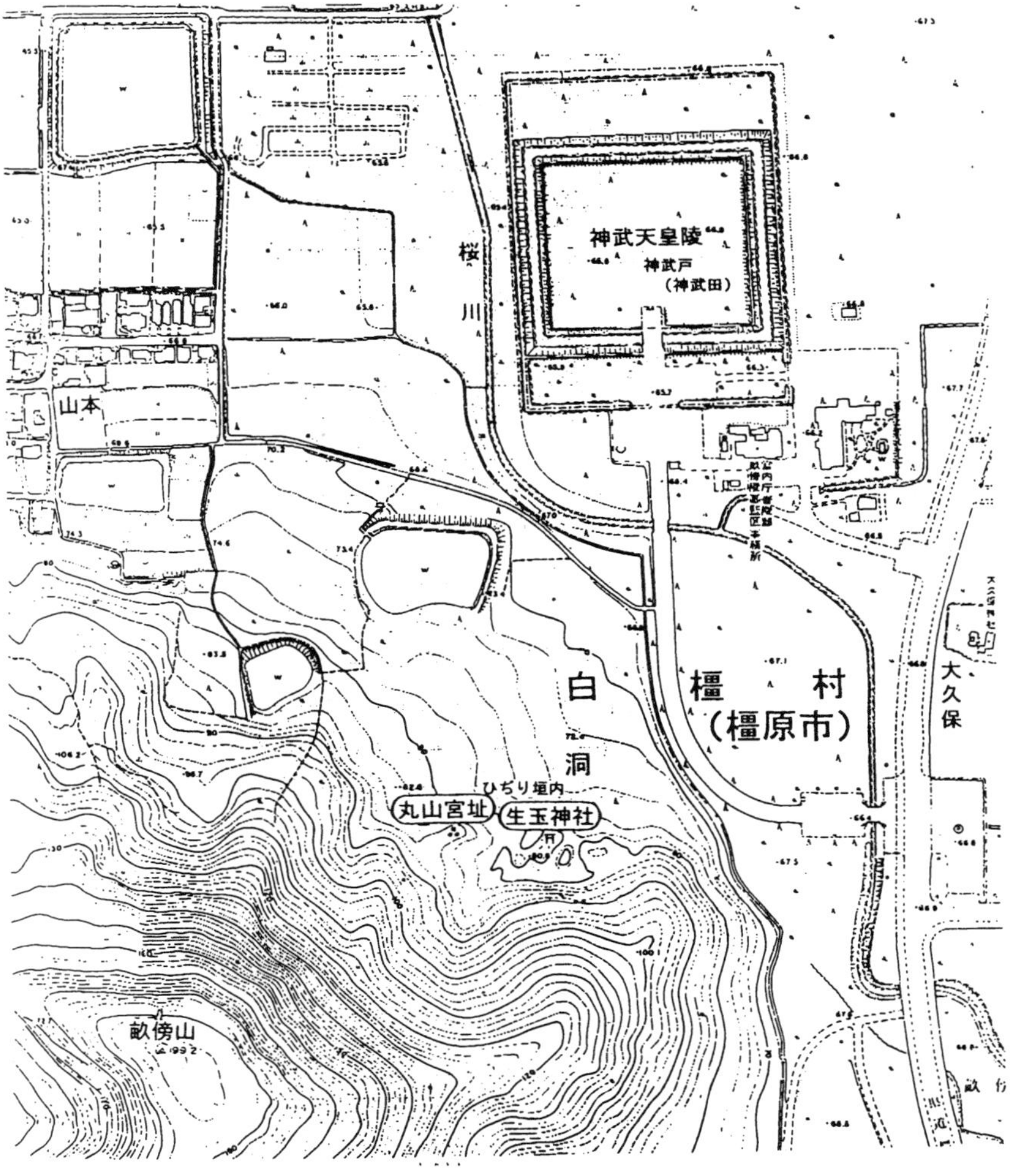

第５図　旧白橿村洞の周辺地図
（安本美典著『大和朝廷の起源』より）

を発掘せよ』所収）という記述もある。丸山一帯を詳細に探索・検討したかどうかが問題であるが、そうした報告が事実なら端的に丸山に比定することは困難であろう。

従って、丸山自体が正しいかどうかは別にして、この洞村とその周辺に神武陵があったとみることはかなり妥当性が高そうである。洞村は明治後期になって集落ごと移転したが、洞村の民はもと神武陵の守陵の戸だという所伝があったと蒲生君平の『山陵志』に見える。『延喜式』には、神武の畝傍山東北陵に守戸五烟がおかれたと記される。

神武田は、神武戸の転訛ともされるが、この一帯は、「もともと縄文・弥生時代の大集落遺跡の一部であり」（石部上掲論考）、『書紀』の記述に仮に誤り（例えば、神武の宮都が東南ではなく、東北の誤り）があればの話であるが、ここに古い宮都の存在も考えられる。ここには小墳丘が残っていたとのことであり、古墳の跡地となんらかの関係があったのかもしれない。文久の修陵のときには水鳥形埴輪・須恵器杯・土師器・木製遺物などの出土があり、最近の宮内庁の調査によっても須恵器杯や円筒埴輪片などの出土があったというから、五、六世紀頃の古墳が存在したと推定される。

山田邦和氏は、現神武陵を江戸時代後期に急に捏造された存在とみるのは適当ではなく、六世紀前半の継体新王朝は新たな始祖王伝説を創造し、同時に始祖王陵をも新造したが、これがミサンザイの古墳であり、天武・持統両天皇はその整備につとめた可能性が高いと考えている。この見解のうち、継体王朝関係の推測部分については疑問が大きいが、天武朝にミサンザイが神武陵として修復整備されたことは考えられ、総じて興味深い見解である。

神武がいつの人であったかということも、陵墓治定には欠かせない要素である。一応、二世紀後半頃の人と考えて進めておくと、大和に巨大な前方後円墳が出現する前の時期（弥生時代後期）であり、そのため、丘陵に築かれ原型に戻りやすい中小規模の弥生墳丘墓についての陵墓探索は、きわめて困難であり、上記以上の詮索や推測はあまり有益ではない。陵墓の不存在（不確認）と神武の実在性とは直接に関連する話でもない。

＜備考＞　神武陵については、春成秀爾氏の論考「『神武陵』はいつ造られたか」（『考古学研究』第八四号）、茂木雅博氏の「神武陵の治定と修陵」（『天皇陵の研究』）、山田邦和氏の「神武天皇陵」（別冊歴史読本78『歴史検証　天皇陵』に所収）や植野浩三氏の「神武天皇陵」（『「天皇陵」総覧』歴史読本事典シリーズ19）などもあり、検討の参考になる。

現神武天皇陵

生魂《いくたま》神の実体と八十島祭

別の視点である奉斎神から、神武の宮都について考えてみる。

神武紀の記事によると、国土の中心に居るべきところとして、わざわざ白檮《かし》の山林を切り拓いて橿原宮を造ったとされる。この橿原地方が神武の後裔天皇たちも宮都・陵墓をおいたと伝える歴代の都城区域であった。神武については、痕跡がうまく残らない陵墓よりも宮都の検討のほうが重要だということでもある。

問題は、神武当時の橿原宮が現在の橿原神宮の地と確定できないことである。そのため、橿原神宮の地に併せて、往時集落の痕跡が見られる「神武田」と呼ばれた地にある神武陵の現治定地（橿原市大久保町）をも考慮の基礎においておく。

この治定地のある大久保町の町内には現在、生国魂《いくくにたま》神社が鎮座している。同社はもとは畝傍山（標高一九九㍍）の北麓にあったと伝え、寛文八年（一六六八）の棟札には生魂《いくたま》明神と記される。生魂神（生霊神）とは、壬申の乱の際に事代主神とともに高市《たけち》県主許梅《こめ》に取り憑いて神武天皇陵に馬と兵器を奉納するように告げ、大海人皇子軍を勝利に導いた身狭《むさ》社（高市郡の式内大社の牟佐坐《むさにいます》神社）の祭神でもある。生魂神は大友皇子と対立する大海人皇子に対して皇威を賦与したとみられよう。

これに先立つ壬申の乱のはじめの頃、吉野を抜け出して東国に向かい、伊勢の朝明《あさけ》郡に在った大海人皇子は、天照大神を望拝したが（天武紀元年六月丙戌〔二六日〕条。原典は「安斗智徳日記」）、これもこの皇祖神の加護を祈願してのものであろう。天皇に即位後の天武二年四月、皇女の大来《おおく》皇女を天照太神宮に派遣の準備させて翌年十月伊勢に向かわせ、さらに天武四年二月には十市皇女（天武皇女）と阿閉皇女（天智皇女で、草壁皇子妃、後の元明天皇）を伊勢神宮に参詣させた。

天武十年五月には「皇祖御魂」を祭ると記される。皇祖御魂については、天皇の祖先にあたる歴代という解釈が多そうであるが、これは疑問である。上記の経緯に見るように、天武天皇の天照大神祭祀は異例なほど力が込められていた事情からみて、たんなる先祖の御魂ではなく、特定の皇祖神たる御魂神のことと思われる。これに該当するのは天照御魂神しかおらず、これに高御魂命（高皇産霊尊）を含めた可能性もあろうが、主体は天照御魂神すなわち天照大神だったと推される。

次に述べる八十島祭《やそしままつり》が同じ生魂神を主祭神とし、天皇による国土統治の正統性を即位後に内外に示すためになされた呪術的な祭儀とされることとの関連で考えれば、上記の生魂神等のお告げは、皇位争いの渦中にあった大海人皇子に対して、その加護により正統性が予め示されたものになる。幕末期の地図では、畝傍山東北中腹の洞村丸山のごく近隣にも生玉社があったが、これが生国魂神社の前身につながるのかもしれない。

この**生魂神の実体**については、何度も考え直したほど難解であるが、国魂神と同様に国土の霊格を表し、大八洲《おおやしま》の守護霊（御霊）と頌えられる神であり、生島《いくしま》神・足島《たるしま》神の二神（和魂《にぎたま》荒魂の二神一体）とされる。この神に対して、国土生成の神恩に報いるために朝廷の祭儀として八十島祭《やそしままつり》が行われ、平安時代の記録に見える。その初見は文徳天皇の嘉祥三年（八五〇）九月であり（『文徳実録』）、鎌倉初めの後堀河天皇のとき（一二二四年）を最後に廃絶したが、起源は古く四世紀後半から五世紀にかけての応神、仁徳天皇の「難波王朝」にまで遡るともいわれる。平安期の記録では女官が祭使となったが、当初は天皇自らこれを行ったとみられている。

八十島祭というのは、天皇が即位してその儀礼の大嘗祭が行われた翌年に必ず行われた王権に関わる重要な祭儀である。祭の性格としては、国土の生成発展を祈願する祭儀説のほうが強く、大八洲の霊を新天皇に付着させその国土の統治権を裏付けたといわれる（岡田精司著『神社の古代史』など）。この八十島祭の祭場とされたのが摂津国難波の浜辺であり、その地を神域として生島神・足島神が祀られたが、これが難波大社といわれた現在の生国魂神社（大阪市天王寺区）である。境内社には皇大神宮もある。

生国魂神社は摂津国東生《ひがしなり》郡の式内名神大社で難波坐生国咲国魂神社二座と『延喜式』にあげられ、もともと上町台地の北方先端部（東生郡玉造のあたり）にあった。すなわち、現在は上町台地西南の天王寺区生玉町にあって、この地は律令制下では西成郡に属する。同社はもと上町台地の東北端の現在の大阪城の城域内に鎮座していたが、石山本願寺と隣接していたため信長の本願寺攻めで焼失し、秀吉の大坂築城により現社地に移したと社伝にいう。上記『延喜式』に同社を東生郡所属とする点から見ても、この所伝は認められる（『大阪府の地名I』など）。

生国魂神社の起源伝承では、神武朝創祀とされるが（「生國魂神社略誌」）、その鎮座地と八十島祭を考えれば、神武の摂津・河内到来の経路にも関係したことが十分うかがわれる。弥生後期当時の地形では、上町台地は大阪湾と河内湖（湾）に突き出た半島であったことは先にも述べたが、神武行軍は「難波碕」（石山碕にあたる）ではなはだ急な潮の流れに出会ったことは神武紀に見える。そうすると、応神朝よりは神武朝に祭の起源をもとめたほうが合理的であろう。

難波に宮都「難波碕宮」（大坂城南方の現中央区法円坂一帯にあった）を造営した孝徳天皇が、七世紀半ばに生国魂社の樹木を伐採したという記事が『日本書紀』（孝徳即位前紀）に見える。宮都造営のために伐採された樹木は、相当大きな巨木だとして、そうすると、百年とかそれ以上も前から難波に生国魂神社が鎮座していたことにもなる。

『延喜式』に見える祈念祭や月次祭の生島巫の祝詞には、「生国・足国と御名はまうして、辞《こと》おへまつらば、皇神《すめみま》の敷きます島の八十嶋は……堕《おつ》ることなく、皇神等の依さしまつるが故に」とある。神武天皇即位の年に高皇産霊のほか「生産霊《いくむすび》」「足産霊《たるむすび》」など八神が祀られたと『古語拾遺』に載せられるが、この生産霊・足産霊が生島神・足島神にあたるとみられ、とくに「生島神」については、「これは大八洲の霊にまします。今生島の巫《みかんなぎ》の斎《いつき》奉るところなり」と同書に記される。『延喜式』の神名帳でも、宮中神三六座のなかに、御巫の祭る神八座として、高御産日神のほかに生産日神・足産日神などがあげられ、生島巫の祭る神としては生島神・足島神があげられる。

神武が行軍の途上、宇陀の朝原で自ら皇祖高皇産霊尊《たかみむすび》になって斎き祭った記事（即位前紀戊午年九月条）もあり、これらの事情や壬申の生魂神の役割は、高皇産霊尊や生国魂神（生島神・足島神）が皇祖神であることを如実に示している。

古代氏族の系譜について見れば、生国魂神は天孫族系統の葛城・鴨氏族の祖として現れている。高魂命の子であって、かつ天押立命（神櫛玉命）の父とされる伊久魂《いくたま》命と同神であろう。伊久魂命の五世孫として、神武朝の人である生玉兄日子《えひこ》と剣根《つるぎね》の兄弟があり、前者が鴨氏族の祖で、後者が葛城氏族の祖となったと伝える。宇佐国造の一伝では、高魂命の子に天活玉命が見え、天三降命の父（父祖か）とされている。

饒速日命の降臨にあたり随行供奉した神のなかに見える新田部《にいたべ》直の祖・活玉命とも同神としてよか

ろうが、このときの「天神本紀」に見える神々については、年代に齟齬があることに留意される。左京の新田部宿祢が安寧天皇後裔と称したこと（『姓氏録』）から考えても、生魂神は天孫族系統の祖神とみてよかろう。生魂神に取り憑かれた高市県主も、天孫族系統の氏族であって、『古事記』神代段に「天津日子根命は高市県主…等の祖」、その後身の高市連が『姓氏録』右京神別に天津彦根命の後と見える。天津彦根命は天照大神の子で、記紀の神代記事には「天若日子」と見える神である。

　こうした事情をもとに、神武朝の剣根兄弟から世代を逆算してみると、皇祖である天照大神の位置におかれる神に生魂神（生玉神）があたる。私はもともと、天照大神は男神であって（一七九頁のコラム参照）、高木神（高魂命・高皇産霊尊）と同神か近親神ではないかとみていたが、『古語拾遺』には「皇天二祖」として高皇産霊・天照大神を指すことや、この二神を「皇祖天神」と括ることもあって、両者が別神である場合には、高皇産霊の子に天照大神が位置づけられ、後者が生国魂神（天活玉命）に当たるものと考えられる。高皇産霊は造化の際に高天原に出現した神とされるから、神々の系譜では天照大神の祖先に当たるが、両者が同時に共同で行動する記事も『書紀』にあって、現存する親族のようでもあるという事情を考慮したものである。

　天照大神が天照御魂神とも記され、『古事記』には「天津国玉神の子、天若日子」という記事があって、『古事記正義』で鈴木真年が、「天津国玉トハ、即天照大神ノ御事ナリ、式ニ、天照御魂神トアルヲ以テ考ベシ」、天若日子とは「天津日子根命ト同神ナルベシ」と記している。

　身狭《むさ》社の比定は、近世には境原天神と称され、いま橿原市見瀬町（現神武陵から三キロほど南で、橿原神宮の東南二キロ）に鎮座する牟佐坐《むさにいます》神社とされるが、疑問がないではない。身狭の地は見瀬・久米・鳥屋・大久保付近の総称とされ（『奈良県の地名』）、広域だからである。従って、現比定が壬申の乱当時と同じかどうかは不明であり、むしろ畝傍山北麓に原坐したという生国魂神のほうが妥当なのかもしれない。境原天神の祭神はいま高皇産霊尊・孝元天皇とされるが、後者は近隣の軽境原宮《かるのさかいばら》に坐したとされたことから祭神のなかに加わったものとみれば、この点からも生魂神は高魂命と同神か近親神ということに導かれる。それくらい生魂神は高魂命とは近い神で、のちに両者はほとんど合体化した存在となったものではなかろうか。鈴木重胤『祝詞講義』には、生島足島神とは大国魂神八千矛神であると解いている（八千矛神は出雲系の大己貴神とは別人であり、五十猛神・八幡神の系統の神であることに注意）。

総括すると、生魂神とは神武の祖先神の天照大神にあたるが、こうした神の実体が分かれば、畝傍北麓や見瀬など橿原市域の生魂神祭祀の歴史は古く、難波の生国魂神祭祀と同様に、神武の橿原建都の際にその祖神を祀ったのではないかと考えられる。生魂神及び同義の神としての分布は全国に多く、ほかでは和泉国大鳥郡の生国神社、信濃国小県郡の生島足島神社、能登国能登郡の能登生國玉比古神社や越中国砺波郡の高瀬神社に配祀の天活玉命といったところであり、「生国魂神」の名としては神武と密接な関連でしか登場しないことに留意したい。なお、神武の祖先の原郷であった筑後国御井郡でも、高魂命がこの地の産土神・高良玉垂神として高良山に鎮座している。

そうすると、神武の宮都が置かれた地としては、畝傍山北麓の現陵墓治定地あたりを重視したほうがよさそうである。この地は橿原神宮とも近隣であるので、あるいは両者を一帯としてとらえたほうがよいのかもしれないが。

二　初期諸天皇の宮都と后妃

初期諸天皇の宮都と陵墓

神武以下の初期の諸天皇の宮都については、記紀は表現の差異はあっても、内容はほとんど変わらない。その現在地を比定するのは難しいが、一応の比定地をあげて比較すると**（四四、四五頁の第2表・第3表〔初期諸天皇の宮都〕〔同陵墓〕参照）**、初代神武以下第八代孝元天皇までの八人の天皇については、開化・崇神以降の天皇の宮都と著しい差異がある。

神武以下八人の天皇の宮都は高市《たけち》郡か葛城《かづらき》郡（そのなかでは葛上《かづらきのかみ》郡が多い）におかれ、その例外は第七代孝霊天皇の城下《しきのしも》郡のみである。後代には例を見ない葛城郡に宮都がおかれたと記載することに注目したい。高市・葛城の地域は、もともとは有力な敵対者であって、かつ、神武以降には服属して后妃を輩出した磯城県主一族（三輪氏族）の領域の外側であった。

一方、第九代開化以下第十四代仲哀までの宮都は、崇神〜景行朝三代の磯城郡を主にして、添上《そふのかみ》郡や大和国外の近江・筑紫などであり、旧地の高市・葛城両郡を離れる形が顕著となる。当初の磯城県主家が崇神前代に絶えた事情があり、これも崇神以降の宮都設置にも関係があるのかもしれない。

こうした宮都の配置からは、大和朝廷が勢力を拡張するにつれて、大和盆地の最南部から次第に北方、東方へ遷都する過程がうかがわれ、後世になって架空の宮都を捏造したものとは思われない。また、第二表の備考欄に記載したように、三倉堂遺跡や一言主神社等の式内社が付近に存在する例が多いことを考えても、初期諸天皇の宮都の比定地は古来からの住居地であったものとみられる。

つぎに、**陵墓**についても、神武以下八代の天皇と開化以下第二十七代安閑までの天皇とは大きな差異を見せる。初期諸天皇の陵墓は、宮都の近隣にあって、宮都と同様に高市郡か葛城郡におかれたと記載される。陵墓についても、後世の天皇で葛城郡におかれたと記紀に記されるのは、顕宗・武烈の二例（ともに『紀』に傍丘磐杯《かたおかのいわつき》丘陵と記され、葛下郡に属するとされる）だけであり、葛城郡の所在は後世の例からは考え難いように思われる。ただ、注意を要するのが孝霊天皇の陵墓で、葛城郡とはいっても、宮都の磯城郡黒田（現同郡田原本町黒田）から遠く離れ、孤立して葛下郡（現北葛城郡王寺町）に所在と伝えるのは、陵墓治定に大きな疑問が残る（次のコラム参照）。

＜コラム＞第七代孝霊天皇と第八代孝元天皇の陵墓

1　第七代孝霊天皇の宮都とされる黒田廬戸《いおと》宮の跡と伝えられる法楽寺（その境内に孝霊神社（廬戸神社）があった）から、少しだけ東に行くと、宮跡とほぼ一体として位置する**黒田大塚古墳**がある。現在は周濠をもつ墳丘長七〇㍍ほど（一に五五㍍ともいう）の前方後円墳であり、一般に須恵器などの出土物や墳丘形態などから古墳後期（六世紀前半頃）の古墳とされるが、孝霊天皇の殯陵との伝承もある。古墳の近隣には、弥生時代の黒田遺跡もあり、唐古・鍵遺跡、纒向石塚や池上・曽根遺跡などで出土する鳥形木製品が古墳から出土しており、その墳丘形態にかなりの変遷があったこと、長く祭祀が行われれば後世の遺物も併せて出土する可能性のあることを考えると、孝霊の陵墓である可能性が大きいように思われる。

　その場合、その後代にあたる崇神・垂仁・景行の陵墓がその宮都の付近におかれたことと符合する（拙著『巨大古墳と古代王統譜』参照）。孝霊天皇は同じ磯城郡に宮都をおいた崇神天皇や倭迹迹日百襲姫命の実父にあたる重要な天皇であると私は考えており、崇神陵とみられる箸墓古墳の前代においてある程度の大きさをもった古墳があってもよいとも考えていた。この古墳の内部構造など詳細な調査をしていないことが惜しまれる。

2

　これに関連して、次代の第八代孝元天皇は、橿原市域に最後に宮都を置いた天皇であって、軽の境原宮（大軽町）に都し、その陵墓は剣池島上陵とされ、ともに記紀ほぼ同様である。陵墓の現治定は大軽町の北近隣である同市石川町の剣池南岸に位置する中山塚とされるものの、古墳中期ないし後期の古墳で年代が合わない。

　第七代孝霊天皇の時から既に古墳であったとすれば、その次代も同様に古墳と考えられよう。橿原市北部の葛本《くずもと》町には、市域最古の古墳として**葛本弁天塚《べんてんづか》古墳**という墳丘長六、七〇㍍前後の帆立貝式の前方後円墳がかつて存在し、昭和四一年に消滅した。この古墳から出土したのが吉備に源を発するとされる宮山式特殊器台そのものの破片であり、箸墓古墳と同程度という古さの出現期の古墳と分かった。葛本町の中世は十市東郷に属し葛本庄下司も十市氏であったが、同町の北隣の十市《とおいち》町には、十市御県坐《とおちのみあがたにいます》神社があって、古代十市県主の本拠地であった。孝元天皇の母が十市県主大目の娘・細媛《ほそひめ》と記紀にあることに注目される。葛本弁天塚は孝元の陵墓とみて、間違いなさそうである。

3　そうすると、**念仏寺山《ねんぶつじやま》古墳**（奈良市油阪町）に治定される開化天皇陵が、地理的・規模的（墳丘長約一〇五㍍）に案外妥当なのかもしれない。率川周辺には古墳群があったが、既に削平され、現存の古墳では天皇陵に比定すべきものがほかに見あたらなかった事情がある。改修時に出土した円筒埴輪の小片などから一般に五世紀代の築造とみられているが、大規模な改修を受けたうえ、上記孝霊天皇と同様に長く祭祀が行われれば、後世の遺物も併せて出土する可能性があるからである。前年の葛本弁天塚も、当初は墳丘上層で出土した須恵器などから後期古墳と判断された経緯があることに留意される。

　開化以下の諸天皇の陵墓は、大和の添郡・磯城郡や凡河内国（摂・河・泉三国）という大和国外に造られたとされており、初期八代とは差異が大きい。そして、宮都も陵墓も、一般に実在したとされることの多い崇神天皇から配置地域の特徴が異なるのではなく、その先代の開化天皇からほぼ同じ特徴となっている。こうした事情からいっても、崇神以降の実在性を肯定して、その一方、開化以前の天皇の実在性を否定することには無理がある。

　初期の諸天皇の陵墓が築かれたという地形を見ると、この点でも特徴がある。すなわち、神武以降崇神までの十人の天皇の陵墓は、山・岡・坂など、自然の丘陵などの一部を利用して築かれたような記述になっていると安本美典氏が指摘する。初期の古墳には、自然の丘陵の一部などを利用したものが多いという考古学的な事実とも合致する（前掲論考「古代の諸天皇非実在説は成立するのか」参照）。

次に具体的に地図の上で、初期八天皇の宮都・陵墓を考えてみたい。

これら諸天皇の宮都の比定地探索や陵墓の治定はきわめて難しいものがあるが、一応現在の比定・治定を基にして考えてみると、第七代孝霊の例外を除き、橿原市（高市郡）と御所市（葛上郡）の二地域に集中している。

橿原市地域では橿原神宮あたり、御所市域では大字三室《みむろ》あたり、という二点をほぼ中心として各々半径二キロほどの円を描いた狭い範囲内に、第三代安寧天皇の宮都比定地を例外として、これ以外はすべて収まっている。二つの地域圏の中心地は直線距離にして七キロほどにすぎず、安寧の宮都比定地の大和高田市三倉堂は両地域からほぼ等距離の地点にある。

そして、これら七比定地を一つの地域として捉えてみれば、橿原市西南端部の大字一町《かずちょう》をほぼ中心とする半径五キロほどの範囲に全てが収まる。こうした事情はやはり特異な集中といえるものであり、とくに橿原市地域への集中に注目される。

ここで留意したいのは、一町の字東常門《ひがしじょうど》には弥生後期の集落遺跡として著名な**新沢一町遺跡**《しんざわかずちょう》があることである。遺跡は、畝傍山の南方二・五キロほどの近隣に位置する貝吹山（標高二一〇㍍）の西麓の標高七五㍍前後の台地上にあって、曽我川上流東岸にある。弥生前期から後期に及ぶもので、遺跡の北限にある前殿《まえとの》地区の後期の溝から完全な土器を多量に出土した。森浩一氏が「弥生時代後期の大遺跡」と表現する由縁でもある。

新沢一町遺跡に関連しそうな初期諸天皇の宮都としては、『記』に見える懿徳天皇の軽《かる》の境岡《さかいおか》宮、孝元天皇の軽の堺原《さかいばら》宮があげられるが、同遺跡の北方近隣には軽古《かるこ》（現橿原市西池尻町の西部）、東方に大軽（同市大軽町）の地名がある。こうした事情などから、この遺跡は桜井市の纏向遺跡に先立つ原初大和朝廷の宮都・本拠の候補地ではないか、と考えられる。すぐ近隣には、新沢千塚《せんづか》古墳群があり、この古墳群は大伴・久米氏族に関係するものであろう。北方近隣には弥生後期の高地性集落遺跡である忌部山《いんべやま》遺跡もある。

また、御所市の大字三室には孝昭天皇の陵墓治定地があるが、そのすぐ北の大字宮前町字腋上《わきがみ》の**鴨都波**《かもつわ》**遺跡**は、多量の弥生式土器や様々な木製品を出土し、唐古遺跡、新沢一町遺跡に匹敵する弥生後期の重要な大集落遺跡である。腋上という地名からしても、おそらく孝昭天皇の宮都の葛城腋上宮（池心宮）の跡地であろう。葛城山の東麓で、葛城川の西岸の標高約九七㍍の丘陵地にあるという地形にも留意される。

こうしてみると、新沢一町遺跡も鴨都波遺跡も、記紀編纂時に知られていたとは考えられず、記紀の所伝を考古遺跡が如実に示したものではなかろうか。こうした現実の考古遺跡を考えれば、門脇禎二氏の観念論（『葛城と古代国家』で、蘇我本宗家が葛城・高市の地を重視し、最初の国史編纂事業に関わって初期諸天皇の宮や陵墓をこれらの地に措定したという見解を示される）は霧消しよう。

初期諸天皇の通婚先

神武天皇の后妃は、大和入りした後に磯城県主一族から出たことを先に記した。次代の綏靖以下孝霊までの六天皇についても、后妃は主に磯城・十市県主一族から出たと伝える。

これら后妃の名前の記述が『記』と『紀』とではかなりの違いを見せているが、これは実体がほとんど同じであっても、磯城・十市県主一族の人名が実名の形（例えば黒速）と美称の形（例えば鴨主命）という二様で伝えられたことに因るものであろう。例えば、綏靖記・紀に見える事代主神の女・五十鈴媛と師木県主の祖・河俣比売（磯城県主の女・川派媛）とは同一人で、神武皇后の伊須気余理比売とも同人か同母妹と考えられる。

崇神より前の初期諸天皇の后妃を出したと伝える氏族には、皇室という族内結婚は疑問として除外すると、磯城県主・十市県主（ともに三輪氏族）、春日県主、尾張氏族、穂積・物部氏族、凡河内国造、丹波大県主、和珥氏族というところである。これを部族系統別にみると、海神族系が磯城県主・十市県主、尾張氏族、和珥氏族であり、天孫族系が穂積・物部氏族、凡河内国造であり、山祇族系が春日県主（中臣氏族）とみられるが、同族の天孫族系は別として、山祇族系がニニギの后妃を出し、海神族系がホホデミ及びナギサの后妃を出した実績・伝統を踏まえてのものとみられる。なお、丹波大県主の系譜は不明であり、葛城国造から出た妃については疑問が残る。

初期天皇家の磯城県主家との通婚は、大和平定を進めていく政略の必然性がもたらしたものとみられる。それが、第十代崇神天皇のころから大和朝廷は畿外に勢力を伸ばすとともに、通婚先も当初の磯城・十市県主の一族を主とするものから他の氏族へと拡大していった。その要因としては、磯城県主の本宗が崇神前代の頃には断絶したという事情も考えられるから、天皇家の権力・軍事力の強化だけが通婚先変更の要因ではなかった模様であるが。

こうした通婚事情は、匈奴でも、王統が冒頓単于の男系子孫の攣鞮（レンテイ）氏に特定され、それと通婚して后妃を出す特定の異姓氏族（呼衍《コエン》、須卜《スボク》、蘭、丘林《キユウリン》など）があったことに通じる。匈奴に見られた嫂婚《そうこん》制（父兄が死ぬと、その子弟の後継者が前者の妻妾を娶る婚姻形態）・姉妹婚制（同一男性が姉妹を一緒に娶る婚姻形態）がわが国古代の王統に見られることは記紀から知られる。

このように考えれば、初期七、八代ほどの天皇の后妃伝承の相違は、後世の偽造ということにはなりえない。初期諸天皇の后妃伝承が素朴であるゆえに実態を伝えているという見方はかなり多い。

これに対し、反対説もあるから検討を加えておく。

例えば、直木孝次郎氏は、壬申の乱後の天武朝ころの「八代の系譜が作られる時期に、この三つ（註：磯城・十市・春日）の県主家が采女や乳母の関係を通じて、とくに密接な関係にあった」とみて、初期八代天皇の系譜の造作をいう（「県主と古代の天皇」、『日本古代の氏族と天皇』所収）。

しかし、三県主家については直木氏の推測にすぎない。なぜなら、春日県主については、当時存在しておらず、磯城県主も当初の大物主神系の三輪氏族は崇神前代には絶えて、饒速日命系の物部氏族に血統が変わっていた。十市県主も絶えたか物部氏族に血統が変わった可能性がある。磯城皇子・十市皇女の生母は大和の県主家ではなく、その乳母については不明であって、直木氏の主張は、具体的な根拠にまったく欠ける。

それでは、高市皇子や山辺皇女に因む県主家がなぜ初期后妃の出自に登場しないのか、という疑問も当然生じる。壬申の乱で高市県主許梅《こめ》が活躍したことは『書紀』に見えるが、この県主の成立はやや遅く、その系譜からみて五世紀代とみられる。山辺県主も、崇神朝かその少し前の時期の成立とみられ、闕史八代の時期には成立していなかった模様である。記紀の記述は、こうした経緯も十分踏まえた妥当なものとなっている。

三　神武創業の功臣たちとその系譜

創業の功臣たちへの行賞

これまで、神武の経路を述べる過程で、その時々に活躍してきた功臣に触れてきた。ここでは、総括的に取り上げることにする。

神武は、その第二年目に創業の功臣たちに対して論功行賞を行ったとされる。『書紀』の記事によると、その名をあげられるのは六人のみである。これらを個別に見ていくと、

(1)　**道臣命**　（書紀の記事）日臣命ともいい、宅地を与えて築坂《つきさか》邑に居らせた。その部下の大来目も来目邑に居らせた。道臣命は大伴氏の遠祖と初出の記事に見える。

↓（コメント）大伴連・久米直両氏の祖であり、『記』神武の皇后選定の段に見える大久米命とも同人であった。『書紀』には大久米命の名が見えず、道臣命が大来目（部）を率いたことが見

える。久米県主の設置時期が早ければ、道臣命は久米県主とされた可能性もある。ただし、「県主」の制度もいつの時期にできたか確認ができず、「県主」「国造」ともども当初形態は「村主《すぐり》」かもしれないが、ここではそのまま県主としておく（以下同じ）。『和州五郡神社記』には、第二代の綏靖天皇朝に味耳命が来目県主に定められたと記されるが、同書は偽書であるので、この記事は信用できない。

なお、大久米命は『記』神武の皇后選定の項によると、「黥《さ》ける利目《とめ》（目の周辺に入れ墨）」をしていたと記され、その歌謡もあげられるが、弥生期の土偶や古墳期の埴輪にもそうした習俗が見られる。記紀編纂時期には顔面の入れ墨が高官・豪族には見られず、異様な習俗と見えたもので、履中紀の阿曇連浜子や雄略紀の鳥養部《とりかい》の事例のように処罰的になされたものであるから、古俗をきちんと記録したことが分かる。大伴・久米氏族は、南九州の熊襲と同種で、日本列島古来の山祇族の出であった。

大伴一族の居地の築坂邑《つきさか》は現橿原市鳥屋町《とりや》あたりとされ、鳥屋村は畝傍山の南方で、貝吹山の北麓にあたり、久米村西部に隣接していた。なお、鳥屋は桃花鳥《つき》坂《さか》の野（屋）の略とされる。

(2)　**珍彦《うずひこ》**　椎根津彦ともいい、速吸之門の海導とそれ以降の功績により、倭国造とされた。神武即位前紀には、弟猾《おとうかし》とともに天香山《あめのかぐやま》の土を取ってきて、八十梟帥《たける》を討つための祭事に役立てたことが記される。

↓当時に「国造」という制度ができたとは考えられず、実際の地位は「県主」ないしは「村主」

かと思われるが、ここではそのまま国造としておく（以下同じ）。珍彦は、明石国造や吉備海部《きびのあま》直の祖でもあり、子孫には垂仁朝の長尾市《ながおち》宿祢、仁徳即位前紀等に見える倭直吾子籠《あこご》宿祢や仁徳天皇の采女《うねめ》となった吉備海部直黒日売がいた。

倭国造家（倭直、大和宿祢）は、近世まで大和《おおやまと》神社（『延喜式』名神大社の大和坐大国魂神社）の祠官を世襲し、倭大国魂神を祀った。海人性の強い珍彦が大和の内陸部に入り込んで国造となり、後裔が倭国魂神を奉斎してきたことは、神武創業の功績が基礎にあったからとみられる。

『書紀』（即位前紀戊午年十一月条）では、珍彦の功績の一つとして、兄磯城との戦に際して、女軍を使う計略で神武軍を勝利に導いたことを記す。この事情から、神武軍には女性の兵士も従軍していたことが知られる。森浩一氏は、律令制の規定では、衛士《えじ》や防人などの兵士はすべて男性であって女性の兵士は登場しないとしており、神武東征が記紀編纂時の創作ではこうした古習俗は記せるはずがない。

(3) **弟猾**《おとうかし》　猛田《たけだ》邑を賜り、猛田県主とされた。菟田主水部《うだのもいとり》（宇陀水取）の遠祖。

↓子孫としては、清寧記に見える「菟田首等《うだのおびとども》の女、大魚《おおうお》」（平群臣の祖・志毘《しび》と即位前の顕宗天皇とが歌垣で争った女性）、菟田朴室古《えむろこ》（大化元年九月紀。中大兄皇子の命により古人皇子を討った）などが史料に見える。猛田県主は宇陀郡にあった宇陀県主と同じか。

「猛田」については、十市郡竹田村（現橿原市東竹田・田原本町西竹田の地）も考えられようが、宇陀郡の猛田とみるのが妥当である。『和名抄』に宇陀郡多気《たけ》郷、のちに宇陀郡竹田庄と見える地

（現地名に比定することは困難であるが、大宇陀町下竹という説がある。あるいは、竹川とも称される芳野《ほうの》川流域か）である。なお、この弟猾への行賞は「天皇本紀」には見えない。

(4) **弟磯城たる黒速**《くろはや》　磯城県主とされた。

↓事代主神の子で、妹が神武皇后となった伊須気余理比売《いすけよりひめ》であり、子孫からは初期諸天皇の后妃を輩出した。三輪氏の系図からみると、またの名は天日方奇日方命《あめのひかたくしひかた》（崇神記に櫛御方命《くしみかた》）ともいい、葛城国造の祖・剣根は母方の従兄弟である。「天皇本紀」には、天日方奇日方命は、宇摩志麻治命（物部連の祖）とともに国政をあずかる「大夫」（後の大連、大臣のような職）に任ぜられたとある。崇神朝に大物主神を祭った大田田根子《おおたたねこ》の先祖である。

(5) **剣根**《つるぎね》　葛城国造とされた。

↓この恩賞のとき初めて剣根の名前が史料に登場するので、功績の内容が分からないが、系譜を考えると、兄弟と伝える八咫烏とともに神武軍を先導したものか。「国造本紀」にも剣根に対する国造定賜の記事が見えるが、当時の実際の地位は大和御県《みあがた》のなかにあげられるように県主とするのが妥当か。

(6) **八咫烏**《やたがらす》　賞を与えたと記すが、その内容は不明。葛野主殿《かどののとのもり》県主の祖。東征では、熊野から菟田への道案内をした。

↓『姓氏録』山城神別の鴨県主条にその名を鴨建津之身命《かものたけつのみ》とすると記すが、鴨県主関係の系図によると、鴨建津之身命は三島溝咋耳命《みぞくいみみ》という別名をもち、神武朝よりかなり前の年代の人であり、神武朝のころの人では、その孫の生玉兄日子命《いくたまえひこ》（またの名を五十手美命《いてみ》）が実際の八咫烏にあたるとしたほうがよい。「八咫烏」とは、鳥トーテムをもつ部族の通称的な人名であり、カラスの道案内を神異とすることはできない。

八咫烏の兄弟という系譜を伝えるのが、(5)にあげる葛城国造の祖・剣根であるが、両者は同人の可能性も考えられる。山城の葛野県主は、この一族が葛城から山城へ移遷して成務朝になってから定められたものであるから、神武のときの恩賞ではない。こうした事情から、祖先の名が異なった形で両系統に伝えられたこともありうる。八咫烏の功績の大きさから考えて、なんら所領・地位の恩賞がなかったとは考え難いからでもある。『旧事本紀』天皇本紀には、行賞の対象者として剣根の名が見えないという事情もある。

ところで、剣根は「天孫本紀」に「葛木土神《かつらきのくにつかみ》剣根命」と記され、地祇のように受け取られるが、その系譜は天孫族の天日鷲《ひわし》命（＝鴨健角身命、三島溝咋耳命）の孫であって、天神（より正確には天孫）の系統であった。『令義解《りょうのぎげ》』に従えば、伊勢、山城の賀茂、住吉（宝賀註：摂津の津守氏のことで、海神族出自であるからこれは疑問な分類）、天菩卑命《あめのほひ》（出雲国造奉斎）等が天神であり、これに対して、大神《おおみわ》、大和、葛木鴨、出雲大汝《おおなむち》神等は地祇《ちぎ》とされる。葛木鴨は地祇たる大神（三輪）氏族の支流であるのに対し、山城の賀茂は八咫烏後裔の鴨県主であり、こちらが天神だというのである。山城鴨の天降り伝承は『風土記』逸文に見える。ここでは、天孫の出雲国造も広義の天神に分類されていることに留意しておきたい。

高天原に坐す神々を広義の天神（地祇すなわち国津神《くにつかみ》に対する概念）といい、それが狭義の天神と天孫に分けられるが、『姓氏録』に見るように、天孫族系統でも天日鷲命は天神に分類されがちであった。天日鷲命は鳥取部造の遠祖でもあり、その子には天白羽鳥命（麻績《おみ》連の祖。服部連の祖でもあろう）という名の神も見える。鳥トーテムはこのように出自と関連するものである。

物部連らの遠祖とその居住地―唐古・鍵遺跡の主

このほか、**物部連の祖**・可美真手《うましまて》命（宇摩志麻治命）、中臣連の祖・天種子《たね》命、尾張連の祖・高倉下命が東征・大和平定に活躍したと記紀に見えるが、『書紀』にはこれらに対する恩賞がなんら記載されていない。「天皇本紀」には、宇摩志麻治命が第一の勲功としてフツタマの剣を賜り、天日方奇《くし》日方《ひかた》命とともに国政をあずかる「大夫」に任ぜられたとあるから、このほうがむしろ自然であろう。また、『古語拾遺』には、忌部首の祖の天富《あまとみ》命が神武の正殿を建てたり、阿波や房総に麻などを植えたと記される。この者も記紀には見えないが、「天皇本紀」には見える。

これらの恩賞をみると、与えられ居住した領域は、倭国造が山辺郡、磯城県主が磯城郡、宇陀県主が宇陀郡、大伴連・久米直（久米県主）の一族が高市郡、葛城国造が葛城郡であった。このほか、葛城郡の高尾張邑に尾張連一族、十市郡の穂積里・保津《ほっ》遺跡（弥生後期の環濠集落）あたりに物部連・穂積臣の一族、高市郡の忌部邑（橿原市忌部町）に忌部首が居たことになる。したがって、神武一統の居住地は中央の高市郡あたりにあって、北の添郡・平群郡と南の吉野郡をのぞく大和中央部が神武王権当時の勢力圏にあったことが分かる。

保津遺跡の東北方近隣には、大和盆地における弥生期最大の環濠集落といえる**唐古《からこ》・鍵《かぎ》遺跡**（田原本町唐古・鍵）があった。唐古池と呼ばれる溜池を中心とする総面積三十ヘクタールほどの地域の遺跡であり、多量の土器・石器などが出土し、弥生式土器の編年研究はこの遺跡出土の土器で確立されたといってよい（『奈良県の地名』など）。

この遺跡からは、銅鐸の鋳型も出土したから、銅鐸を祭祀器とする神武敵対勢力の主要集落であったとみられる。この遺跡には楼閣のような高層建築物もあって、水陸交通の要衝にあたり、大和の南北をつなぐ中ツ道と下ツ道の中間よりはやや西側の下ツ道に近く、また河川交通でも初瀬川と寺川の中間に位置したこと（森浩一氏）、が指摘されている。弥生時代最大級のヒスイ製勾玉《まがたま》も出土しており、これは新潟県糸魚川市周辺で原料が採集されたとみられて、当時の交易状況とこの遺跡の富の集積が知られる。

こうした事情から、唐古・鍵遺跡は神武の大和侵攻前における王（君長）クラスの居住地であったとみてよかろう。ほぼ同時期の大規模環濠集落であった和泉の池上・曽根遺跡の総面積約十四ヘクタールに対比して、倍ほどの面積をもつ唐古・鍵遺跡の地位が知られる。

この唐古・鍵遺跡は、長髄彦から君長と仰がれていたという物部一族の初期本拠地と考えられる。その事情としては、上記に加えて、『唐古・鍵遺跡の考古学』（二〇〇一年刊）などからあげると、次のような諸点である。

①　弥生期に栄えた遺跡にかかわらず、古墳時代の初めの土器も多くの出土があることで、弥生時代とともに没落したわけではない（現地で長く発掘調査に当たっている藤田三郎氏は、古墳時代に入ってもますます栄えたとみる）。近くの保津・宮古遺跡も古墳時代前期の木製楯が出土していて、存続していたことが知られる。

②　土器は、物部同族の出雲国造族土師連《はじ》の管掌が著名であり、次の古墳時代前期の布留《ふる》式土器（古式の土師器）は物部氏に関係深い石上神宮のある山辺郡布留郷（天理市布留町）の布留遺跡から多量に出土している。また、豊中市穂積から出た土器を標式に穂積式と呼ばれる土器もあり、唐古の第五様式がこれに対応する。

安本美典氏は、庄内式土器について、近畿地方では、大阪府八尾市近辺と奈良県の天理市から桜井市にかけての地域という限定的にしか分布しないが、この出土地は物部氏と関係の強い地域であるとし、北九州一円の広域分布に対し、近畿地方の限定という分布状況からみて、庄内式土器が九州から近畿地方にもたらされたと考えるほうが自然である、としている。

物部諸部族の分布から、物部氏族が淵源を北九州にもったとする見解は強く（太田亮博士、谷川健一氏）、鳥越憲三郎氏も遠賀川流域から近畿に来たと主張しており、私も、筑後川中下流域→遠賀川流域→…（経由地）…→近畿地方という東遷を考えている。

③　物部氏族の最初の根拠である保津遺跡に近く、保津遺跡と唐古・鍵遺跡の中間には、小坂・八尾という河内国渋川郡の物部守屋本拠地に見られる地名もある。

④　八尾には鏡作坐《かがみつくりにいます》天照御魂神社があり、天孫族系統の鏡作造が居住したが、この氏も鍛冶職掌と深い関連を持ち、系譜的にも物部同族であった。

⑤　銅鐸の鋳型出土のみならず最古級の青銅器鋳造炉跡があり、南地区の調査では青銅器鋳造関連遺物が多量に出土して、大きな青銅器工業の中心だったとみられているが、物部連や額田部連など天目一箇命の後裔はすぐれた鍛冶技術を持って職掌としていた。

こうした事情から、大和の政治的中心地が唐古・鍵遺跡から纏向遺跡に行ったとみる見解（石野博信氏）は直ちにということであれば疑問であるが、鴨都波遺跡、新沢一町遺跡などを経て概ねそのように移ったことは否定できない。

唐古の西方で保津の北方近隣に位置する黒田は、第七代とされる孝霊天皇の黒田盧戸宮《いおとのみや》がおかれたと伝えられるが、次代の孝元天皇・開化天皇・崇神天皇と続いて、穂積・物部氏族から出た女性を后妃に入れたり生母とするという系譜を記紀は伝える。

物部氏の本拠地は守屋大連が滅ぼされたときに河内国渋川郡にあり、初期でも石切神社あたりに主要地の一つがあったが、それだからといって河内だけが本拠とするのは視野が狭い。守屋滅亡後の物部本宗格の家が石上《いそのかみ》朝臣や榎井《えのい》朝臣を賜ったように、山辺郡石上郷・石上神宮や高市郡朴井《えのい》邑あたりには大和の本拠地があった。

中臣連氏については、天種子《あめのたね》命が行軍途上の宇佐に関して『書紀』に見えるが、その後も随従して大和に入ったようで、『古語拾遺』では神武即位後に天罪《あまつつみ》・国罪《くにつつみ》をお祓いし、それ以降永く中臣・

忌部両氏が祭祀を管掌したことが見える。

中臣氏族の初期の居住地はよく分からない面もあるが、支族分岐の状況や奉斎神社の分布などからみて、大和では十市郡畝尾《うねお》（香久山の北々西麓で、橿原市東部）あたりや添郡、河内では河内郡枚岡、高安郡あたりではないかとみられる。『奈良県の地名』や井上辰雄氏も、天香具山周辺の地に本拠地を考えている。井上氏は、中臣鎌足の出生地とされる高市郡大原（現明日香村小原で香久山南方）、鎌足や先祖の烏賊津使主が関連する高市郡藤原（橿原市高殿町付近で香久山北西方）を根拠の一つにあげ、香具山自体が中臣氏の職掌に密接な関係があったこともあげる。たしかに、十市郡の式内社である天香山坐櫛真《くしま》命神社（現天香山神社で、香具山北麓の橿原市南浦町に鎮座）の祭神は卜占の神であり、中臣氏の系譜によれば天児屋根命と同神であったことで、香久山の北方周辺地域に本拠地があったとしてよかろう。

大和北部の添郡については、中臣連一族の**春日県主**が、神武朝ないし綏靖朝頃に置かれた。それは、綏靖紀二年条の割註に見える『書紀』一書に、綏靖皇后は「春日県主大日諸《おおひもろ》が女《むすめ》・糸織媛《いとおり》」とあるからで、この記事が信頼できるのなら春日県主の存在が認められよう。のちに、その滅亡により崇神前代には同じ中臣氏族の添県主に替わった可能性がある。

『延喜式』巻八には祈年祭祝詞《としごいのりと》があげられ、そこには大和六御県神が「高市、葛木、十市、志貴（磯城）、山辺、曽布（添）」と記されるから、これらはかなり古い時期の大和の御県を示すものとみられる。このなかに久米御県神（式内社）が入れられないが、これは同神が古くに御県神から消え、春日御県神も曽布（添）御県神に替わったものと推測される。

こうしてみると、神武二年の論功行賞は、その王権のもとにあった当時の政治地図を良く現しているといえよう。

大和近隣諸国の国造の設置伝承

「国造本紀」を見ると、大和近隣の諸国の国造についても、橿原朝（神武朝）に定められたと記され、それら氏族の系図でも同様にそうした記述が見えるが、この辺の設置時期は実際には疑わしいところもある。あるいは、崇神前代までに徐々に定められていった国造（ないし国造級の地位・職名）が神武朝に遡って記されているのかもしれない。そうした例をあげると、次のようなものがある。

㋐ **凡河内《おおしかわち》国造**　崇神前代までに国造級の地位が定められたことはありえよう。系譜は近江の三上祝《はふり》と同族で、天孫系天津彦根命の後であるが、物部連同族でもあり、物部と同時期に畿内に来たものか。

㋑ **山城国造**　実体が同じ山背《やましろ》国造が同書に並んであげられ、その設置は志賀高穴穂朝（成務朝）と記すので、神武朝の国造設置には疑問があり、成務朝が正しいかあるいはその前の時代に国造級ないし県主級の地位で始められたか。系譜は凡河内国造の一族。

㋒ **伊勢国造**　この地域において、神武朝になんらかの中央からの派遣者がいたことはあったろうが、国造級としての地位で派遣されたものかどうかは不明。系譜は中臣連の一族。

㋓ **素賀《すが》国造**　所在は遠江のようだが、その実態等は不明。神武朝の設置は疑問。

㋔ **紀伊国造**　神武東征の経路から神武と接触があったことは認められるが、神武朝に国造級としての地位を認めたものかどうかは不明。系譜は大伴連と同族。

㋕　**宇佐国造**　設置については同上の事情で、実際には景行～成務朝に設置か。系譜は天孫系で、安芸国造と同族であり、物部とも同族。

㋖　**津島《つしま》県造**　不明も、北九州の北辺に位置する対馬の地理から見て、疑問が大きい。

以上の七国造では、大和の周囲が四か国（東が伊勢、西が凡河内、南が紀伊、北が山城）あり、これらは、神武朝という時期はともかく、崇神前代までに国造級のポストを大和朝廷から認められた可能性がある。宇佐国造は、神武東征途上に接触したことは認められても、そのときに国造級としての地位を認めたものかどうかは、むしろ疑問が大きい。残る素賀国造・津島県造については、出雲国造の同族とする系譜をもつが、遠江や対馬という所在地からいっても、神武朝の設置は疑問が大きい。

創業の功臣たちの子孫と系譜

いまここで、神武朝の領域をさぐるため、神武記・紀に見える功臣の居住地と領域を考えたが、もう一つ注目すべきことがある。それは、前記の(1)～(6)の受賞者六人と物部連・中臣連・尾張連・忌部首の祖の四人、の合計十人のうち、猛田県主以外の九人については、その氏の系譜が現存伝来しており（拙著『古代氏族系譜集成』参照）、いずれの氏族にあっても、これら神武朝の人々と、子孫の崇神朝の人々との間には、その中間に四世代が系譜に見える。これは、記紀に記載の天皇家系図にあっては、初代神武と第十代崇神の間が直系で、中間に八世代がおかれるのと大きな違いを見せている。

公的な史書である『日本書紀』の記事内容（系譜の世代）に逆らってまで、天皇家以外の各々の古代氏族がかれらのなか全てで整合的な系譜の世代を伝えてきたという事実の重みが感じ取れる。こうした傾向は、崇神以降も含め古代の全期間にわたっていえることである。例えば、皇位継承上の問題点がある神功皇后・応神天皇周辺の世代でも、皇統と異なる世代を各古代氏族の系譜はそろって示している。これらのことは、神武以降崇神までの各氏族の系譜（そして、それ以降の系譜も）が実態に基づいて代々書き続け記されてきたことを示すものと考えられる。これこそ、神武以降の人物が実在するなど、その記事が後世の造作ではないことの証でもあろう。

地方の㋐～㋖の七国造家についても、山城・紀伊・宇佐の三国造家について古代の系譜が現存しており、それらの世代においても大和の九氏族と同じ傾向が示される。中央・地方を問わず、古代の世代継続について確固たる傾向があったことは、無視しえない歴史的事実が裏づけとしてあったと考えられる。歴史にはあまり登場しないが、開化記の丹波道主命等の母に関する記事に近淡海《ちかつおうみ》の御上祝《みかみのはふり》（三上祝）という古族が見える。中世まで近江国野洲郡の名神大社たる御上神社を奉斎してきたこの氏の系図でも、古代における世代の傾向は同様であった。

なお、神武紀の事績は、上記の論功行賞のあとは非常に少なくなり、神武四年条の磯城郡の鳥見山における皇祖天神の祭祀、三一年条の葛城郡の腋上《わきがみ》での巡幸、四二年の皇子渟《ぬ》名川耳《なかわみみ》（綏靖天皇）の立太子、があって、七六年に享年百二十七歳で橿原宮で崩御されている。こうした記事配置から、神武の後半生は崇神天皇に重なるとの説も出されるが、両者の周囲にあった人物たちを考慮しない謬説である。神武の治世期間と享年の異常な長さについては、また後ろで検討を加えることにしたい。

『記』でも、神武の事績としては、東征、皇后選定、長子の当芸志美美命《たぎしみみ》（手研耳命）の反逆という三点のみであるから、東征が畢生の大事業であったことが分かる。

これら、治世期間の神武の行動が磯城郡と葛城郡であったことも、その中間の高市郡に都した神武にとって、歴史地理的には自然なものであったといってよい。

第四章　神武天皇が活動した時代

一　神武紀年についての諸説

那珂通世の辛酉革命説

神武天皇が架空の人物と考えられたのは、日向出発など地理的記述に疑問が多いばかりではなく、その紀年についても『書紀』が神武即位の年を紀元前六六〇年にあたる辛酉《しんゆう》の年としており（これを元年とするものを「皇紀《こうき》」と呼ぶ）、その信頼性がきわめて乏しいと判断されたからであった。

津田左右吉博士は、欽明朝（十四年及び十五年）に百済から暦博士が渡来したのを事実と認めて、逆にそれ以前の記録の年代に疑問を持ち、『書紀』の編者がまず長暦を作り、それに基づいて年代記の形に整えたと考えて、欽明朝以前についてはいうまでもなく、それ以降の部分についても造作された年月日の記載があることを指摘した。この説以来、『書紀』の紀年については、その編者が中国の史書の体裁を模して造作した架空の数字であるとみるのが通説のようになっている。

しかし、そう簡単に言い切ってしまってよいのだろうか。既に前章までに述べてきたように、津田博士の神武伝承関係の地理についての理解は誤りが多いと分かってきた。神武伝承の地理や事績についての博士の疑問視が、当時の地理の的確な把握がなかったことや文字のわが国への伝来の時期の理解の仕方にも基づくとすれば、神武紀年についての疑問視は、記紀紀年が基づいた暦と暦法のわが国への伝来時期についての理解の仕方に基づくものではないかといえよう。ただ、『書紀』の神武紀年が仮に間違っていたとしても、論理的には直ちに神武の非実在性につながるものではない。

津田博士などの従来からの通説は、暦法に対する歴史学者の検討能力の欠如ないし限界を示すものではなかろうか。問題が暦法という科学技術に関するものだけに、暦専門家の知識・分析を基礎にして合理的な考察を加えなければならない。

江戸時代以来、『書紀』の紀年についての批判的研究が数多くなされたが、そのなかでも明治の東洋史学者**那珂通世**《なかみちよ》の研究（「日本上古年代考」「上世年紀考」）は代表的なものである。那珂説の主要ポイントをあげると次のようなものである。

①　『書紀』の神武紀年は讖緯説《しんいせつ》の辛酉《しんゆう》革命の思想に基づき、推古九年（西暦六〇一年）辛酉より二十一元一二六〇年遡って設定されたもので、このように観念的に想定された紀年のため、書紀紀年が不自然に延長されている。

②　百済との交渉が生じた前後の時期（神功皇后・応神天皇の時代）の書紀紀年に干支二巡（一二〇年）の延長がある。

③　雄略紀以降は大体朝鮮の歴史と符合するので、紀年の延長は允恭紀以前にとどまるとみてよい。

④　神武天皇の実年代をさぐるため、一世代三〇年の割合で崇神から遡ると、崇神の九世の祖である神武の創業は前漢の元帝（治世は紀元前四八～前三八年）に当たるものであろう。

こうした那珂説のなかでも、①の讖緯説に基づく観念的な紀年の設定や②の干支二巡ほどの書紀紀年の延長、については支持する学者がかなり多い。私としても、②及び③の点は、大づかみに言えば、あまり異論がない。その一方、肝腎な①の辛酉革命説については、疑問が大きいし、④のように、神武と崇神との間の世代を記紀系譜そのままに直系でとらえることも疑問が大きいと考えている。

辛酉革命説に対しては、これまでも多くの批判があったが、これら批判も合わせて、その問題点をあげると次のようなものである。

㋐ 辛酉の大改革は、干支二十一巡ではなく、干支二十二巡（一三二〇年＝一蔀＋一元）毎に起ると考えられていた。

㋑ 辛酉革命説によるとすれば、神武即位年辛酉から二十一巡後の推古天皇の九年辛酉（六〇一）、または二十二巡後の斉明天皇の七年辛酉（六六一）が神武即位年を定める起点となるはずであるが、この二つの年には天命の大改革というべき大事件は起きていないし、『書紀』にもそうした記述がない。

ちなみに、推古九年については、聖徳太子の政治制度改革の偉業が完成したという見解もあるが、これは疑問である。『書紀』の記事を見ると、この年は太子が斑鳩宮を建てたこと以外は、前年に引き続いて、任那を助け新羅を討つことに関連する記事がほとんどであって、冠位十二階の制定が推古十一年、憲法十七条の制定が推古十二年と記されるからである。斉明七年においては、天智が称制した年であり、百済が前年に滅亡したことを受けて、新羅征討のために天皇・皇太子が出発した記事が主であって、これもわが国にとって革命というほどの大事件なのだろうか。天智系統を打倒した天武系統の天皇のもとでの書紀編纂において、天智称制の年を史上で重要な年と設定するはずがない。

㋒『書紀』の紀年が「太歳干支《たいさい》」として最初に出てくるのは、神武東征開始の年の「是年《このとし》、太歳甲寅《こういん》」であり、大改革というべきなのはむしろこの甲寅の年ではないのか。そもそも、神武元年条には、「是年、太歳□□」という恒例的な表記が見られない。

㋓讖緯説がわが国で信仰的な流行をしたのは、三善清行《みよしきよゆき》（八四七生〜九一八年没）の「革命勘文」に見られるように平安期の十世紀以降であり、それより遙か先に成立した『書紀』の編者が辛酉革命説を強く認識していたとはいえるはずがない。

こうした辛酉革命説批判はきわめて説得的である。神武天皇即位元年が辛酉とされたのは書紀編纂の時であり、別に何かの必然性があったのだろうか。

有坂隆道氏は、書紀編者が辛酉革命説を信じていたのはまことに疑わしいとして、儀鳳暦《ぎほうれき》に基づく見解を出している。すなわち、神武の即位は「辛酉年正月庚辰朔」という儀鳳暦で算出されたものであり、その暦法では総法一三四〇という周数が用いられたが、神武即位元年から一三四〇年という周数の一巡りをくだると天武十年（六八一）になり、この年三月十七日に天武は、大極殿で詔して帝紀及び上古の諸事を記し定めさせており、これが書紀編纂事業の発端であって、書紀により国家の歴史がはじめて確立したとして、編者はこれを意識したものと考えている（『古代史を解く鍵』）。

この見解は、辛酉革命説よりは良いようでもあるが、政治的大事業の基点をこのように定めるのは弱すぎるように思われる。安本美典氏は、いくつかの疑問を指摘している（『大和朝廷の起源』）。その疑問とは、①天武十年は政治上の大変革の年といえるか疑問であり、百済滅亡の翌年となる斉明七年のほうが天命が革《あらたま》ることを意識させるものではないか、②天武十年はわが国でまだ元嘉暦が用いられていた時代であり、『書紀』編者は元嘉暦の知識もあったわけであるから、遡らせるのなら、なぜ元嘉暦を用いなかったのか、③天武十年を基点とする議論だけなら、古代天皇の治世年数や長寿を説明しきれない、などである。私にはこの指摘のほうが妥当だと考えられる。

こうしてみると、古代天皇の代数・年齢・治世期間などは後世の造作であると考え、七世紀のある時点を基点にして過去に遡らせて神武元年を設定した、という発想自体が疑問となってくる。おそらく神武即位年は偶々、辛酉の年であったのではなかろうか。

以下に、書紀紀年について、詳しく考察を加えることとしたい。

『古事記』の「崩年干支」の疑問

書紀紀年を考察する前に、『古事記』の「崩年干支《ほうねんかんし》」についても言及し、それが六世紀前葉以前のものについては、疑問が大きいことに触れておきたい。

『古事記』では、崇神、成務から推古までの十五人の天皇に限って、本文の分注（行を分けて書いた注釈）の形で、その崩御の年を干支で記しており、これが崩年干支と呼ばれる。

その利用については、かつては天皇の在位年代の算出にかなり用いられた。例えば崇神天皇の崩年をこの干支に基づき、西暦三一八年とか二五八年とかと考えて、古墳の築造年代とか、卑弥呼と崇神天皇との関係の考察（卑弥呼の当時の男弟ないし男性王に崇神が当たるかなど）の基礎となった。甚だしい利用としては、水野祐氏のように、崩年干支が記されない天皇は非実在とするものまである。これらは、いずれも疑問が大きい取扱いである。

『記』と『紀』との干支が最初に合致するのは、安閑天皇崩御の乙卯年（五三五）であり、それ以降の五つの崩年干支はほぼ信頼できるものの（敏達については『記』と『紀』で一年の差異があるが）、継体天皇以前の崩年干支は信頼できないものとしておいたほうが無難であろう。

その理由は、『記』の崩年干支がその本文とは孤立した存在であり、崇神以降の全ての天皇については必ずしも記載されていないからである。しかも『古事記』の真福寺本という最古の写本と他の写本との間で記載の形が異なっているので、後世の書込みの可能性も考えられないわけでもない。井上光貞博士も、「崩年干支によってあまりはっきりした数字を出すことは、しばらくあきらめたほうが無難であろう」と結論している（『神話から歴史へ』一九六五年）。

鈴木靖民氏も『古代国家史研究の歩み』（一九八〇年、七三頁）で次のように記される。

「…『古事記』の天皇の崩年干支が、『記紀』の天皇系譜の原典となった帝紀の一種に後世加筆してなったものという可能性があり、『書紀』もまったく採用していない年代である。それゆえ、この崩年干支を適宜訂正して天皇の年代を推定することは疑問が多いといわねばならない。」

また、応神天皇より前の天皇の干支は信用できないとする見解もあるが、応神天皇でなぜ区切りをするのかという根拠が不明である。

とはいえ、安閑より前の崩年干支がまったく使えないかというと、留保しておく要素がないでもない。崩年干支がなんらかの「X倍年暦」の上で現されたものだとしたら、天皇の在位期間を算出するにあたっての手がかりとなる可能性もあるかもしれないということである。

初期天皇の年代測定方法―那珂通世説と安本美典説

『書紀』の紀年も、『古事記』の崩年干支にも拠れないとしたら、古代天皇の年代測定はできないのであろうか。とくに初期諸天皇については難しいものである。

明治期の**那珂通世**博士は、一世代が約三〇年という基準で、崇神から遡って九世代先祖の神武の活動年代を算出しようとした。既出のように、崇神の崩年を『記』の崩年干支に基づいて二五八年とすれば、紀元前四〇年ごろの前漢の第十代元帝の治世期間の人に神武があたるとみたわけである。ほぼ同様な年代推定手法を、稲荷山古墳出土の鉄刀銘について田中卓氏や塚口義信氏が採っている。

しかし、この方法は一般論はともかく、具体的な那珂博士の方法は、神武～崇神間はすべてが直系だとする記紀の皇室系図にそのまま依拠することになり、方法論としては疑問が大きい。年代算出の基礎としての「直系相続」についてまず十分検討する必要があるが、それとともに、崩年干支に基づく年代論も問題が大きいことも既に述べた。ただ、上古代の一世代が何年にあたるかが適切に出すことができ、かつ、実際の世代数をきちんと押さえれば、ある程度の近似値に迫ることができよう。

これに対して、天皇の世代ではなく、天皇一代の平均在位年数に基づいて、初期の天皇の年代を算出しようとした研究者がいる。古くは栗山周一氏や橋本増吉氏があげられるが、最近では**安本美典氏**の手法が有名である。安本氏は、この年代値を一九六七年の『邪馬台国への道』に始まる一連の著述の基礎としてきた。記紀の紀年記事にほとんど依拠せず（天皇によっては、具体的な事績や享年等を踏まえて年代調整をしている部分もあるが、これには恣意的という批判もある）、数字に基礎をおいて具体的に年代を推計したという意味で、しかもそれをもとに古代史の解釈を大々的に進めたことで、画期的といってよい。

安本氏の具体的な手法としては、第三一代用明天皇から第八二代後鳥羽天皇までの五十二代の天皇の平均在位年数一一・八〇年とその標準偏差七・九六を用いて、『宋書』に記す倭王武が宋へ遣使した西暦四七八年をもって第二一代雄略天皇の在位時期とした基礎から、過去に遡って計算して神武天皇の活躍時期を算出しようとした。

それによると、九五％の信頼度で242.0年±69.8年（すなわち172.2～311.8年）、九九％の信頼度で242.0年±91.8年（すなわち、150.2～333.8年）と推定し、その祖先の天照大神の時期を九五％の信頼度で183.0年±78.0年（すなわち105.0～261.0年）、九九％の信頼度で183.0年±102.7年（すなわち、80.3～285.7年）と推定した。

その後に、安本氏はこの計数の基礎の数字を見直し、一九六八年十一月発行の『神武東遷』では、飛鳥・奈良時代の天皇二〇代（第三〇～四九代の天皇）の平均在位年数を一〇・三三年と短縮し、神武天皇の活躍時期を、九五％の信頼度で271.40年±68.72年（すなわち202.68～340.12年）、九九％の信頼度で271.0年±90.69年（すなわち、180.94～361.86年）と推定した。

安本氏の上記推計の狙いは、活躍時期という基礎に立ち、邪馬台国の女王卑弥呼と皇祖神天照大神との同質性をあげて、両者の同人性を立証しようとするものであった。また、神武の東遷時期を卑弥呼と崇神の中間時期において、三世紀後葉頃（ないし四世紀前葉頃）に東遷が起きたように説明しようとした。その後の数値変更の理由は書かれないが、神武天皇とその祖先の天照大神の活動時期を当初案から繰り下げ、「神武東征＝邪馬台国東遷」「卑弥呼＝天照大神」という自説に都合の良いように改定したものではなかろうか。

天照大神は卑弥呼か

こうした安本説には疑問が大きい点がいくつかあり、なかには致命傷的なものもないではない。それらの疑問をあげると、天照大神が105.0〜261.0年、または80.3〜285.7年の範囲で活動したとしても、三世紀前半の卑弥呼に直ちに比定できるものではない。

この関係では、皇祖神としての天照大神が記紀に記すように本当に女性であったのか、卑弥呼は神武の祖先であったのか、卑弥呼と神武との血統の同一性は認められるのか、神武東征は邪馬台国東遷と同じか、「卑弥呼＝天照大神」としたとき神武や崇神の実年代は何時となるのか、等々の解決すべき問題が多く残されている。

私の結論のみをここであげておくと、皇祖神の主なものは男性神としての高木神（高魂命）であり、天照大神にあたる男性神はいても、天照大神という「女性」の日神（太陽神）は伝承の原型には存在しなかった（後ろのコラム参照）。天孫降臨神話でもその古い形の伝承では指揮神は高木神とされるとともに、『延喜式』神名帳でみても、女性の天照大神を祀る神社はまったくなく、「天照」と付く名の神はほとんど全てが男性神（天照御魂神など）を祀るとされることからも分かる。

卑弥呼には男の子がいなかったという記事が『魏志倭人伝』にあり、天照大神が卑弥呼・台与の二人合体で一つの名の女神として現されたとしても、台与に男の子がいたという保証もない（台与について、天照大神の長男天忍穂耳尊の妻・万幡豊秋津師比売《よろずはたとよあきつしひめ》にあてる説を安本氏は考えているが、これも疑問）。三世紀半ばの卑弥呼死亡の頃に九州を通る皆既日食が二回（二四七年三月、二四八年九月）起きとしても、これを直接に天の岩戸伝説と結びつけるのは無理がある。

総括すれば、安本氏の説明だけでは、卑弥呼と天照大神との同一人性・同質性が証明された、とはとてもいえない。これに加え、時期的・場所的な問題点もあって、神武は卑弥呼に先立つ人であった。従って、「卑弥呼＝天照大神」説は成立のしようがない（卑弥呼は記紀の誰にも比定できない）。さらに、先に見たように、神武の出発地は伊都国の地域であって、神武東征は邪馬台国東遷と同じではなかったという事情もある。

＜コラム＞天照大神は女神だったか

記紀の記述もあって、天照大神は当然のことのように女神と思い込まれてきた。最近では、神武天皇実在説をとる皇學館大学名誉教授田中卓博士ですら、女神を原点とする女系天皇容認論（『諸君！』平成十八年三月号）を展開される。

しかし、多角度から検討してみると、むしろ天照大神の原型は男神であったと考えられる。江戸期には天照大神男神説もかなり見られており、津田左右吉博士や最近でも松前健氏、楠戸義昭氏などに男神説が見られる。これらの所説には様々な差異があり、私としても、個別には多少とも異論があるが、結論的には同説である。ここでは、私見の根拠を簡潔に列挙しておく。

1　『日本書紀』の冒頭は陰陽二元論で始まり、イザナギ・イザナミ二神（諾冊《だくさつ》二尊）による国生みや神々の生成もこれに従っており、国中《くになか》の柱《みはしら》（天之御柱）を回る場面では、イザナギを「陽神《をかみ》」、イザナミを「陰神《めかみ》」と呼んでいる。男は陽で、女は陰であり、陽は太陽で、陰は月であるから、天照大神は太陽神であり、本来男でなければならず、月読尊は陰神であり、本来女でなければならないはずである。この対比は、ギリシャ神話でも同じであって、太陽神のアポロと月神のアルテミスの兄妹神の組合せで現れる。

2　太陽は男性として表象されていたために、それに仕える巫女（伊勢斎宮）が処女（未婚女性）でなければならないとされた。この奉仕過程で、日巫女は日神子あるいは日御子へと昇格し、太陽神（の代理）として一体化して表象されるようになったとみられる。天照大神は「大日孁《おおひるめ》貴《むち》」とも号されるが、「孁」は巫女の意味であるので、大日孁貴は本来は天照大神の妻神であろう。神武即位前紀や『旧事本紀』皇孫本紀では、神武の祖神として、「我カ天神高皇産霊尊、大日孁尊」とあげるが、書紀一本や旧事本紀前田本では「大日霊尊」と記すから、これが原型の表記だったものか。その場合、男性神の「オオヒタマ」で天照御魂に通じる。

3　江戸初期の伊勢外宮の神官であった度会延経《わたらいのぶつね》は、平安後期に大江匡房《まさふさ》により朝廷の公事・儀式について書かれた『江家次第《ごうけしだい》』の記述のなかに、「天照大神のご装束一式」への言及があり、この装束一式が「男性の装束」であるとみて、「之ヲ見レバ、天照大神ハ実ハ男神ノコト明ラカナリ」と結論づけている（『内宮男体考証』『国学弁疑』）。

江戸時代には荻生徂徠《そらい》・山片蟠桃《ばんとう》などから天照大神男神論が言われていたし、伊勢神宮の内宮の本殿真下にあるという高さ1㍍ほどの「心の御柱」（天の御柱）は祭神が男神であることを示すものとされる。この社殿を造るときには、最初に御柱を立て、夜半に土地の娘達により篝火を焚いて神儀を行うといわれる。

筑紫申真《つくしのぶざね》氏は、アマテラスの原型は太陽神のアマテルと呼ばれる男性自然神であり、後に性格を変遷させたこと、皇祖神としてのアマテラスは天武・持統天皇によって七世紀後半に造りあげられた大変新しい神だったことを説かれる（『アマテラスの誕生』角川新書158）。

なお、アマテラスがもとは皇祖神ではない伊勢の土着神であったのが、のちに皇祖神として取り上げられたという説も見られるが、やはり皇祖神の一人であったと考える。

4　種族論からいっても、邪馬台国・高天原を治めた天皇家の先祖一族（天孫族）は、東夷の扶余系ツングースと同系の半牧半農種族の流れであって、匈奴などをはじめとする中国北東部に展開した種族では男系王統という血脈を重視した事情もある。現実に、わが国の天孫族の祖系は、『斎部宿祢本系帳』（安房洲宮祠官の小野氏蔵本）にみられるが、その系図の天照大神にあたる位置には天底立命と記され、すべて男系の系譜となっている。日本の古代氏族を『姓氏録』などからみても、女性を始祖として掲げる氏は皆無であり、天鈿女《うずめ》命を祖とする「猿女君」は職掌であって、氏族ではない（拙稿「猿女君の意義」『東アジアの古代文化』第一〇六号～一〇八号参照）。

天孫族と同系の種族とみられる高句麗王家では、始祖朱蒙は日光に感精した河伯の娘から卵で産まれたという伝承をもっていた。日本と高句麗との間には、王者の収穫祭が即位式に結びつく点、穀物起源神話や王者の狩猟の習俗などで、両者の王権文化は多くの共通点をもっている（大林太良『東アジアの王権神話』）。このほか、朝鮮半島では、天日矛《あぬのひぼこ》伝承に見るように、日光による受胎神話が多く見られ、太陽が男神であることを示すものである。

5

「天照」という神は、『延喜式』神名帳では、大和国の城下郡鏡作、城上郡他田、摂津国島下郡新屋、山城国葛野郡木島などの天照御魂神を代表に、河内国高安郡の天照大神高座神、丹波国天田郡の天照玉命神、播磨国揖保郡の粒坐《いいぼにます》天照神、対馬国下県郡の阿麻氏留《あまてる》神などがあり、六国史では『三代実録』に天照真良建雄神、天照御門神、天照高日女神が見える。これらのうち、河内国の天照大神高座神は二座であって、いま祭神を天照大神・高皇産霊大神とされるが、これとて元の名を春日戸神とされるので、女神といえるものではない。また、天照真良建雄神は男神、天照高日女神は女神であることが明らかであるが、後者の実態は天若日子の妻神の高日女を指すものである。

これらの天照神は、物部氏族、鴨県主や伯耆国造などから祖神として奉斎されたものであり、その大半が天照大神と重なるとしても、その場合にも命名からいって男神と認識される。

6　なお、天照大神が**女神とされた経緯**については、松本善之助氏の推測（『秘められた古代史ホツマタタヘ』）があり、比較的説得的だと思われるので、紹介しておく。

それによると、「女帝第一号だった推古天皇と密接な関係がある」とされ、「にわかに女性が帝位につくということは朝廷内外に非常な抵抗と衝撃を与えないはずはありません。推古天皇自身も何か合理的な支柱を必要としたことでしょう。その意を汲んで作為したのが、馬子と聖徳太子だったと思います。…（中略）…当時はそれを、日本書紀の推古天皇二十八年のところにある天皇記、国記の編纂に求めたのです。そこで試みられたのが天照大神を女性に仕立てるということでした。」（同書六〇〜六一頁）

これに加え、藤原不比等が天武王統の正当性を主張するために『日本書紀』を編纂したという見方もある。当時、持統天皇は孫の軽皇子（文武天皇）の天皇即位に執念を燃やしており、不比等は、その意向に答えるべく、女帝から子・孫への天皇継承をことさら正当化すべく天照大神を持統天皇に比定し女神としたというものである。

書紀編纂の際、天武王統に都合のいいように日本神話が構成・配列されていった可能性もないでもないが、その場合でも、推古女帝が天照大神の根幹にあったものとみられるから、不比等改編説には疑問がある。

安本説に基づく年代推定の問題点

(1) 問題点の概要

安本説には、その立論の基礎から問題があることが分かったが、神武の年代推定の結果についても問題が大きい。この概略を次に説明したい。

安本説では、古代天皇を二つの柱、すなわち㋐信頼度九五%または九九%という形で、かなり大きな幅をもって設定するとともに、㋑より具体的には、蓋然性の高い飛鳥・奈良時代の二〇代の天皇の平均在位年数と雄略即位の年として安本氏が考える四七八年を基礎に年代を遡って推計する。

このアプローチについては、㋐の広い幅で活躍時期を設定することは妥当であり、神武の時期を九九%の信頼度でみて、当初は150.2〜333.8年、再推計で180.94〜361.86年としたこともほぼ妥当といえよう。しかし、これでは幅が広すぎるので、具体的に狭めた活動時期の推計㋑となるが、これについては、基礎となるデータ数字の取り方によっては誤差が大きく出る。しかも、安本氏は、在位状況に問題が大きい奈良時代の諸天皇をデータの基礎においている。

その結果、「卑弥呼＝天照大神」「神武東遷＝邪馬台国東遷」「倭王讃＝応神」という安本史観の誤謬が引き起こされることになる。

(2) 推計方法の具体的な問題点

安本氏の推計手法をみると、その推計手法はあまりにも単純で、しかも推計の基礎となるデータの取扱いが粗雑である。この推計手法の具体的な問題点を検討してみたい。

安本氏の推計方法は、「区間推定」という表現をするものの、簡単にいえば、天皇の代数（X）を説明変数として天皇の即位元年（Y）を求める一元一次の推計式（Y=aX+b）による推定値の算出と同様になる。その推計が妥当であるかどうかは、推計式がきわめて単純なものだけに、絶対年代の推計に適するかどうかは疑問がある。一般的にいえば、説明変数がいくつかあったほうが解の数値の安定に寄与する。私は、天皇一代の在位期間よりも一世代の在位期間のほうが生物学的に安定的だとみており、それよりも、世代数と天皇即位者数を併せて用いる方法のほうがより妥当だと考えている。

ともあれ、安本氏の推計式では、定数たる「a」（天皇の平均在位年数）及び「b」（基礎となる天皇の即位元年）の算出は重要であり、これら数値をよく吟味する必要がある。

第一に吟味すべきは「a」（**天皇の平均在位年数**）であり、記紀に天皇と記載される者の代数を安本氏がそのまま基礎とすることについて、検討する必要がある。

とくに問題は、基礎データとしての飛鳥・奈良時代の諸天皇である。奈良時代（七一〇～七八四）の天皇をみれば、安本氏の数字の取り方やよく使われる「七代七十年」という表現には、大きな疑問を感じる。この期間には、即位後まもなく平安遷都を敢行した桓武天皇を除くと、第四三代元明天皇から第四九代光仁天皇までの七代（重祚があり、人数としては六人）の天皇がいたが、うち女性が四代三人もおり、しかも女性の三代三人と男性一人が生前退位という「ワンポイント・リリーフ」役を務めている。通常ならありえない、こうした不安定な在位期間をもつ奈良時代の天皇の数値を、実態を無視して、そのまま基礎としての係数に用いるという点で問題が大きい。

これら諸天皇についての具体的な問題点は、①弘文（『書紀』には天皇と記載されない。付随的にこの関連で神功皇后をどうするかという問題も生ずる）及び淳仁といった廃帝、途中退位者の代数や、②重祚した皇極（斉明）・孝謙（称徳）両女帝の代数、③重祚の中間に在位した孝徳および淳仁の代数、をどのように取り扱うかという問題である。他の時代にはあまり例を見ない廃帝・重祚・女帝の異常値が、安本氏の基礎とする期間のなかにあるため、その基礎データの採り方（歴代をどう数えるか、期間をどう取るか）により、算定結果に大きな差異が出てくる。

データとしてのこれら異常値を調整すると、安本氏のいう二〇代の天皇は実質十五人ないし十七人ほどの天皇と考えられる。それが、十五人とする場合には平均在位年数は十三・八年、十六人とする場合は同十二・九年、十七人とする場合は同十二・二年となって、いずれにせよ、安本氏の採用した一〇～十一年よりはかなり大きな数値となる（平均在位年数の数値が小さいほど、神武などの天皇の在位期間は後代のほうに引き下げられることに留意）。


用いる数値が異常値かどうかの判断は、定性的なもの（歴史的知識・認識の問題）であって、決して主観の問題ではないし、異常値を考慮しない統計や推計が無意味なことはいうまでもない。武光誠氏も、「歴史を扱ううえでもっとも大切な、時々の政治体制への考察を省いて、歴史上の重要事項を統計的に処理してはならない」と厳しく批判している（『テラスで読む　邪馬台国の謎』一九九二年）。

こうした問題指摘は久保田穰氏（『古代史における論理と空想』）などからも既にあり、同氏や中村武久氏

（『季刊邪馬台国』第四四号）は一代十二・五年が妥当ではないかとし、片山正夫氏は敏達元年〜嵯峨元年の期間を取り上げて十三・一七年と算出された（昭和二八年発表の「上古の国史に関する一考察」）。注意すべきは、説明変数がただ一つのこうした手法については、導き出される数値が極めて不安定になることである。例えば、片山氏の場合は神武元年を一六四年頃として私見にかなり近いものの、そのときの崇神元年の二八二年、応神元年の三四八年などは到底採用しがたい数値となっている。

そうしたなか、敢えて何かを選択するとしたら、結論的には十二年余という数値が相対的に魅力的ではないか、と考えている。実は、奈良時代の諸天皇を基礎データとして、様々な形で異常値の調整をして試算してみると、『書紀』に天皇と記載されない弘文を除き、重祚者を一人と数えた場合、回帰分析に基づいた推計式では、神武の元年は西暦一九〇年頃で、天皇一代の平均在位期間は約十二・七年ほどを示すものがあり、その場合、これに神功皇后を計算に入れれば、神武元年がさらに十数年繰り上がるという試算となる。

このような結果に対して、安本氏は、在位年数の推移がグラフ化すると「下に凸の曲線という形」にならないとして認めないが、この形は証明されない自らの仮説にすぎない。氏は、時代が後代に下るにつれて天皇の在位年数が長くなる傾向があり、それは雄略以降一貫とした傾向のように記すが、平安時代以降はともかく、それ以前については必ずしもそう言いきれるものではない。政治的な実権を失っていた天皇の在位期間を、そうでなかった時代の年代値推計の基礎にしても意味がない。

第二に、安本氏の採用した定数「b」(**基礎となる天皇の即位元年**)にも問題がある。

安本氏は、雄略即位年と一応考える西暦四七八年を基礎において、天照大神・神武まで遡上させるが、これも問題が大きい。というのは、四七八年当時に雄略在位であったことは是認しても、即位の年はこれより十数年早かったのではないかとみられるからである。

倭五王の遣使関係記事から考えてみても、遣使の遅れを釈明する雄略(=倭王武)については、四六〇年代の半ばくらいに即位を考えるほうが妥当であろう。そして現実に、最近の安本案である「古代推定年表」(『応神天皇の秘密』などに記載)では、雄略の在位年代を四六三年頃~四八〇年頃としている。ところが、同年表では、神武の在位年代を二七八年頃~二九八年頃としていて、なぜか神武のほうはあまり変化がない。この結果、清寧以前の天皇の平均在位年数は九・四一年と更に短くなるが、こうした恣意的な調整(しかも、具体的な調整方法は示されない)は、私には理解を超えるものである。

これに関連して、雄略没後から継体の登場までの応神王統衰退期における諸天皇(清寧、顕宗、仁賢、武烈の四人。さらに飯豊青皇女もごく短期間、実質的に在位したともみられる)の在位の短さも、単純な数値推定作業で良いのかどうか、きわめて気に懸かる。

そもそも、安本氏が雄略天皇を初期諸天皇在位時期の推計の基礎におくことには、大きな疑問がある。というのは、安本氏が採用した平均在位年数一〇・三年ほどの二倍以上もある在位期間を、雄略が持ったとみられるからである。『書紀』の記事では、雄略以降は元嘉暦が使用され、紀年に年代延長がないとみられるから、同書に記す雄略の在位二十三年はそのまま認めて良さそうである。従って、雄略天皇でももっと早い時期を基点とするか、雄略よりは別の天皇を年代推計の基点にすべきであるが、後者の場合には、在位期間が平均値ほどで、しかも歴史上で即位年がほぼ確実な、できるだけ古い天皇をとりあげるのが適当である。そうした標準的なものの一例として、敏達天皇の元年（西暦五七二年頃）をあげておく。

敏達の先代である父の欽明天皇が五七一年に崩じたことは、『上宮法王帝説』でも確かめられる（『記』では敏達元年を五七一年とするが、即位に一年の差しかなく、いずれにせよ、五七二年に在位していたのは敏達である）。そのため、敏達元年五七二年を基礎において、次のA・B二ケースを参考的に考えてみた。

〔A〕としては、飛鳥・奈良朝二〇七年間の天皇を十七人（平均在位年数十二・二年）とした場合で、雄略の元年は四六二年、応神は三八九年、崇神は三二八年、神武は二一八年（いずれも端数切捨て）となる。これら数値は、神武をのぞくと、なかなかおもしろい。あるいは、神功皇后を代数に数えてみるときも同様である。

〔B〕としては、同期間の天皇を十五人（平均在位年数十三・八年）とした場合で、雄略の元年は四四七年、応神は三六五年、崇神は二九六年、神武は一七一年となるが、雄略・応神・崇神については、年代引上げが実態よりもかなり大きいように思われる。

このように、平均在位年数と年代を遡るための基準年の取り方により、導き出される数値も大きく動くものであって、そこに安本氏の推計方法の限界と問題点がある。

とはいえ、一応の目安をつけるためには、数値の採り方を工夫することによっては、それなりに使えそうでもある。

例えば、ここで上記〔A〕〔B〕二つの基礎推計値の中間値を出してみると、応神は三七七年、崇神は三一二年となり、戦後の通説が漠然と推定していた両天皇の即位時期に近い数値のように思われる（これが直ちに妥当とするわけではない）。そうすると、この通説的なものの延長で初期諸天皇の年代を考えると、西暦二〇〇年前後に神武が即位したということになる。神武をこの頃の人とすると、年代的には簡単に否定されるべき存在ではありえない。そして、この計算による限り、神武は卑弥呼とほぼ同時代か若干先の人となり、卑弥呼の後裔による邪馬台国東遷など考えられない。久保田穣氏は、ほぼこのような計算と考え方をしておられる。

以上見てきたように、安本氏の採用した定数「a」「b」は不安定かつ問題が大きいと考えられ、これらを適宜見直すだけで、天照大神・神武の活動時期は数十年以上も引き上げられる。その結果、計数的には「天照大神＝卑弥呼」説も「倭王讃＝応神」説も成り立たなくなる。氏は数理の専門家ということで、様々な計算値を出していると推測されるが、神武東遷が邪馬台国東遷につながるような数値を先取りした蓋然性もあろう。そうでなくとも、基礎データを固定しないで数個のケースを考え、幅をもった試算をいくつか行っておけば、上記の「思込み」に陥ることはなかったはずである。

現在では、エクセルなどのパソコンソフトを用いて、自力で簡単に線形方程式の回帰分析ができるので、読者は、これを利用して自分の手で試算してみたらいかがであろうか。

※参考図書：内田治著『すぐわかるEXCELによる多変量分析』（東京図書、一九九六年）

二　古代氏族系譜の世代配分を基礎とした年代論

ここでは、那珂説や安本説を踏まえつつも、これらの問題点を克服するように古代の諸天皇について年代値を考えてみたい。

世代数と世代の即位者数の組合せ

古代天皇の在位期間を推計するために、天皇の世代数とその世代の即位者の数という二つの要素を組み合わせた形を、昭和四三年（一九六八）年秋頃から、私は考えてきた。

検討の当初は、実在性を認めてよい崇神まで遡ることで良しとしていた。それより先については、神武が実在であるならば、世代的にみて神武の五世孫に応神があたる形（神武の曾孫に崇神、その孫に応神があたる形）ではないかとみていた。古代諸天皇の実在性については、孝安（第六代）、開化（第九代）、景行（第十二代）、成務（第十三代）、仲哀（第十四代）、清寧（第二二代）、仁賢（第二四代）を疑問視し、そのかわり日葉酢媛、五十瓊敷入彦（垂仁皇子）、飯豊青皇女の即位を考えていた。かつ、一世代が約二十五年という数値を経験的に得て、それを基に遡った推計をしたものである。

それらの結果、崇神の時代を三四〇〜三六五年頃、神武の時代を二六五〜二九〇年頃と推定した。当時の学界の考え方の影響を強く受け、かなりの数の天皇の非実在と邪馬台国東遷の線を考えていたわけである。この形の年代だと、「神武東遷＝邪馬台国東遷」が成り立つからである。

その後、最小二乗法を利用して年代推定を行うことにし、**第5表**の推計式を考えるようになった。

第5表　年代推計式とその説明

> 推計式：$Yi=a+bGi+c\Sigma Ni$
> （aは定数、b、cは係数であるが、とくにaは第一世代〔神武〕の即位年となる）
>
> この推計式は、「Yi：i世代に属する天皇のうち最後に即位した天皇の没年」を求めるものである。この没年は、次の世代（＝Yi+1世代〔Yi世代の次の世代〕）の最初の天皇の即位の年ともなる。なお、即位した年の数ヶ月をのぞいて、翌年を元年とする「踰年称元法」をとれば、没年の翌年が元年となるが、概数としての年代把握であるため、そこまで細部は考えない。
>
> ほかの記号の意味としては、
> 「Gi：神武世代を第１世代として数えて第i世代にあたるという、その世代の数」
> 「Ni：第i世代の天皇即位者の人数」
> 従って、「ΣNi：神武を初代として、第i世代迄の天皇の人数の合計」。

この推計方法においては、初期皇室の標準世代の確定のために、古代氏族の系図が重要である。そこで、全国各地に古氏族の系図を探索し、東大史料編纂所や宮内庁書陵部に所蔵の系図史料に加え、昭和五十年代後半には明治の系図学者鈴木真年関係の大量の系図群を知った。これら資料を基礎にして初期皇室の世代の見直しを行い、神武の七世孫に応神をおく形（神武の五世孫に崇神、その孫に応神をおく形）に修正した。このときでも、まだ成務の非実在を考えていた。この結果、崇神の時代を三二七～三四八年頃、神武の時代を一九二～二一二年頃と推計していた。

推計式としては、推古（第三三代）から冷泉（第六三代）までの十三世代を基礎データにしており、最小二乗法で求めた推計式をもとに算出した数値を若干修正していたが、主に次の形（昭和六一年春の『古代氏族系譜集成』刊行当時の推計式）であった。

$$\left[\ Yi = 192 + 13.0Gi + 7.8\Sigma Ni\ \right]$$

その後も、世代検討と推計式試算を繰り返したところ、成務天皇の世代を無視することができないことが分かり、この世代一代を崇神～応神間に入れて考えることとし、現在に至っている。事績がほとんどないことで存在性が稀薄な天皇とみられていた成務が、古氏族系図や倭建命・神功皇后等の検討を通じて、世代的に重要だと判明したわけである。成務の事績としても、国造・県主の制定は無視できない。その結果、応神を崇神の曾孫の世代として、神武の八世孫の世代（神武と応神との中間に七世代が入るということ）におくのが最も納まりがよいことも分かった。

このように世代数と配分を修正したとき、次のように世代推定値が出された。

神武天皇の世代を　一七五～一九六年頃
崇神（含開化）の世代を　三〇二～三三一年頃
応神（含仲哀）の世代を　三八〇～四〇九年頃

雄略（含安康）の世代を　四六六〜四九五年頃

推計式の基礎データをどのように取るかにより、推計式の数値が変わるが、基礎となる計数として、十世紀末までに崩御した諸天皇の崩御年（退位した年ではない）を採用した（詳しくは後述）。二度皇位についた女帝二人や退位した天皇の取扱いなどに注意する必要がある。その結果、算出された回帰式のうち、妥当だと考えたのが次式である。

$Yi = 174.7 + 13.0Gi + 7.8\Sigma Ni$　標準誤差：8.73　R^2：0.998

（なお、基礎データの取り方により、次のような参考推定式もある。

$Yi = 175.4 + 13.9Gi + 6.8\Sigma Ni$　標準誤差：6.48　R^2：0.998）

ほかにも何本かの推計式を算出してみたが、神武即位年の一七四・七にあたるものは、概ね一六〇後半〜一八〇の範囲に収まったので、一七五年を採用した次第である。

上記推計式の意味するものとしては、神武天皇の即位年が西暦一七五年頃ということのほかに、ある世代に属する天皇の数が一人の場合に平均在位年数が約二十一年（≒13.0＋7.8）、二人の場合には約二十九年（≒13.0＋7.8×2）となるが、仁徳以前の時期では一世代の天皇即位者数がほぼ一・六人であるので、その平均在位年数が約二十五年（≒13.0＋7.8×1.6）ということになる（これらの数値は参考推計式でもほぼ同じ）。

古代の「一世代の実年数」について、多くの古代氏族系図の検討を通じて、体験的にも同様な数値の約二十五年ほどで実感していたと先に述べたが、それが数値として整合していると確認された。

古代諸氏族の系譜の世代比較

わが国の古代諸氏族の系譜について、奈良・平安時代の人から遡って神武朝までの期間をとり、これらを世代的に比較対照すると、天皇家という例外を除き、実系（実際の親子関係）に基づく系図の世代数がほぼ一致しており、各世代のそれぞれ対応する人物が記紀や『旧事本紀』『風土記』等の史料に現れるという特徴がある。

この古代諸氏族の傾向は、物部連、大伴連、中臣連、土師連《はじ》、忌部首などの伴造氏族、葛城直、倭直、紀直、山背直《やましろ》などの国造氏族や三輪君などの中央の神別氏族ばかりではない。皇別を称する多臣、阿倍臣、和珥臣《わに》、蘇我臣、日下部連等でも、その分岐伝承の後の期間についていえる。地方の阿蘇、讃岐、熊野、尾張、信濃、武蔵、伊豆等の諸国造や伊勢の度会《わたらい》神主、因幡の伊福部《いふくべ》臣、讃岐の綾《あや》君、近江の三上祝《みかみのはふり》、建部《たけるべ》君等の雄族についても同様にいえるものであり、これら基幹氏族やその支族についても広く当てはまる。

「この例外となっているのは天皇家以外は殆どない」といえるほどの確固たる世代配分が上古代において傾向として示されている（同じ見解を崎元正教氏も記される）。もう少し説明しておくと、出雲国造や武蔵国造、尾張国造、宇佐国造など一部の地方氏族については、崇神より前の系図には多少の混乱も見られるが、崇神以降はほとんど問題がない。この辺の事情からも、崇神の時に大和朝廷が全国的

中臣連	大伴連	忌部首	葛城直	倭直	備考
○天種子命★(神)	△○道臣命★(神)	天富命★(神)	○剣根命★(神)	△○珍彦命★(神)	★は神武創業功臣
（4代略）	（4代略）	（4代略）	（4代略）	（4代略）	
×神聞勝命 (崇)	豊日命 (孝元)～(崇)	小狭槌命 (崇)	伊牟久足尼 (開)	御物宿祢	
○大鹿島命 (垂)	○武日命 (垂)(景)	玉櫛古命 (垂)	○宮戸彦足尼 (景)	○市磯長尾市 (崇)(垂)	
○烏賊津命 (仲)(功)	○武以連 (仲)(功)	多良斯富命 (景)	荒田彦足尼	五十野	
大小橋命	佐彦	麻豆奴美 (仲)(功)	伊具足尼	蚊手	
阿麻毘舎連 (仁)	山前	佐岐大人 (応)(仁)	楯乃直 (仁)	嶋子	
阿毘古 (允)	○室屋 (允)～(顕)	多比古 (履)	布爾奈 (允)	○麻呂宿祢 (仁)	
真人 (雄)～(顕)	○談 (雄)	那美古 (雄)	伊多伎 (雄)	名杭乃直	
○鎌子 (継)～(欽)	○金村 (仁賢)～(欽)	達奈互	宇倍 (顕)	由岐庭	
常磐 (欽)	阿被布古	豊止美 (欽)	許豆麻 (清)	○手彦 (欽)	
方子 (欽)		宇都庭麿 (推)	○難波 (欽)～(用)	邑智 (推)	
○弥気 (推)～(舒)	○咋子 (崇峻)～(推)	○子麻呂 (孝徳)	○磐村 (崇峻)～(推)	（2世代欠落か）	
○鎌足 (天智)	○長徳 (舒)～(孝徳)	佐賀斯 (孝徳)	稲足		
○不比等 (天武)～(天正)	○御行※ (天武)～(文武)	○子首※ (天武)～(天正)	○福草 (孝徳)	○龍麻呂 (天武)	※は壬申の乱時の人

第6表　天皇家と主要古代豪族の世代対照

世代	土師連	三上祝・三枝部造	三輪君	物部連	皇室（標準世代）
①	都我利命 (神)	彦伊賀都命 (神)	天日方奇日方命★(神)	△○可美真手命★(神)	神武
	（7代略とするも、実は4代略か?）	（4代略）	（4代略）	（4代略）	（4代略）
⑥	○甘美韓日狭命(崇)	×筑箪命 (崇)	△○大田田根子命(崇)	△○伊香色男命(崇)	崇神
⑦	○×野見宿祢 (垂)	忍凝見命 (垂)	大御気持命	○十市根連 (垂)	垂仁、景行
⑧	阿陀勝臣	×建許呂命(景)〜(応)	○大友主君(仲)(功)	金弓	成務〔神功〕
⑨	磐昆臣	筑波使主 (応)	志多留 (仁)	○胆咋 (成)〜(仲)	仲哀、応神
⑩	身臣 (仁)	×久等 (仁)	石床	五十琴	仁徳
⑪	意冨曽婆連 (反)	弟鹿 (允)	○身狭 (反)〜(清)	○伊莒弗 (履)〜(反)	履中〜允恭
⑫	○小鳥 (雄)	武彦	都々古	○目　(雄)	安康、雄略
⑬	咋子 (継)	三野麻呂 (顕)	伊志美	荒山 (宣化)	清寧〜継体
⑭	大保度 (欽)	弟古	矢口 (顕)〜(欽)	○尾興 (安)〜(欽)	安閑〜欽明
⑮	首	磐弓	○逆 (敏)〜(崇峻)	大市御狩 (敏)	敏達〜崇峻
⑯	○八島 (用)〜(推)	背万呂	弟隈 (推)	目	推古
⑰	○身 (孝徳)	春野	利金 (天智)	馬古 (孝徳)	舒明〜孝徳
⑱	○馬手※(天武)〜(元明)	赤人 (天武)	○高市麻呂※ (天武)〜(文武)	○石上朝臣朝呂※ (天武)〜(元正)	天智、天武

（備考）1．(神)は記、紀、氏族伝承等に基づく活躍時期で、神武天皇の時代の人を意味する。
　　　　2．△は記、○は紀、×は風土記に見える人。
（出典）鈴木真年が収集した『百家系図』等に基づくが、詳しくは拙著『古代氏族系譜集成』を参照のこと。

な版図をもったことが傍証されそうである。

これら系図資料の基礎としては、明治期に鈴木真年・中田憲信などが収集した諸氏の系譜やそれを考証・修正したものを主に用いる。真年翁らが収集した系譜は膨大であり、現在に残るものでも古代の主要氏族を相当程度カバーするものとなっている（詳細は拙著『古代氏族系譜集成』を参照）。

古代氏族の系譜に見られる特徴的な事項をあげると、次の通りであり、**第6表**には代表的な例として物部連等の九氏をあげておく。

① 同表には記載しないが、神別氏族の遠祖については、系譜では神武以前の世代まで遡るものとなっており、高天原・日向三代以降連綿と続いている。神武より前の系譜部分にはバラツキが若干あるものの、よく精査してみると、天孫降臨時の瓊瓊杵命に随行した世代の神々（人々）は、神武東征に関与した世代の人々の祖父の世代（二世代の祖）にあたることが分かる。

② 神武天皇の世代（以下、神武世代という）に属する者と崇神世代に属する者とは、ほとんど全てのケースにおいて、その間に四世代がおかれる。前者は後者の五世代の祖、後者は前者の五世孫ということである。

崇神天皇の世代が西暦三三〇年頃に終わっていた（次の世代に交代していた）としたら、一世代が二五～三〇年ほどとして、神武天皇の世代は一八〇～二〇五年頃に終わったことになる。そうすると、神武は卑弥呼より前の時代の人で、卑弥呼の後裔ではありえず、卑弥呼の死後の邪馬台国東遷などありえない。この事情こそが、私が当初傾いていた「神武東征＝三世紀後半の邪馬台国東遷」という考えを放棄させる主因の一つとなった。

また、神武世代に属する者たちと崇神世代に属する者たちとは、各氏族において明白に異なる人々となっており、天皇（大王）としての「神武＝崇神」という図式は必然的に成立しない。これは、神武期と崇神期とはまったく重ならないことを意味する。

各氏族においては、神武世代以降は子孫の系統が連綿と続いていて、とくに断絶がないことから、神武以降は国家体制としての変革が基本的になかったことになる。崇神が朝鮮半島から渡来して新王朝を建設したとか、応神ないし仁徳がそれまでのヤマト王権の外部から侵攻したという仮説は否定される。邪馬台国の支配階層は、初期諸天皇及び関係者との接点が見られず、畿内以外の地に在ったということも裏付ける。

③　崇神世代に属する者と仁徳世代に属する者との間には三世代（年代にして約八〇年）がおかれるが、この三世代に五人の天皇（垂仁、景行、成務、仲哀、応神）がおり、記紀等に記される崇神から仁徳までの六回の直系相続（正確には成務の跡は甥の仲哀が相続）は史実ではありえない。つまり、これらの相続の半分くらいは兄弟などの傍系相続であったことが知られるわけである。

④　仁徳世代に属する者以降は、古代氏族と皇室の系譜がほとんど乖離しなくなるが、注意すべきは、雄略世代の次の世代は、王朝の衰退期・変革期となって短期の天皇が続き、総合的に標準世代でいうと継体世代となっている。

これらの特徴のなかでも、古代諸氏族のいずれもが、応神世代より前の世代に属する者にあっては、皇室系譜の世代体系とはまったく異なる世代体系を持つことに注目される。

仮に、古代諸氏族がそれぞれ記紀を見たうえで、記紀の記載する伝承や皇室系譜に合わせて系譜を造作したとか作り直したという事実があったのならば、このようなきれいな符合の現象は生じるはずがない。記紀より前にわが国で作られた体系的な歴史書としては、推古朝の『天皇記』『国記』があげられるが、これら歴史書の体系に合わせて、皇室以外の諸氏族の系譜がすべて造作されたとも考え難い。もし、このような経緯があるのなら、記紀編纂の際には、氏族系譜が再び改変されることになろうが、上掲の①〜③の特徴に見るように、記紀編纂時には氏族系譜改変の事実は認められない。

応神朝以前では、ほとんどの諸氏族において、皇室とは異なる世代体系を有していたことになるが、その意味を十分に把握する必要がある。それが、諸氏族にマチマチではなく、諸氏族に共通した一つの確固たる世代配置の体系であるだけに、諸氏族において応神以前の時代の系譜を後世の時点で遡って造作・捏造したとはいえない。神武当時の祖先から連綿と続いてきた諸氏族の系譜は、応神より前の天皇が確実な存在であったことを裏付ける。

記紀に記す皇室系譜に対して揺るぎのない系譜を諸氏族がもつことの意味は、①その系譜伝承の確かさ、史実性の強さを示すものであり、②これとは逆に、例外で異常な存在である皇室系譜が原型から改変されたことを示唆する。また、③皇国史観が盛んであった戦前において、古代氏族の系譜に信頼性が薄いとされた原因が皇室系譜との乖離であったのなら、この乖離こそがかえって各氏族の系譜伝承の信頼性や史実性を示すものとなる。

以上のことから総括すると、次の二点がいえよう。

① 皇室系図の初期部分（神武から応神に至る部分）においては、天皇位継承の順序をふまえて、傍系相続を直系相続に書き直した部分がある。古代天皇の直系相続をその非実在性の傍証とみる見解もあるが、記紀の記す「直系相続」が疑問なだけである。

② 古代諸氏族の系譜や世代が信頼できるものであるならば、これらを基礎に皇室系図を再編することや、皇室を含む古代氏族の標準世代を設定することが可能となる。こうした標準世代に基づいて実年代の推計も可能となる。

これまでの検討過程の結論を踏まえて、諸氏族の世代比較などから具体的な「標準世代」を導き出すと、第7表のとおりで、古代の各天皇がこの理念的な世代に振り分けられる。なお、「標準世代」とは、その天皇について実世代ではなく、諸氏族の世代から導かれた理念的な世代であって、「第〇〇代」というべきところ、分かり易さを考えて、その世代のなかでの主な天皇の名を便宜的に世代につけたことに留意されたい。

＜備考＞　私が配分した標準世代について、ほとんど同じ結果を崎元正教氏（『ヤマトタケるに秘められた古代史』二〇〇五年）が導き出しておられる。具体的には、神武を第一世代としたとき、崇神が第六世代、応神が第九世代、雄略が第十二世代であり、ここまでの部分は合致する。次の第十三世代に私は継体（及び仁賢兄弟）をとるが、崎元氏は仁賢兄弟をとり、第十四世代に継体を置く差異を見せる。各々の世代に対応する年代値については差異があるが、上古代の世代の捉え方に共通性があり、ここに紹介した次第である。

標準世代の年代推計

古代における「標準世代」の年代数値推計を具体的に説明する。

これまでの検討を通じて、神武以降の天皇について「標準世代」への振りつけができており、記紀に天皇と記す者については、その実在性を否定する根拠も乏しいので、そのまま天皇の人数とすることを前提とする。次に、①天皇の世代数と、②その世代に属する即位者の人数、という二つの説明変数を用いて、古代の天皇名により表示される標準世代の年代推計を行おうとするものである。

実際の活動年代がほぼ確実な最古の天皇は欽明天皇であり、その崩年は五七一年とされているので、これを基準として、これ以前の天皇の在位時期を推計する。その際、欽明より前の天皇と欽明以降の天皇の特徴を対比してみると、次のとおりとなろう。

㋐　欽明より前の天皇にあっては、それ以降の天皇に時々見られる生前譲位や重祚があったという記録がなく、天皇位の交替は前天皇の崩御による。欽明より前の天皇は天皇家の族長として自主的権限を持ち、臣下などの他者の恣意による廃立は行われなかった（と想定する）。

㋑　記紀の記録に拠る限り、在位中に殺害された天皇は、欽明より前では安康、欽明以降では崇峻（および即位に疑問が残る弘文）である。なお、仲哀は神の怒りで崩御したとも受け取られるが、神功皇后紀は潤色が多く、神功皇后その人は本来は成務天皇の皇后だったので、おそらく自然死ではなかろうか。

㋒　神武以降で欽明より前の天皇にあっては、大部分が自然死だったとみられるが、五世紀後葉から六世紀前葉にかけての清寧から武烈までの四天皇にあっては、連続して比較的短命であり、その結果、在位期間も比較的短期であった（『書紀』によると、四天皇いずれも十年以下の治世）。欽明以降では、生前譲位や廃帝が連続して五回（第三八代元明から第四八代称徳まで）もなされた八世紀において、天皇の人数が多く現れる。

以上の特徴をふまえて、推計式を算定するための基礎データをとる必要がある。この観点から、六世紀末の推古天皇（第十六世代。後に若干説明）から十世紀末の冷泉・円融天皇の世代（第二八世代）までの十三世代、約四百年間のデータを基礎とした。

その理由としては、平安中期の冷泉天皇（在位九六七〜九六九）以降では、本人も治世二年で弟の円融天皇に生前譲位したように、藤原氏の外戚政治の弊害が出て、天皇は為政者としての実権を失い、生前譲位が恒常的になったほか、早婚のため若い年齢で父親になり、体質も虚弱化して早死する傾向が顕著となるからである。自らが征軍の将となった初期の天皇に比べ、逞しさにおいても甚だ見劣りがする平安後半期の諸天皇のデータを、初期諸天皇の年代推計の基礎データとすることができない。また、平安中期までの諸天皇の退位年は、初期諸天皇に生前譲位が見られないことから、そのままデータとすることはできず、そのかわりに実際に崩御した年をデータとして採用すべきと考えた。

データは確実である限り、できるだけ古い時期までであることが望ましい。データを推古から始めることとしたのは、推古が古代には稀な長命（享年七五歳と伝える）であったため、実際に推古が属した世代（第十五世代）の次の世代（第十六世代）に属する皇位継承予定者（聖徳太子など）が推古崩御に先立って死去してしまい、皇位はこの第十六世代を飛び越して推古の孫世代（第十七世代）に移った事情を考慮したからである。この場合、便宜上、推古だけを本来属した世代の次の世代に位置づけたが、推古が本来属した世代でも、推古の前任天皇の崇峻が殺害されていて、この世代の終わりの年も定めがたかったことを考慮してある。

こうした検討により、第十六世代から第二八世代までの十三世代を基礎データとし、天皇の数としては、①重祚者を一人として数え、②『書紀』に天皇としてあげない弘文天皇を除外し、③短期の天皇が多かった第十三世代の人数を修正して二名減とした（この世代には継体を含め五人の天皇がいるが、継体より前の四天皇については半減して一人を〇・五人分とした）、などの修正を行った。個別具体的な事情及びその調整については**第7表**を参照されたい。

推計式は、「世代の順番（X_1）」と「その世代の最後の天皇までの初代以来の累積人数（X_2）」という二つの変数で、「その世代の最後の天皇の崩御の年（Y）」を説明しようとするものであり、X_1は先に説明したGiに対応し、X_2はΣNi に対応している。その定数aと係数b、cを十三のデータ群から最小二乗法により求めたのが先に紹介した数式（$Yi = 174.7 + 13.0Gi + 7.8\Sigma Ni$）である。

繰り返しになるが、神武天皇の活動時期を記して、この節のまとめとしたい。推計式の定数aが一七四・七ということで、一七五年が神武即位の年であり、その治世期間については、係数bが一三・〇で、係数cが七・八であるから、合計で二〇・八年（＝b＋c）となり、その結果、推計式のうえでは、西暦一七五～一九六年頃というのが神武の天皇としての活動時期ということになる。

第7表　推計式算出の基礎データ

(X_1) 世代	天皇名	換算人数	(X_2) 累積人数	(Y) 世代の終りの年	備考
1	神武	1	1		
2	綏靖、安寧	2*	3		*手研耳命は即位の可能性があるが、ごく短期間で被殺のためカウントせず
3	懿徳	1	4		
4	孝昭、孝安	2	6		
5	孝霊、孝元	2	8		
6	開化、崇神	2	10		
7	垂仁、景行	2	12		
8	成務、〔神功皇后〕*	1*	13		*神功皇后は天皇として扱われないので除外。（同皇后は実際には成務皇后）
9	仲哀、応神	2	15		
10	仁徳	1	16		
11	履中、反正、允恭	3	19		
12	安康*、雄略	2	21		*安康は被殺も、同世代の弟が継承したので、被殺は特に考慮せず。
13	清寧、顕宗、仁賢、武烈、継体	3*	24		*短期統治の天皇が多いため、人数修正。2人目以上の天皇については0.5人扱いとして計算して3人(=1+4×0.5)とした。
14	安閑、宣化、欽明	3	27	571*	*欽明崩御年
15	敏達、用明、崇峻	3	30	—*	*崇峻は暗殺されたので、この世代の終りの年は定め難い。
16	（推古*）	1	31	628*	*推古崩御年。推古は敏達らの姉妹も、その次の世代の天皇が皆無のため、一世代ズラした。
17	舒明、皇極（斉明*）、孝徳	3*	34	661*	*斉明崩御年。重祚は合わせて1人として算定（斉明は重祚）。
18	天智、天武	2*	36	686*	*天武崩御年。弘文は『紀』に天皇として扱われないので、除外した。
19	持統、文武、元明	3	39	721*	*天明崩御年。持統、元明は生前譲位。
20	元正、聖武、孝謙（称徳*）、淳仁*、光仁*	5*	44	781*	*光仁崩御年。人数が多いが、1.5世代分につき、人数は尊重。元正、聖武、孝謙は生前譲位。淳仁は廃帝。称穂は重祚。
21	桓武	1	45	806	*桓武崩御年。
22	平城、嵯峨*、淳和	3	48	842	*嵯峨崩御年。平城、嵯峨、淳和とも生前譲位で、淳和の崩御年は840年。
23	仁明	1	49	850	*仁明崩御年。
24	文徳、清和、陽成*、光孝*	4	53	887	*光孝崩御年。陽成は異例の長寿（949年崩御）の故とらず。清和、陽成は生前譲位。
25	宇多*	1	54	931	*宇多は長寿（65歳）で、次世代の醍醐よりも長生き。
26	醍醐*	1	55	930	*醍醐崩御年（46歳）。〈若干調整の必要があるか〉
27	朱雀、村上*	2	57	967*	*村上崩御年。朱雀は生前譲位。
28	冷泉*、円融*	2	59	1011*	*冷泉崩御年。冷泉、円融とも生前譲位で、円融の崩御は991年。冷泉は62歳で崩御のため、やや長寿。
標準世代	下線はその世代を代表すると思われる天皇に引いた。その世代を天皇の名で呼ぶ場合に用いる。	単純な人数ではないことに注意	円融（第64代）まで差引5人分減	原則として、その世代最後の天皇の崩御年	

この推計式で算出された数値が妥当かどうかは、別途いくつかの検討を要する。

そのチェックとして、**中国の史書に見える倭五王の在位期間**との関連を取りあげる。上記の推計式から算出された数値としては、応神世代の終わりが四〇九年、同じく仁徳世代が四三〇年、履中～允恭世代が四六六年まで、雄略世代が四九五年まで、となる。

これらを倭五王の遣使記事と照合させると、倭王讃が仁徳世代、珍・済が履中～允恭世代、興・武がほぼ安康・雄略世代の天皇（四六二年に遣使の興は「倭王世子」とあるので、「世子」も含む）に対応することになり、倭王の名前などに拠らなくとも従来の通説的な見方によく合致する。

好太王碑文に見えて、三九一年頃から高句麗の敵として戦った倭の王は、三八〇～四〇九年頃に在位していた仲哀・応神世代があたるから、まず応神とみてよかろう。この辺も、推計式の示す数値に問題がないと考えられる。

それ以前の天皇では、中国・朝鮮の史料によるチェックはできないが、開化・崇神世代の三〇二～三三一年というのも、巨大古墳の発生時期から考えておかしな数値ではない（年輪年代法による数値は疑問が大きいことに留意）。崇神を無理に卑弥呼に結びつける必然性もない。そうすると、かつての通説的な存在であった崩年干支による崇神の崩年推定（三一八年）は方法としては疑問だとしても、これにほぼ良く合う数値となっている。

このように見ていくと、神武の天皇としての活動時期を紀元二世紀の第4四半期頃（西暦一七五～一九六年頃）とする上記の推定値は十分ありうると考えられる。

三　書紀の紀年を基礎とした年代論

こんどは視点を変えて、津田博士などから信用できないとされた書紀紀年について、本当にそうなのかを検討してみる。博士らは、『書紀』の記載そのままに、すなわち、素朴に「一年」は現在の暦での一年として受け取った結果、初期諸天皇が、異例に長い治世期間と百歳を超える長寿で記載されることから、実在性がないとみられてきた。既に讖緯説については、これが誤解であることを記したが、神武東征の地理同様、紀年についてもどこかに思い違いがあった可能性もある。

貝田禎造氏による書紀紀年の研究

(1)　貝田説の概要

奈良県在住の貝田禎造《かいだていぞう》氏は、理工学部卒であって、古代史の学究ではないが、『日本書紀』の紀年記事を綿密に分析し、昭和六〇年（一九八五）に『古代天皇長寿の謎―日本書紀の暦を解く―』を刊行された。その記述には興味深い点が多々あるので、要点を紹介させていただく。

貝田氏は、『書紀』の紀年を分析することにより、次の諸点が分かるとする。

①　古代の六世紀以前の日本人が暦をもたなかったと考えられている常識は間違っている。書紀の紀年には、わが国の歴史を古く見せるために、過去に遡って引き伸ばした作為・虚構がある

とみられているが、そうではない。書紀編纂に際して、古来、日本人固有の旧暦であらわされていた年月日をあまりにも神経質に太陰暦に換算して表記しようとしたため、時間の長さが間伸びし、百歳を超える天皇の頻出などで、かえって不自然な形となった。

書紀を注意深く分析すると、いたるところにかなり明確に旧暦の痕跡（二、五、八、十一月に十六日以降の日付が現れないこと、天皇が五月に崩御しないことなど）を残している。もし単純な引伸しだけなら、換算の痕跡も生まれてこないはずである。

② 書紀の全長約一三六〇年、五〇万日に及ぶ紀年の作成には、暦の関係者ばかりではなく、数学の関係者も参画していたと考えられる。（安本氏の著『神武東遷』でも、干支の表を作成労力を試算し、書紀編纂は当時の文化的な力を結集した国家的な大事業であったと記される）

③ 旧暦の暦法は時代により変遷しており、その一ツキが十五日または三十日、一トシが六か月であった。日付記事の分析により、一年の長さが、仁徳紀以前は実際の四倍に、履中紀から雄略紀までの間は実際の二倍に伸びており、太陰暦で読める（旧暦を完全な形で太陰暦に換算して表現されたか、または太陰暦が使用されたか、の意味）のは清寧紀以降である。言い換えれば、仁徳紀以前は四倍年暦で、履中紀から雄略紀までは二倍年暦で『書紀』が記載されている。

④ 書紀の記事からは、欽明十四・同十五年条に百済からの暦博士の来朝・交代、推古十年条には百済僧を師として暦法を学習したことが知られ、推古朝から太陰暦が用いられたと受け取られるが、実際にはこの時代には太陰暦はごく狭い範囲でしか用いられず、広く一般には旧暦が用いられていた。わが国の暦は、旧暦と太陰暦の二重暦の時代が長く続いたものであり、「時

の記録」の最も重要な気象・天体観測に関する日付が太陰暦で表記できるのは舒明朝になってからのことである。

次に、これらの分析結果に基づき、次のように結論づけている。

a　古代の神武以下の各天皇の時代を復元測定した結果、神武天皇の没年は西暦一九五年以前ではない（貝田氏の算定表では、一九五・五〇年を神武没年とする）。

b　書紀紀年の引伸しを神武天皇の辛酉革命説にもとめるのは正しくない。神武は新石器時代の人ではなく、記紀編纂時から僅か五百年ほど前の人であるので、その神武を架空の人と考えるのは憶測にすぎない。

c　書紀が神功皇后《じんぐうこうごう》を卑弥呼と考えているのは正しくない。神功皇后・応神天皇の時代の朝鮮の王などの記録が一二〇年古くなっているのは太陰暦に換算されて間伸びした日本の歴史の上に朝鮮の記録を書き込んだものであり、虚構の産物とは言い切れない。

以上のような、貝田氏の分析とそれにより導かれた結論は、統計能力に欠けがちな人文科学者の頭では到底なしえないものである。同氏に対してまず深い敬意を表し、そのうえで貝田説の意味するものを含めて、十分に検討を加えてみたい。

(2)　貝田説の検討

貝田氏の説は、従来たんなる造作として片づけられていた書紀紀年についての精密な分析・見直しである。『書紀』に記す雄略の崩年（書紀紀年からは西暦四七九年と換算される）を基礎において、神武以下の各天皇の時代を復元推計した結果、その崩年は、神武は一九五年、崇神は三三二年、仲哀は三八九年となる（いずれも小数点以下は切捨て）。その著書では記されないが、その手法に従って推計すると、神武の即位元年は一七六年、その治世期間は十九年（書紀に記載の治世七六年の1/4）となる。

これらの数値がきわめて注目されるのは、先に記述した私の推計値とまったくといっていいくらい良く合致しているからである。すなわち、天皇の人数と世代数からの推計では、神武の世代を一七五〜一九六年とし、崇神の世代を三〇二〜三三一年、応神の世代を三八〇〜四〇九年としたが、これらと貝田氏の推計値とが良く合致している。

神武の治世期間として書紀に記す七六年も、一見異常な長さであるが、貝田氏が説くように実際の長さの四倍に延長されていると考えると、実際には十九年となり、合理的な長さとなる。私の推計式では、一世代に一人の天皇しかいなかった場合には、その治世の平均は約二十一年程度となると先に記述したが、それともほぼ合致するものである。

仁徳紀以前が四倍年暦で、履中紀〜雄略紀が二倍年暦、清寧天皇以降は等大という貝田氏の指摘も、ほぼ妥当である。神武から仁徳までの『書紀』の在位年数は、一人あたり六〇年が基本数になっており、雄略の没年以降は年代の引き延ばしがない、という安本美典氏の指摘（『季刊邪馬台国』第八三号）ともほぼ符合する。というのは、六〇年という在位期間は、二倍年暦だと実質三〇年、四倍年暦だと実質十五年という計算となるが、一世代に通常複数の即位者がいた古代にあっては、一人の在位期間が実質十五年というほうが実態に合致するものであろう。高城修三氏は、第十一代垂仁天皇から第一二四代昭和天皇までの歴代天皇の平均在位年数を十四・九年として、これを基礎の一つとして古代の年代数値を考えられる。

貝田説に若干手直しを要するのは、後述する小川清彦氏等の研究成果からであり、二倍年暦の期間については履中紀～允恭紀（ないし安康紀）で、少なくとも雄略天皇以降は等大、とする調整をしたほうが妥当であろう。この調整を経たうえで、貝田説に依拠してよさそうであるが、そうは言えない点もまだ少しあるので、これらをあげると次のとおり。

ア　貝田氏は、神功皇后の治世を『書紀』の記述そのままに取り入れて算定しているが、神功皇后の位置づけを含めて、疑問はないのか。

イ　遡上計算の基礎に、雄略の崩年とされる四七九年をおくのは妥当か。雄略の紀年が二倍年暦でない場合には、この崩年が前後にズレることにもなろう。

これに関連して、清寧天皇以降は紀年に問題がないといえるのか。継体の崩御年等に混乱があるのは、政治問題が清寧以降でも生じていた可能性があり、その場合に何らかの紀年重複などが生じていないのか。

こうした疑問を留保しつつ、貝田説に関連して、別の角度からもう少し検討を続けたい。

太歳干支の信頼性

『書紀』には神武が東征の途についた年を「是年也、太歳甲寅」と記し、これを始めとして以下の記事には、歴代天皇の元年の記事の終わりに「是年也、太歳○□（○□は干支）」として、その年の干支を記す原則が見られる（肝腎の神武元年条には、辛酉年と書き出すが、「是年也、太歳○□」とは記されていない。この点でも、神武元年を辛酉革命説で説明するには、その太歳干支の取扱いが軽微過ぎる）。

東征出発の年を甲寅とするのは、「十干先﹂甲。十二支先﹂寅」（爾雅）といわれるように、干支運行の初年と考えられるからであろうとする見解（日本古典文学大系『日本書紀』補注3―六）もあるが、これはいかにも造作説の流れのなかの理解といえよう。

一方、私や貝田氏は、神武の活躍時期を二世紀後葉（ないしは三世紀初頭頃まで）と考えるが、この時期の「甲寅」年は実際の一七四年を意味する。しかも、貝田方式に基づいて書紀紀年を東征期間についても同様に1/4にして換算すると、東征開始年がまさに一七四年となる。私の推計した神武元年が一七五年であるから、一七四年を東征開始の年とするとしても、あまり矛盾はない（この場合、東征に要した期間が二年弱となり、『古事記』記載の期間と比べても短いという印象もある。実際の東征期間は別に検討）。

『書紀』の太歳干支は単なる造作とはいえず、何らかの具体的な記録に基づくものと考えてもよいのかも知れない。このように考えてみると、ほかにもいくつか合致があることに気がつく。以下は、不思議な符合が見られるので、記しておく次第である。

太歳干支と私の推計値、貝田氏の推計値が、神武進発年の甲寅の次にほぼ合致するのが、垂仁天皇の元年（＝崇神の崩年）の壬辰年の三三二年であり、『書紀』の太歳干支では、最初の記載である甲寅の次から数えて第十二番目（太歳干支の記載のない神武元年も数える）となる。崇神の崩年は、

『記』に戊寅年と記されて有名であり、これに依拠して三一八年にあてる説もかなりあるが、むしろ『書紀』の太歳干支に基づく三二二年のほうが妥当ではあるまいか。

注意されるのは、第十二番目の計算のなかには、綏靖天皇に関して二つの太歳記事があることである。①神武が崩御して兄・手研耳を射殺した年の己卯と②その翌年の綏靖元年の庚辰であり、①は本来は手研耳の元年太歳であったと推される。

第三番目に、太歳干支では垂仁元年の壬辰の次から数えて第六番目に記載される応神元年の庚寅に注目される。この庚寅は三九〇年としてよいと考えられる。

その論拠をあげると、まず、貝田氏の推計値は仲哀の没年を三八九・七五年としており、私見のように「仲哀皇后としての神功皇后」を否定して（成務の皇后として実在性を認める。後述）、仲哀の次の天皇が応神だと考えれば、応神元年は三九〇年となる。私の上記推計式でも、仲哀と応神とは同世代であり、この世代は三八〇～四〇九年頃が仲哀・応神の在位時期と算出されることから、応神元年が三九〇年であることは自然であろう。

明治期の那珂通世の指摘にもあるように、神功・応神朝の朝鮮関係記事が干支二巡一二〇年古く『書紀』に記述されていることも論拠とされよう。神功皇后の存在（および存在する場合の位置づけ）は十分に検討する必要があるとしても、『書紀』と朝鮮の史書『三国史記』の干支との合致が応神紀には三回見えている。この三回とは、①応神三年壬申（三九二）の百済の辰斯《しんし》王の死没、②同八年丁酉（三九七）の王子直支《とき》の入質、③同十六年乙巳（四〇五）の阿花王の死没、であり、これらはいずれも応神元年が三九〇年であることを示すものである。そして、少なくとも四〇五年までは応神が在位していたものと考えられる（応神二五年紀に見える直支王の没年では、日鮮の干支が合致しない事情がある）。

第四に、安閑天皇の太歳甲寅（五三四）は、史実と考えられる。この太歳記事は、応神の太歳庚寅の次から数えて第十二番目に現れるものである。

これらを総括すると、『書紀』に最初に現れる神武東征の太歳甲寅の次から数えて十二番目に垂仁元年の太歳壬辰が現れ、この垂仁太歳壬辰の次から数えて六番目に応神元年の太歳庚寅があり、その次から数えて十二番目に安閑元年の太歳甲寅が現れる。これらは、12、6、12と奇妙な間隔をもつ配列で現れており、いずれも史実の裏付けのある年代ではないかと思われる。

以上のことからみて、書紀紀年と太歳干支とは、仲哀以前では貝田説にほぼ合致する形であったと考えてよさそうである。貝田氏がいうように、書紀紀年が実際の四倍に引き伸ばされている（すなわち、干支が四倍早く回る）とした場合に、四倍も回転が速い干支の一部が正しい干支と合致して、これを示すことがありうるからである。

ところが、応神天皇の崩年以降、貝田氏の推計にくるいが生じているのではないかと考えられる。それは、『書紀』の神功皇后の治世六九年にそのまま依拠して計算している故とみられる。この六九年（実際の期間が1/4だとしたら、十七年と1/4年）は応神の治世期間にその大半が繰り入れられるべきものと考えられる。『書紀』が神功皇后紀において、『魏志倭人伝』の女王卑弥呼の記事を割註で引用することはよく知られており、編纂者は、卑弥呼に神功皇后《じんぐうこうごう》を重ね合わせるように、神功皇后の治世期間を調整して設定したのではなかろうか。

なお、神功皇后はまったく架空の人物というわけではなく、征韓に功績のあった特定の皇后が「神功皇后」として伝えられたと考えられる。ここでは詳しく記さないが、神功皇后をめぐる記紀の系譜に大混乱があるので別途検討したところ、崇神王統と王位簒奪者の応神を結ぶ重要人物であって、原型としては成務天皇の皇后に位置づけるのが妥当だという結論に導かれた。

それでは、応神以降の紀年はどう考えたらよいのだろうか。これに関連して、次にあげる小川・内田両氏の暦日研究がある。

小川清彦氏と内田正男氏の暦日研究

小川清彦氏は、『書紀』の暦日を仔細に研究して、五世紀半ばごろ（允恭末期頃）までは儀鳳暦《ぎほうれき》、それ以降は元嘉暦《げんかれき》が用いられていると考えた（「日本書紀の暦日について」）。内田正男氏は、『書紀』の全期間の暦日をコンピュータにより計算し、儀鳳暦・元嘉暦・グレゴリオ暦などと対照させて研究・分析を行った。その編著『日本書紀暦日原典』によると、小川氏の研究成果を基本的に妥当とし、安康紀三年八月以前の暦日は、七世紀末にわが国で採用された擬似儀鳳暦《ぎじぎほうれき》によったことがほぼ確実だとされ、それ以降は持統紀の終わりまでが元嘉暦（儀鳳暦より前の暦法）によっていると考えている。

「**元嘉暦**」とは、南朝の宋の何承天《かしょうてん》が作った暦で、文帝の元嘉二二年（四四五）から制定・施行され、五一〇年に廃止されている。この元嘉暦が少なくとも安康三年（一般に四五六年に換算されているが、実際の年代は四六〇年代前半か）の記録から日本で用いられたとしたら、(a)倭王済の遣使（四五一年）か、(b)欠名倭王の遣使（四六〇年）、ないしは(c)倭王世子興の遣使（四六二年）のいずれかによって日本にもたらされたもの（有坂隆道氏は(a)と推定するが、私は、後二者のいずれかで(b)にやや傾く）、と考えられる。このことから、中国の暦法に対するわが国の鋭敏性や受容の早さがうかがわれよう。

次に「**儀鳳暦**」とは、唐の李淳風が作った暦で、麟徳《りんとく》二年（六六五＝天智四年）から開元十六年（七二八）まで用いられ、わが国では文武元年（六九七）から七十年間用いられた。

上記の研究により、安康元年ないし同三年より前の暦は新しい儀鳳暦の手法によって定められたようだと分かり、これは八世紀前葉の『書紀』の編纂時に定められたと考えられる。その一方で、元嘉暦法による暦日が改変されずに『書紀』に残ったという事実も軽視できない。

小川・内田両氏の研究と先に述べた貝田氏の研究とはほぼ同じ方向を示している。これを整理してみると、①神武紀〜仁徳紀（明らかに儀鳳暦）、②履中紀〜允恭紀ないし安康紀三年七月、③安康紀三年八月ないし雄略紀〜持統紀（明らかに元嘉暦）、という三期間に、わが国の暦使用状況が分けられる。その場合、『書紀』での①および②の期間の暦は後世に編纂されたことになり、①の期間は実施の四倍、②の期間は実際の二倍、③の期間は等大の規模で『書紀』に記されたといえそうである。

ここで注意しておきたいのは、②と③との境界が必ずしもはっきりしないことで、安康紀全体が②か③のどちらかに入れられる可能性もある。小川氏は、たぶん安康元年以後が元嘉暦による推算だとみており、有坂隆道氏は、『書紀』の執筆者が異なる点を考慮すると、それを雄略紀からとみるほうがよいかもしれないとする。本書では、元嘉暦の伝来時期から考え、また本文執筆者と紀年作成者が同じとは限らないと考えて、允恭紀と安康紀の間に境界をおく小川説をとっておきたい。

六世紀前半の諸天皇を基礎とする年代復元

暦法関係の事情をふまえて、『書紀』に記す天皇の紀年の原型を復元しようと試みたい。雄略の崩年を基礎におくことも一案かもしれないが、その後ろにある継体紀の年代に問題があるので、ここでは、ほぼ確実そうな安閑元年の太歳甲寅（五三四年）を基礎において考えてみる。この年は、先に述べた神武東征開始の太歳甲寅に考えた一七四年のちょうど三六〇年後に当たるという妙な符合もある。

ところで、継体紀では、その元年を太歳丁亥としており、この丁亥は一般に西暦五〇七年に換算される。その崩年を二五年春二月としているので、この年は五三一年に当たる。一方、安閑紀では、継体が崩御した日に安閑が即位し、その翌年が安閑元年で太歳甲寅とされ、五三四年に比定されている。しかし、こうした関係では、五三一年の翌年が五三四年ということになり、明らかに矛盾する。これらの関係はどう考えたらよいのだろうか。

継体の崩御年と安閑元年を固定して考えると、その間に三年（二年余）の空位期間があったことになる。一方、継体紀二五年十二月条の分注には、或る本にいわくとして、天皇は二八年甲寅に崩御したと記す。これだと空位期間はないが、継体二八年説はなぜ本文に採られなかったのだろうか。

また、『元興寺縁起』には、欽明天皇の七歳戊午年（五三八）に仏教が伝来したと記されており、この記事に基づくと欽明元年が五三二年となって、書紀紀年と矛盾する。これらの記事を総合的に理解するものとして、**二朝対立説**がある。すなわち、継体の死後に欽明が即位し、もう一方の勢力から擁立されたのが安閑であって、安閑の死後は続いて宣化も即位して、二朝対立があったとみる説（喜田貞吉《きだていきち》、林屋辰三郎）である。

しかし、紀年の混乱は二朝対立だけで解釈できるものではない。和田萃《わだあつむ》氏が『大系日本の歴史2 古墳の時代』で説くように、二朝対立を示すような記録や古墳造営記録の変化は認められず、宣化天皇の娘・石姫《いわのひめ》が欽明皇后となり、敏達天皇等を生んだ状況も二朝対立からは考え難い。このため、二朝対立ということは、三年の差がある百済王暦から導き出された想定であって、二朝対立はなかったと考えられると和田氏は記される。

以上の事情を整理すると、『書紀』に記すように安閑元年（甲寅で五三四年）という年が継体の崩年で、それが分注にいう継体二八年にあたるとすれば、継体元年は五〇七年（＝太歳丁亥）となる。

ところで、継体紀には初期でも次に記す遷都関係記事で奇妙な記述がある。

それによると、継体元年に都を樟葉《くすは》宮（河内国交野郡葛葉郷、現枚方市楠葉）においたが、同五年に山城の筒城《つつき》（山城国綴喜郡）に、さらに同十二年に弟国《おとくに》（山城国乙訓郡）に遷し、同二十年になってやっと大和に入って磐余の玉穂（現桜井市池之内付近か）を都としたと本文にいう。ところが、二十年条の分注では、磐余遷都が一本に云わく同七年なり、と記される。遷都の順序も、地理的にみて疑問があり、継体紀は始めの部分でもそのまま信頼しがたい。

このため、実際（実質的）に継体が即位した年は定めがたいが、大和の磐余玉穂に遷したという一伝のある継体七年（五一三）頃をメドとするのがよさそうである。継体の治世期間は二五年（紀の本文）とも二八年（紀の分注）とも記されるが、どうもこの期間のなかには応神王統最後の天皇・武烈の治世八年が全部または一部含まれているようである。仮に武烈治世八年の全部が継体の治世期間のなかに含まれるとする場合（八年重複説）には、継体の実質治世は二〇年となり、その場合の実質元年は五一五年となる。そして、『紀』に記される継体元年太歳丁亥（五〇七）は武烈の元年でもあって、継体は武烈が幼年で即位すると同時に、皇位要求者として出現した可能性がある。

この「八年重複説」は仮説ではあるが、武烈・継体の前後の関係からみて年代的に落着きがよい。すなわち、『梁書』巻五四の扶桑国《ふそうくに》の記事に見える扶桑国王乙祁（いつきorヲケ）は西暦四九六年の少し前頃まで在位したことが知られるが、この乙祁が記紀の顕宗天皇（ヲケ）にあたるとしたら、顕宗の三年という在位期間は、八年重複説に基づくと四九三年～四九五年四月と推計され、符合するからである。当時の倭国が扶桑国と呼ばれていたことも分かる。

そこで、武烈元年を五〇七年とおいて、順次遡って諸天皇の年代を考えていくと、雄略の崩年は四八七年、同元年は四六五年となる。安康の元年については、元嘉暦の使用状況により二ケース、〔A〕安康の治世の初めから、元嘉暦が使用された時は四六二年、〔B〕安康三年正月から使用された時には四六三年、が考えられる。その場合の判断に迷うが、前述のように、前者〔A〕の安康治世の初めから元嘉暦が使用されたものと考えておく。

安康よりも前の期間では、允恭から二代前の履中までの三代が『書紀』に記す在位期間の½、その前の仁徳は同じく¼として、それぞれの天皇の元年をもとめると、仁徳は四一三年、履中は四三五年、反正は四三八年、允恭は四四一年となる。応神の元年は、別途の検討で見たように、三九〇年が妥当とみられるが、これは応神の在位年数四一年に神功皇后の摂政期間の一部を加えて調整したもの（その¼）である。このほか、垂仁と神功皇后との治世期間の調整などを行って、神武天皇まで遡った年代数値の推定を行ったものである。

倭五王遣使記事による年代チェック

上記の書紀紀年の換算方法を、倭五王遣使記事により詳しくチェックを行ってみる。

まず、西暦四一三年の遣使は、仁徳の元年にあたるが、中国南朝への初めての渡航であって、その準備・渡航の期間などを考えると、仁徳の先代大王が出した遣使の可能性があろう。四二一年および四二五年の倭王讃の遣使は仁徳の治世期間に納まり、その次の倭王珍の遣使四三八年四月は反正元年にかかるものの、中国への派遣準備・渡航期間等を考えると、むしろ前代の履中のほうが可能性が大きい。三番目の倭王済の遣使四四三年は允恭元年の二年後となり、四五一年の倭王済の遣使も允恭の治世時期に納まる。四番目の倭王世子興の遣使四六二年三月は安康元年となるが、記紀の記事からこのときの政変を考え、派遣準備・渡航の期間も併せ考えると、安康の長兄・木梨軽《きなしかる》皇子としたほうが妥当であろう。最後の倭王武の遣使四七八年は問題なく、雄略の治世時期に納まる。

次に、欠名の倭王の遣使が二回（四三〇年、四六〇年）あり、別の観点から各々の前回に遣使した王が欠名王にあたると考えたが、これと符合するように、四三〇年は讃（＝仁徳）、四六〇年は済（＝

允恭）としてよい形で、諸天皇の治世時期が配分されている。

倭王讃の「弟」とされる珍については、兄の履中が倭五王から何らかの理由で欠落して中国側に伝えられたとみて、その「弟」として反正を考える見解が多いが、年代論からすると、反正が即位して直ちに遣使準備をさせ、それが支障なく進んで渡航も順調だったとみるのは疑問がある。むしろ、前代の履中が珍であって、珍のときに平西将軍に任じた倭姓の王族「倭隋」が皇弟の反正にあたるとみるほうが自然であろう。

このように、上記推計式を基に書紀紀年のX倍暦論を加味して考えれば、書紀紀年は中国史書の倭五王の遣使記事と非常に良く合致すると評価できる。最後の雄略をのぞくと、いずれの遣使も天皇即位（代替わりの見込み）の後の比較的短期間のうちに派遣されており、即位の十数年後に派遣した雄略天皇の場合は、その上表文で遣使の遅れた理由をくだくだ述べて謝罪している。これらの事情は、雄略より前の倭諸王の遣使が即位後に準備に取りかかり、短期間のうちになされたことを物語る。反正や安康の遣使がなかったのは、遣使準備期間のうちに崩御したからであろう。

気象学者の山本武夫氏は、金石文や倭五王の貢献記事などから書紀紀年の再構成を試みて、『日本書紀の新年代解読』（一九七九年）を著した。そのアプローチ・前提には、疑問な点も多少あるが、同書の始めの部分「倭の五王を論ず」での記述はかなり肯けるもので、結論としては、応神の在位期間を三七一～三九一年、仁徳を三九三～四三五、履中を四三六～四三八、反正を四三八～四四〇、允恭を四四一～四六一、安康を四六一～四六二、雄略を四六二～四八四と推定される。応神をさておくと、倭五王の記事の解釈や王名の比定は、ほぼ私見と同様であり、反正・允恭の在位年代は私見と同じ結論となっている。

以上のように、初期諸天皇の年代測定について、推計式、書紀の太歳干支、貝田説に基づく紀年計算などで検討してきたが、その成果として私が採用した年代値を**第8表**に太枠で囲んで示しておく。

書紀の在位年数	実際の在位年数	(世代)	その推定計算根拠
年	年 (1.75)		・神武〜仁徳間は、『書紀』に記す在位年数の1/4と考える。ただし、垂仁・仲哀・応神などに例外的計算がある。
76	19	①	
(空位3年)	(空0.75)		
33	8.25	②	・神武東遷の所要期間の一案 7年×1/4＝1.75年 貝田氏は神武の東遷開始年及び元年を記さないが、その計算方法に基づき記した。
38	9.5		
34	20.75	③	
(空位1年)	(空0.25)		
83	8.5	④	・懿徳と孝昭、孝安は在位年数や即位順に問題があるようで、「天皇本紀」等を基に見直すと、実態は懿徳（20.75）→ 孝安（8.5）→ 孝昭（25.5）という順か。
102	25.5		
76	19	⑤	
57	14.25		
60	15	⑥	
68	17		
99	10	⑦	・垂仁、神功皇后、仲哀、応神の在位年数は、これらの総合計のなかで調整した推定値。
60	15		
60	15	⑧	・成務崩御後に神功皇后摂政。 仲哀崩御後にも、神功が摂政か。 神功の69年に仲哀の9年も包摂とみる。
(空位1年)	(空0.25)		
9	神功8.25		
69	仲哀9	⑨	
41	23		・応神崩御後の空位2年（実質半年）は宇治天皇在位か。
(空位2年)	(空位0.5)		
87	21.75	⑩	・仁徳の在位期間87/4＝21.75
6	3	⑪	・『書紀』に記す在位年数の1/2と考える。 （履中〜允恭）
5	2.5		
(空位1年)	21		
42	(空位0.5)		
3	2.5	⑫	・安康から原則、紀年の伸びは無い。 ・雄略即位前紀以下の年数は、継体を除き、『書紀』に記す年数と同じに考える。
23	23		
5	5	⑬	・清寧崩御後に飯豊皇女摂政（在位か）で、併せて治世5年。 ・武烈治世は継体治世と重複とみる。継体の実質的な元年は西暦515年。
3	3		
11	11		
8	8		
25	19		
(空白2年)			
2	2	⑭	
4	4		
32	32		・安閑の崩年乙卯年（＝535年）は記紀で合致。『書紀』の紀年は、安閑以後ではほぼ信頼できるか。 太歳干支は敏達以下を省略。
	採用値の根拠年数		

第８表　古代天皇の治世時期の推定

世代	継承順	天皇名	事件	推計式の理論値	書紀の太歳	その比定値(A)	採用値	《参考》貝田氏の推計値	備考
				西暦年			西暦年	西暦年	
			東遷開始		甲　寅	174	174	174	・神武元年は「太歳」としては記入されない。
①	1	神　武	元年	175	(辛　酉)	181	175	(176)	
			崩御年	196			崩194		
		(手研耳命)	(元年)		己　卯	199	(194)	195	・己卯は綏靖が手研耳命を射殺した年の太歳。おそらく、手研耳命の即位年か。空位３年も摂政時期か。
②	2	綏　靖	元　年	196	庚　辰	200	195		
	3	安　寧	〃		癸　丑	233	203	203	
③	4	懿　徳	〃	224	辛　卯	211	212	213	
④	5	孝　昭	〃	245	丙　寅	246	233	221	
	6	孝　安	〃		己　丑	269	242	242	
⑤	7	孝　霊	〃	274	辛　未	251	267	267	・３世紀後葉から古墳築造開始か。
	8	孝　元	〃		丁　亥	267	286	286	
⑥	9	開　化	〃	302	甲　申	324	300	300	
	10	崇　神	〃		甲　申	324	315	315	
⑦	11	垂　仁	〃	331	壬　辰	332	332	332	
	12	景　行	〃		辛　未	371	342	357	
⑧	13	成　務	〃	359	辛　未	371	357	372	◎372年夏に神功皇后征新羅か？
		(神　功)	(元年)				372		
⑨	14	仲　哀	〃		壬　申	372	377	387	
		神　功	摂政元年	380	辛　巳	381	崩386	389	・神功39年にも太歳己未が記載されるが、事情不明。
			崩御年		己　丑	389			
	15	応　神	元年		庚　寅	390	390	407	・倭五王の遣使記事 倭王賛の遣使 (413)、421、425 欠名倭王の遣使430 倭王珍の遣使438/4月 倭王済の遣使443、451 欠名倭王の遣使460 世子興の授爵462/3月 倭王武の遣使478 (倭王武の叙位479、502)
			崩御年				崩413		
⑩	16	仁　徳	元年	409	癸　酉	433	414	417	
			崩御年				崩435		
⑪	17	履　中	元年	430	庚　子	460	435	439	
	18	反　正	〃		丙　午	466	438	442	
	19	允　恭	〃		壬　子	472	441	445	
			崩御年				崩462		
⑫	20	安　康	元年	466	甲　午	451	462	466	
	21	雄　略	〃		丁　酉	457	465	467	
			崩御年				崩487	479	
⑬	22	清　寧	元年	495	庚　申	480	488	480	
	23	顕　宗	〃		乙　丑	485	493	以下(A)に同じ	
	24	仁　賢	〃		戊　辰	488	496		
	25	武　烈	〃		己　卯	499	507		
			崩御年				崩514		
	26	継　体	元年		丁　亥	507	515		
							崩534		
⑭	27	安　閑	〃	531	甲　寅	534	534	534	
	28	宣　化	〃		丙　辰	536	536		
	29	欽　明	〃		庚　申	540	540		
			崩御年	(567)	辛　卯	571			
記入要領				㋑推計式 (174.7＋13.0Gi＋7.8ΣNi) の値を四捨五入 ㋺天皇の崩御年 ＝その次の天皇の即位年として記入する。	理論値に近い干支の年を記入。採用値と同じ数値を［　］でくくる。		天皇の崩御年＝その次の天皇の即位年（元年の前年）、として記入。端数切捨て。	天皇の崩御年＝その次の天皇の即位年として記入。小数点以下は切捨て。	

四　神武東征の時間的検討

神武の東征期間と治世期間

神武が東征を開始してから橿原で即位するまでの期間としては、約六年三か月を要したと『書紀』に記される。その具体的な経路と所要日数は**第9表**（安本美典著『神武東遷』第3表を参考に作成）のとおりであるが、作表してみると書紀記載の期間について気がつくことがいくつかあるので、これらを次に列挙してみる。

その第一は、年月日の入った事件は順序としてきわめて自然な流れとなっていることである。既に神武東征の地理的検討をした際に、その配列の不自然さを指摘した事件（すなわち、珍彦の出現や阿陀ノ鵜養部・吉野首部・吉野国栖部の始祖の出現）には具体的な年月日が明記されていない。

第二は、東征開始から大和平定をほぼ終えて橿原造都の詔令を発したとき（即位前二年三月七日条）までの期間が東征に要した期間といえるが、『書紀』では、日数にして一六二六日（約四年五か月）と計算され、そのうち吉備に三年弱もいたことになる。書紀紀年の検討により、神武紀の期間は実際の四倍に伸びていることが分かったが、これが東征記事にそのまま適用されるかどうかは別の問題である。かりに四倍の延長があるのなら、実質が約四〇六日（約一年一か月）、二倍なら実質が八一三日（約二年二か月）となる。

一方、『記』では行程年月をきちんと記さないが、筑紫の岡田宮に一年滞在し、安芸の多祁理宮に

第９表　書紀の東征年月日記載の事件

番号	年（神武紀元）	月日	事　件　（　）内は途中の記事	期間（A）	(A)/4
1	即位前７年（甲寅）	10月５日	東征の開始	33日	日 8.25
2	同上	11月９日	筑紫国岡水門に至る	48日	12
3	同上	12月27日	安芸国埃宮に移る	97日	24.25
4	即位前６年（乙卯）	３月６日	吉備国に移る （高島宮を造り、舟をそろえ兵食を備蓄）	1068日	267
5	即位前３年（戊午）	２月11日	東へ向けて出発 （難波碕をとおる）	29日	7.25
6	同上	３月10日	河内国草香邑の白肩之津に至る	28日	7
7	同上	４月９日	竜田に行軍するも、戻って生駒山を越えようとする（孔舎衛坂で長髄彦と戦い敗走）	29日	7.25
8	同上	５月８日	茅淳の山城水門に至る （紀国竈山で五瀬命薨）	44日	11
9	同上	６月23日	名草邑に至り、名草戸畔を誅す （熊野で高倉下と出会う。八咫烏・日臣命が道案内して菟田穿邑に至る）	38日	9.5
10	同上	８月２日	兄猾・弟猾を召す	33日	8.25
11	同上	９月５日	菟田の高倉山に登り、国見をする	25日	6.25
12	同上	10月１日	八十梟帥を国見丘に破り斬る （道臣命が賊虜を忍坂邑にて殺害）	36日	9
13	同上	11月７日	磯城彦を攻める	27日	6.75
14	同上	12月４日	長髄彦を討つも苦戦 （饒速日命が長髄彦を殺して帰順）	75日	18.75
15	即位前２年（己未）	２月20日	諸将に命じて兵隊を整える （新城戸畔・居勢祝等の土蜘蛛を討滅）	16日	4
16	同上	３月７日	橿原の地に造都の命令	以上合計 1626日 （吉備出発後は380日）	406.5
17	即位前１年（庚申）	８月16日	正妃を立てようとする		
18	同上	９月24日	媛蹈鞴五十鈴媛命を正妃とする		
19	神武元年（辛酉）	１月１日	橿原宮で即位		

七年、吉備の高島宮に八年滞在とあるから、それだけでも十六年を要したことになり、『書紀』と比べて、約四倍ほどの長さの年月が記される。

記紀の年月が互いに整合性（一方が他方の整数倍の関係）があるとしたら、『記』と対比したとき、『書紀』の記載はほぼ実物大ということになろうが、この辺は判然としない。とりあえず、『書紀』の記事に見える東征に要した年月が実物大との想定で記述を進める。

第三は、神武の出発地「日向」から筑紫の岡水門まで三三日、そこから安芸の埃宮まで四八日と順調であったが、安芸から吉備まで九七日と日数が前行程の倍ほどになったのは、安芸の滞在も含むものだったか（『記』の安芸滞在期間は長すぎる感がある）。神武の行軍に対して、相手方の抵抗も増えたのかもしれない。これらの事情から、吉備では三年弱（『記』では上掲のように八年）ほども滞在することになった。その地で、次の出発に向けて舟や兵・糧食を整えることになった。

第四に、吉備を出てから河内の日下の津まで二九日と迅速な進軍ができたが、これは吉備での周到な準備と珍彦による播磨・摂津での適切な海導によるものか。参考までにいうと、平安時代の『延喜式』（巻二四の主計の項）には諸国の調が京都に運ばれるための所要日数が記されるが、備前から海路で九日かかるとされるから、上記の二九日は実際の四倍という表記ではなかろう。当時の航行能力を考えれば、二九日は実際と同じくらいか、せいぜいでも二倍の表記日数ということになろう。

第五に、河内の日下邑周辺で五〇日ほど大和入りを試みて、ここで長髄彦の軍に手痛い敗北を喫したが、このことから考えて、吉備での軍備増強を打ち破るほど長髄彦軍が強力であったことが分かる。

第六に、紀伊の名草邑から「熊野」を経て宇陀の穿邑に至り猾《うかし》兄弟を召集するまでが僅かに三八日の期間というのは、茅渟の山城水門から紀伊の名草邑までが四四日も所要したのに比べて迅速すぎる。これだけ見ても、名草邑から熊野半島の先端を経て熊野新宮あたりまで大迂回し、そこから山中に分け入り、嶮しい熊野山道を踏破して宇陀に至ったとは到底考え難い。

第七に、宇陀の穿邑に着いてから、饒速日命一族の帰服により長髄彦を滅ぼすまで四、五か月かかっており、この点でも長髄彦が最大の難敵であったことが知られる。

神武が橿原で即位して、その七六年春三月に崩御したが、時に一二七歳であったと『書紀』は記す。この治世期間が四倍年暦とすれば、七六年は実質十九年であり、先に述べた推計式の数値から見ても標準的な治世期間であったといえる。

神武の享年と活動年齢

神武の治世期間が実際には十九年だったとして、それでは神武の享年（寿齢）はどうであったのだろうか。『書紀』に記す享年一二七歳では、いかにも長寿過ぎて信じられない。何らかの倍数的な表示になっているのであろうか。

これまでの検討を通じて、『書紀』の暦には等倍のほか、二倍暦、四倍暦が用いられていることを知ったが、一二七歳がすべて二倍暦では六三・五歳となり、当時では長寿すぎるし、すべて四倍暦では約三二歳で、こんどは若年死亡のきらいがある。そこで、一つの仮説として即位時の年齢は二倍暦、治世期間は四倍暦で記されたとみたらどうだろうか。

この考え方を神武に当てはめてみれば、その享年一二七歳は、即位後の七六年と即位前の五一年に分けられ、実際には二五歳余で即位し、治世が一九年で、崩年時は四四歳余となる。これは、数字的には全体のおさまりがよさそうである。なお、久保田穣氏も、神武進発時の年齢を『書紀』に記す四五歳の半分ほどとみているから、私見と通じよう。

同様な計算を初期諸天皇について行ってみたのが**第10表**である。この表を履中で終わりとしているのは、『書紀』では履中の次の反正以降武烈までの天皇について、端的に享年を記す例がなくなり、同様に即位時の年齢も表記されなくなるからである。

第10表で示される数値は一応の計算ではあるが、即位時の年齢がほぼ二十代前半（神武～応神の十五人で平均二四・一歳、例外的に高い景行の四一・五歳を除くと平均二二・九歳）であり、享年も初期十五天皇の平均で三九・一歳となる。

いずれにせよ、記紀に記す百数十歳という享年はもちろん、百歳以下の享年も含めて実際の年齢の二倍超に表記されていると考えられる。なお、記紀に記す天皇の享年が異常に大きいとしても、そのこと自体は直ちにその天皇の非実在性を示すものではない。

これに関し、興味深いデータを記した論考がある。それは、東大人類学教室の小泉清隆氏の「古代の人口と寿命」という論述（『原像日本1　列島の遠き祖先たち』所収、一九八八年）である。

小泉氏は、骨や出生率などを考慮して古代人の寿命を推計し、人口再生産に必要な十五歳時の平均余命は、縄文時代の早期・前記・中期では二〇～二五年、後期・晩期にはおよそ二〇年、人口が大き

第10表　初期諸天皇の寿齢

代	天皇名	古事記	日本書紀 紀の記述	日本書紀 (C)＝(A)＋(B)	日本書紀 治世年(A)	日本書紀 即位前年の年齢(B)	実際の推計 治世年 A'=(A)/4	実際の推計 即位前年の年齢 B'=(B)/2	実際の推計 寿齢 C'=A'＋B'	実際の推計 修正案等
1	神武	137	127	127	76	51	19	25.5	44.5	
2	綏靖	45	84	84	33	51	8.25	25.5	33.75	
3	安寧	49	57	67	38	29	9.5	14.5	24	
4	懿徳	45	—	77	34	43	8.5	21.5	30	{ 実際の治世年 20.75 寿齢 42.25
5	孝昭	93	—	113	83	30	20.75	15	35.75	{ 実際の治世年 8.5 寿齢 23.5
6	孝安	123	—	137	102	35	25.5	17.5	43	
7	孝霊	106	—	128	76	52	19	26	45	
8	孝元	57	—	116	57	59	14.25	29.5	43.75	
9	開化	63	115	111	60	51	15	25.5	40.5	
10	崇神	168	120	119	68	51	17	25.5	42.5	
11	垂仁	153	140	139	99 (40)	40	24.75 (10)	20	44.75	(　　)内が推定で寿齢が30歳くらいか。
12	景行	137	106	143	60	83 (?)	15	41.5 (?)	56.5	実際には寿齢が43歳くらいか。
13	成務	95	107	98	60	38	15	19	34	
14	仲哀	52	52	52	9	43	2.25	21.5	23.75	治世年は実物大か。
15	応神	130	110	110	41	69	10.25	34.5	44.75	{ 実際の治世年 23 寿齢が45ほど
16	仁徳	83	—	—	87	—	21.75	—	—	実際の寿齢？
17	履中	64	70	77	6	71	3 (A/2で計算)	35.5	38.5	実際の寿齢？

（参考）神武～応神15天皇の平均寿齢39.1

く増加を始めた弥生時代には二五年以上あったろうと考えられると結論する。つまり、弥生時代の成人の寿命は平均で四〇歳超ということになる。

このような科学的データに照らしてみると、初期十五天皇の享年は、平均で三九・一歳となり、景行の一例を除くと四五歳を超えないということで、合理的だと確認される。例外的な存在である景行も、即位時の年齢の高さからみて垂仁の実弟ではないかとみられ、そうした位置づけから推計すると、実際の享年は四三歳（＝十七〔垂仁の即位時二〇歳から推計〕＋一〇〔垂仁の在位期間〕＋十五〔景行の在位期間〕）ほどではないかと考えられる。

江戸時代に既に書紀紀年や天皇の年齢について疑問を発した新井白石が、『古史通或問《こしつうわくもん》』で具体的に仲哀天皇を倭建命《やまとたけるのみこと》との関係で取り上げ、その親子関係が正しければ、仲哀の享年に疑問が大きいと指摘した。こうした問題も、在位期間や即位時の年齢が上記のような倍数カウントで記載されていたと考えれば、疑問が解消する。

第五章　神武東征の痕跡

これまで神武東征の記述をしてきたが、その物的証拠や痕跡があるのかどうか、それが二世紀後葉頃と推測してきた東征の時期と整合するのか、を検討してみよう。この関係で取り上げられるのは、高地性集落、銅鐸、地名、鏡等の考古遺物や部族移動などである。

一　高地性集落の意味するもの

高地性集落と倭国大乱

これまでも少し触れてきたが、まず**高地性集落**を取り上げる。森浩一氏も、イワレ彦の物語とほぼ同じ舞台において、高地性集落がつぎつぎと発見されていることを『神話の考古学』で述べる。

弥生時代の中・後期には畿内及び瀬戸内海沿岸地域を中心に「高地性集落」（「山上遺跡」ともいう）といわれる集落が一時期に限って多数出現していたことが分かってきた。その総数は現在では五五〇以上といわれ、歴史的な位置づけが大きな問題となる。

弥生期の特徴をなす水田経営や日常生活をするうえで非常に不便な高い山の、しかも尾根とか急斜面、あるいは山腹の地に集落があったことから、その呼び名があり、軍事的防衛機能をもつものと認められる。これら集落の地理的位置は少なくとも標高五〇㍍以上で、一般には二〇〇～三〇〇㍍内外の高地にあることが多く、地形の特質、集落の機能からそのように判断される。集落は壕を掘って守りを固め、烽火台《のろしだい》の機能をもつことが多く、大量の武器も発見されている。

高地性集落は西は山口県辺りから畿内中心部まで分布し、趨勢としては西から畿内に収斂《しゅうれん》する傾向にあるが、東では南関東の神奈川県にも散見する。主なものとしては、兵庫県芦屋市の会下山《えげのやま》遺跡、香川県三豊市詫間町の紫雲出山《しうでやま》遺跡、岡山県岡山市の貝殻山遺跡、大阪市和泉市の観音寺山遺跡、京都府京田辺市の田辺天神山遺跡などがあげられ、瀬戸内海・大阪湾沿岸部に数多く見られる。

その出現は、都出比呂志《つでひろし》氏によると、二つのピークが見られ、かなり広範囲な集団間の争乱に関係があるとみられる（「古墳時代への転換と高地性集落」『古墳発生前後の古代日本』所収、一九八七年）。

二つのピークとは、
①　弥生中期の終わり（一世紀頃）：岡山・兵庫県の瀬戸内海寄りと大阪湾の地域が中心であるが、関東まで及ぶ、いわば汎日本列島的な分布を示すもの、
②　弥生後期の後半（二世紀末から三世紀初頭）：近畿地方の大阪・奈良・兵庫・和歌山という地域に局限して集中的な分布を示すもの、　ということである。
都出氏は、②のほうは中国の史書に記される倭国の争乱であり、①は書かれない争乱とされる、森岡秀人氏も基本的にほぼ同様な見解を示される（「高地性集落と弥生社会の体質」『三世紀の九州と近畿』所収）。それによると、近畿の第五様式の新しい段階の高地性集落が倭国の動乱の史実の時期に合致し、その前段階の第四様式あるいは第三様式の高地性集落は中国の史書の動乱記事とはまったく結びつかないとされる。しかし、こうした見解でよいのだろうか。

たしかに、『魏志倭人伝』には倭国の大乱を伝える一節がある。「その国、本亦《もとまた》男子を以て王となし、住《とど》まること七、八十年。倭国乱れ、相攻伐すること歴年。すなわち、共に一女子を立てて王となす。名づけて卑弥呼という」とする記事であり、卑弥呼登場前夜の争乱である。

この争乱の時期については、「住まること七、八十年」の解釈により、一八〇年前後の頃とする説と、一六〇〜一七〇年頃とする説に分かれる。一方、『後漢書』倭伝には「桓霊の間、倭国大いに乱る」とあって、後漢の桓帝・霊帝の時期は一四六〜一八九年にあたり、『梁書』『北史』には「霊帝の光和中に」倭国が争乱したともあり、「光和」は一七八〜一八三の期間なので、これらがみな同じ争乱を指すのなら、二世紀後半の一七〇ないし一八〇年代とするのが比較的穏当な解釈となろう。

こうした「倭国大乱」に関連して高地性集落が考えられてきたが、その場合には、邪馬台国畿内説の立場から、畿内説を補強するものとして使われてきた。

この畿内説においては、弥生中期以降は畿内のほうが北九州より文化的軍事的に優れていたとして、具体的に凸基式石鏃、石槍など畿内における武器の発達が説かれ（佐原真、田辺昭三氏）、その結果、争乱の勝利者として畿内の邪馬台国が考えられる。この説では、高地性集落は畿内勢力が西航して九州までも版図とした遺跡であるとされる（田辺昭三『謎の女王卑弥呼』）。

これらの議論を冷静に考えたとき、畿内説に疑問が生じないのだろうか。論理的に考えて、こうした展開は倒錯している。防衛的な施設の本質は、攻撃を受ける者が作るということであり、寺沢薫氏も同様な趣旨を記される。すなわち、高地性集落を防御的なものととらえ、北部九州の奴国連合ないしは邪馬台国連合みたいなものを射程においた中部瀬戸内以東の政治的反応と解釈する（『三世紀の九州と近畿』の「交流」の項)。

畿内のほうが軍事的優勢のもとに倭国の争乱を主導した（攻撃的であった）としたら、畿内には防衛集落など不要である。高地性集落の分布やその性格から総括していえることは、次の二点ではなかろうか。

①　都出氏の前掲論考でいうように、「吉備など瀬戸内海の勢力と近畿地方の大きな集団ブロック同志はほぼ連合ができていて、これらはその西の北部九州を意識した戦闘布陣態勢をしこうとしたものではないか」と考えるものである。

②　北九州から畿内への攻略は少なくとも二度あり、高地性集落が瀬戸内海沿岸の西部から東部にかけて分布していることからみて、二度とも北九州勢力の畿内侵攻は成功したのではなかろうか。この場合、この侵攻は「倭国大乱」と関連があったとしても、「倭国大乱」そのものではない。

もう少し、この二点について敷衍して考えてみよう。

第一の点は、畿内勢力がかなり大きな政治連合勢力圏として存在したことである。弥生中期に畿内で始まった櫛描文《くしがきもん》土器は、西は瀬戸内海の中部から山陰の方面へ、東は伊勢湾沿岸あたりまでまたたくまに波及し、文様自体は北九州沿岸部まで達していると田辺昭三氏は記している（前掲書）。畿内を中心とする勢力（すでに地域原始国家という段階か）の祭祀的象徴が銅鐸で、その分布圏が勢力圏に対応するものと考えられる。

同様に、銅鐸文化圏に属した畿内大和の勢力が大和朝廷を形成することなく、銅鐸の記憶も早くに全く失われたのは、畿内勢力が北九州勢力により支配されて銅鐸が消滅したため、と志水正司氏も記している（『日本古代史の検証』）。

王金林氏は、銅鐸の生産と分布からみて、当時の「畿内にはすでに政治的統治権が確立していた」とみており、「最近の研究の結果、私は邪馬台国は北部九州にあって、畿内地方にはその後全日本を統一した大和国の前身である前大和国があったと考える」と記している（『古代の日本』、一九八六年）。

この王金林見解と私見は比較的近いが、「前大和国家」の捉え方で同じではない。すなわち、①銅鐸祭祀をもつ前大和国家が日本列島を統一した大和国家（大和朝廷）の前身そのものではなく、②東征してきた勢力により前大和国家が打倒され、卑弥呼の時代には既に大和国家が小規模ながら成立していて、邪馬台国と勢力圏が重ならないまま並存していたが、これが更に勢力をたくわえ全国統一を行ったものではないか、と考えられる。

神武東征との関連

高地性集落に関していえる第二の点は、二度目の北九州勢力の畿内侵攻のうち、時期的にみて二度目の侵攻こそが神武東征だと考えられる。

先に神武についての年代論を検討した結果、神武の東征時期は西暦一七〇年代頃と推定されたが、これは高地性集落出現の二度目のピークの時期に一致し、北九州↓大和という方向も合致している。

九州勢力の大和への東遷を二世紀後半とし、この伝承を記紀の神武東征や中国史書の倭国大乱と結びつける考え方の研究者には、戦前の太田亮、中山平次郎、戦後の橋本増吉、植村清二、原田大六、坂本太郎の諸先学など、かなり数多い。それも、橋本・坂本両氏を除くと、邪馬台国（の前身）そのものが東遷して、その結果、卑弥呼の邪馬台国は畿内大和にあったとみる見解が多数を占める。

これに対し、橋本説、坂本説では、邪馬台国九州説に立ち、卑弥呼より前の二世紀後半に、倭国が乱れたときかその少し前頃に、邪馬台国の一部族が東遷したのが神武であり、その東遷後に大和で建国した大和朝廷が、まだ九州に存続していた卑弥呼の後代が拠る邪馬台国を征服したという構想を出した。これは卓越した見解であり、私としても基本的にはこれに従いたい。この説明は高地性集落の状況ともよく符合するとみられる。

弥生後期のほうの高地性集落は、近畿地方に集中分布する。近畿の主な例としては、摂津の六甲山塊南斜面の荒神山・会下山《えげのやま》、旧河内湖口を臨む千里丘陵の垂水、河内の生駒山西側斜面の堂山・岩滝山、その南に連なる玉手山・東山などがあり、和泉では観音寺山、紀伊の紀伊水道を臨む八王子山・滝ヶ峰・橘谷・天王塚・岩倉山など、大和の吉野川沿いの宮滝などがあげられる。これら遺跡は、先に述べた神武行軍の経路ときわめて良く対応している。

大和盆地においても、磐余山・忌部山・上ノ山・本馬ヶ丘・国見山などが高地性集落としてあげられる。寺沢薫氏の研究によれば、大和では弥生後期になると、現在の奈良県の桜井から橿原の地域に高地性集落が集まってくる、同じ奈良盆地のなかでもそういう地域だけに造られるようになってくる、と記される（「大和の高地性集落」『青陵』36、一九七八年）。

神武即位前紀（戊午年九月五日条）には、神武が菟田の高倉山頂に登って国見をしたところ、国見丘の上に八十梟帥《やそたける》があり、女坂に女軍、男坂に男軍を置き、兄磯城の軍が磐余邑に満ちていて、賊虜《ぞくりよ》の拠る所は皆、要害の地であったと記される。ここで記述される賊虜の拠点こそ、ほとんどが高地性集落とみてよかろう。

都出氏（前掲）は、三世紀半ばの段階では、「近畿地方の高地性集落はすたれて、むしろ周辺地域に高地性集落が見られますが、三世紀半ばの争いの場が周辺地域に移っていることを示すのか、あるいは畿内には高地性集落を必要としない防禦体制ができあがっていたのでしょう」と記すが、これも興味深い。「三世紀半ばの争い」というのは、『魏志倭人伝』に見える卑弥呼の死後の混乱・戦闘を想定するようにもみえるが、それは疑問である。むしろ、三世紀半ばには畿内中央部に高地性集落を必要としない体制ができていたとみられる。二世紀後葉頃に神武の大和入りがあって、大和朝廷が成立し、これが次第に力を蓄えて周辺地域を攻め、鎮定していく段階が三世紀半ばであった。

安本美典氏は、神武東遷が三世紀後半の邪馬台国東遷と同じであったと説くが（『神武東遷』など）、近畿の高地性集落が都出氏の記すような時期と事情にあるときは、安本説は成立しがたい。同様に、邪馬台国東遷論者である奥野正男氏は、高地性集落が弥生後期にはその前半期と終末期の二回出現し、終末期の出現が邪馬台国東遷の根拠とみている。弥生終末期の具体的な年代は、最近では年輪年代法等の影響もあってか、考古学者の多くは従来よりも繰り上げて二世紀末頃とみているから、奥野氏の説く東遷の時期とは異なるが、従来型の弥生年代観だと齟齬するものではない。

石野博信氏も、弥生後期（三世紀中頃の庄内式の時期を含まない）に高地性集落が大阪・奈良の地域に集中することで、この第二期の動乱においては近畿地方が戦いの舞台であり、古墳が現れる直前の段階に戦いが起こったと記し、倭国の大乱がそれにあたるとみている（「弥生の城と突出墓」『古墳はなぜつくられたのか』所収）。

ここまで見てきたように、高地性集落の時期をどのようにみるのかという問題がまずあり、それを二世紀後半とみれば、邪馬台国東遷に関連があることにはならない。時期がほぼ同じでも、倭国の大乱ということであれば、高地性集落の性格とは符合しないことは先に述べた。神武東征との関連があったときは、紀伊では北西部（田辺や白浜から以西、以北の地域）に高地性集落が見られるものの、潮岬から新宮にかけての方面では見られないが、これは神武行軍の熊野迂回について大きな疑問を呈する。

高地性集落出現の最初のピークについて私見を述べておくと、西暦二世紀前半頃の三輪部族（大己貴神後裔）か物部部族（饒速日命）かが北九州から大和に東遷した際のものではなかろうか。後者は出雲を経て畿内に来た可能性もあるので、年代等から前者のほうとみておきたい。この東遷事件後に、王金林氏のいわゆる「前大和国家」が畿内に成立することになる。高地性集落に拠って異族の侵攻を防御する形態は、上古の山祇種族以来の伝統であった。

倭国大乱がおきた地域

神武東征が高地性集落と関連があったときでも、倭国大乱そのものではない。神武が率いた軍隊はかなり小規模であった模様であり、その進軍は局部的であった。大和ないし紀伊に至ってからの軍隊は次第に大きくなっていったものの、大乱というほど大規模かつ継続的に、長髄彦との戦闘がなされたとは考え難い。

奥野正男氏は、弥生時代中・後期の鉄器の普及状態を畿内と九州北部で比較して、倭国大乱の範囲を、「西日本全域をさすものではなく、西日本全体のなかでいちはやく鉄器の普及をみた九州北部の有力首長層のあいだで開始された、より広い地域の政治的統合をめざす争乱とみるのが、もっとも社会の発展に即した解釈といえよう」とする。さらに、高地性集落などを根拠にして倭国大乱が西日本全域をまきこんだ戦争状態であったと一般にみられることに反対し、「石器武器をまだ主体にしている畿内勢力が、もし九州北部をも弥生中期末までの段階で支配・服属させたとするならば、その大乱の勝利者である畿内の勢力が、依然として鉄器を模倣した石剣などを用いているのは不合理であろう」と指摘している（ともに『邪馬台国発掘』一九八三年）。

倭国大乱の時期については、弥生後期とみるのが妥当と思われるものの、基本的に奥野氏が説く事情は変わらない。そこで、奥野説を念頭に置いて、この関係を整理すると、①倭国大乱は北九州で起きたもので、神武東征や邪馬台国東遷と同じものではなく、②神武東征の成功の要因としては、指導者の力量のほか、鉄器と石器という武器の差や神武と饒速日命との権威（邪馬台王統との親疎）の差などがあったのではないか、とみられる。

環濠集落の出現と消滅

高地性集落と関連して、集落の防禦体制を考えると、奈良盆地に弥生中期から後期にかけて見られる拠点集落、「環濠集落」（大和の主な集落は、磯城郡田原本町の唐古・鍵遺跡、天理市平等坊・岩屋遺跡、桜井市の芝遺跡、同大福遺跡、橿原市四分遺跡など）も見逃せない。これについて、『三世紀の九州と近畿』のなかでの都出比呂志氏の「集落・生産」の項目の記事を基礎に記述する。

まず、都出説のあらましを紹介すると、次のようなものである。

弥生時代の集落のほとんどが、周囲に濠をめぐらし土塁を築くなどで集落の境界を堅固にしており、北九州では板付遺跡、畿内では大阪府池上曽根遺跡、奈良県唐古・鍵遺跡など、弥生時代の長期間にわたり存続した著名な大規模集落は、すべて環濠を備えている。京都府京丹後市峰山町の扇谷遺跡は環濠集落であり、立地は一種の高地性集落でもある。

北九州でも畿内でも、環濠集落は弥生時代のほぼ全期間を通じて一貫して存続したものであり、このような集落を作る技術は、稲作を日本列島にもたらした渡来集団が大陸において既に発達させていた技術の一つではないかとも考えられている。

環濠集落は、畿内では弥生後期の新しい段階（二世紀後葉から三世紀初頭か）で消滅し、九州ではこれより三〇〜五〇年ほど後の弥生終末期（三世紀半ば）まで存続する。畿内の遺跡を見ると、例えば和泉の観音寺山遺跡は弥生中期の終わり頃から始まり、主要部分は後期にあるようであり、河内の東山遺跡も弥生後期を主体としており、終末期（庄内式土器の段階で、三世紀の後半）の明確な環濠集落はまだ発見されていない。環濠集落の消滅は、たえず戦乱に備えるべき緊張関係や地域間の争いが一定の終息を迎え、新しい政治的安定が生まれたことを意味する、と考えられる。

こうした見解を踏まえ、次のように考えられる。

環濠集落は、越民族系ないし南鮮系であって、稲作農耕技術をもつ部族の一派が弥生中期後葉（一世紀末ないし二世紀前半）に北九州から畿内に移住したことに伴い、畿内でも出現し発展した。高地性集落や銅鐸とも密接な関係があり、都出氏があげる観音寺山遺跡や東山遺跡も高地性集落であった。

和泉の池上曽根《いけがみそね》遺跡（和泉市など）も弥生前期後半の形成とみられる集落であるが、最盛期とされる弥生中期後半にあっては、集落の外周に幅五㍍、深さ一㍍ほどの大溝を南北・東西とも約三二〇㍍の範囲に楕円状に廻らせて、その面積約八ヘクタールを占め、その外側にも部分的に環濠が検出される。大溝からは、鍬・鋤の農耕具を主として、日常什器、漁具、信仰儀礼関連の鳥形木製品などを出土した。このほか、突線鈕式銅鐸の鐸身部が古墳時代前期の遺溝から出土したことに注目される。

環濠の消滅については、奈良盆地ではほぼ時を同じくして環濠が一斉に埋没したが、その時期は弥生後期後半から末ころとみられている。唐古・鍵遺跡では、後期後半（大和第Ⅵ―3）に大量の土器投棄により大半の環濠は埋没したと藤田三郎氏がみている。

こうした事情から、奈良盆地では弥生後期後半に、なにか大きな社会変動が起きたと考えられる。地域的に分けていうと、①畿内では、神武の大和侵入に基づく大和朝廷が安定勢力として拡張していくことにより、三世紀初頭頃までに消滅し、②北九州では、邪馬台国と狗奴国との抗争の終了（おそらく前者の優位のうちに終了か）により、三世紀半ば頃に消滅した、とみられないだろうか。

＜備考＞　年輪年代法による算出値やＡＭＳ炭素14年代法による弥生時代の編年案では、従来の土器編年に基づく年代値よりも百年ないし百五十年遡ることになって、弥生後期の終りは二世紀前半から半ばに位置づけられる。池上曽根遺跡の大型建物の柱穴12柱の伐採がＢＣ52年という年輪年代法の年代値も発表されている。

しかし、これら物理的手法による年代値は、ブラックボックス的に算出されていて検証されず疑問が大きいうえ、法隆寺焼失・再建とも絡んで問題が大きい。とくに古い時期の年代値については採用しがたい。そのため、当面は、従来の弥生年代値で考えるほうが妥当とみられる。自然科学的な年代測定が「科学的」だとみる考古学者の見解が最近多く見られるが、これらの年代測定の問題点は、小林滋氏（『古代史の海』第二六、二七号）や大槻瓊士氏（『季刊邪馬台国』第八三号）などから具体的に提示されており、詳しくはそれらを参照されたい。どうして、考古学者の多くは弥生期・古墳期の年代遡上に性急なのだろうか。

二　銅鐸の出現と消滅

弥生時代に近畿地方を中心に分布した釣鐘状の青銅器が「銅鐸《どうたく》」と呼ばれる。銅鐸は、天智七年（六六八）の近江国崇福寺からの出土（『扶桑略記』）、および和銅六年（七一三）の大和国宇陀郡長岡野からの出土（『続日本紀』）以来、鋳型を含めると約六百個弱の出土が知られる。その数の多さのわりには、集落から離れた山腹や谷間の傾斜地から出土することが多く、墳墓や集落址からはほとんど出土しなかったが、最近では集落址からも銅鐸や鋳型が出ている。

記紀などの古文献には銅鐸に関する記事がなく、土器などの遺物を伴うことが少ないので、その製作時期や機能、埋納の意義などについて諸説がある。銅鐸には、原始的な絵が描かれるものもあり、弥生時代の物と知られるが、解明されない点が多い。以下に銅鐸について検討を加える。

銅鐸の分布と用途

銅鐸の出土・分布にはいくつか特徴がある。そうしたものとしては、

① 銅鐸の分布は、西は島根県—広島県—高知市という線、東は福井市—長野県—静岡市という線の範囲内にほぼ納まる。

② 主な出土地としては、大阪湾沿岸の摂津・河内・和泉・淡路と大和のほか、紀伊水道を挟んだ紀伊・阿波、三河湾・浜名湖沿岸の三河・遠江（とくに「三遠式銅鐸」）、琵琶湖南岸の近江があげられる。なお、三遠式は単一工房で短期間に製作とのことで、諏訪の塩尻市や近江の大岩山遺跡からも出土がある。

③ 最終期とみられる突線鈕式銅鐸《とっせんちゅう》（鈕・身・鰭《ひれ》に突線による区画を用いた大型銅鐸）は、畿内中心部から消えて、むしろ畿内周辺部の地域、具体的には紀伊の田辺湾沿岸、近江の琵琶湖南岸、土佐東部沿岸、三河・遠江といった地域に主に出土する。

④ 銅鐸分布域の外縁部の北九州地域には、銅鐸の祖型とみられる小銅鐸や銅鐸鋳型、銅鐸形土製品、小銅鐸の石型の出土がある。これらの出土は福岡平野を中心に分布しており、昭和五十年代以降続々と出ている。

⑤ 銅鐸は住居址から出土せず、集落とは離れた丘頂・山腹・山麓斜面などから発見され、多数が一括して埋納される傾向がある。

銅鐸の用途としては、使用・出土状況等から、宗教儀礼用・農耕祭祀用とする説が多く、この説を妥当としてよかろう。その場合にも、鐸のなかに舌があるように、楽器的な性格ももち、岩戸神楽や神社でガランガランと鳴らされる鈴を大きくして相通じる性格をもつのが鐸《さなぎ》と考えられる。「四時祭式」には、「鎮魂祭」の料として「鈴　廿口《にじゆうくち》、佐奈伎《さなぎ》　廿口」があげられており、現在、鉄鐸が伝世される諏訪大社などでは、神代鉾《ほこ》と称する鉾の根元に鉄鐸を取り付けて祭祀用に用いられるという。

　銅鐸に描かれた絵画をみると、高床倉庫、臼と杵との脱穀風景など水稲農耕にかかわる生活、トンボ・水鳥・イモリ・亀・蛙・鹿といった動物、構造船（国分直一氏の説で、揚子江以南の中国沿岸に広く分布した越系の水人の風習）があり、田植えや豊作に対しての祈りが祭祀の意味と考えられている。

銅鐸の製造年代

　わが国特有の銅鐸の起源・祖型は、朝鮮式小銅鐸ないし遠く江南の銅鼓にあったとみられており、稲作とともに日本列島に伝えられたものか。銅鐸形土製品や小型銅鐸と鋳型の出土もある。銅鐸の年代については、佐原真氏が弥生前期末から後期とみるのに対し、三木文雄・近藤喬一などの諸氏は銅鐸の初現を弥生中期後半（西暦紀元前後）に位置づける。

　佐原氏のいう弥生前期末は、各地域の農耕文化が飛躍的に発展した時期であり、銅鐸・銅剣という新しい文化創造の時期にふさわしいと考えられたようであるが、九州で最近出ている鋳型などと土器との関係からみると、弥生前期末とするのは早過ぎ、中期ぐらいになるのではないかと石野博信氏は述べている（「銅鐸・銅剣・銅矛をめぐって」『古墳発生前後の古代日本』）。

ほぼ同様に、藤田三郎氏は、①銅鐸の絵画と土器の絵画はかなり共通するようで、主題がかなりよく似ており、時期的には第四様式が多いとみられること、②銅鐸を出土する遺溝からみて、高地性集落およびその付近から出た例がかなり多く、奈良県の東大寺山、和歌山県の亀山、大阪府の天神山など二七例あげられること、などの事情から、結論的には、畿内の銅鐸鋳造は弥生前期までは遡らない可能性が強いとされる（「銅鐸鋳造年代とその祭祀」『三世紀の九州と近畿』所収）。

さらに、銅鐸が青銅武器や鏡を共伴している例から考えて、古式銅鐸の上限を中期中頃以降に比定する考えが有力であるといえよう。

弥生中期以降という時期でも、杉原荘介氏は、後期前半開始説をとる。すなわち、北九州の後期前半、伊佐座式土器の甕棺が行われるようになると、副葬品のなかから中国鏡は残るが朝鮮製青銅武器が姿を消し、初めて巴形銅器《ともえがたどうき》や有鉤銅釧《ゆうこうどうくしろ》などの国産青銅器が登場するという事実に、わが国での青銅製品全般にわたる国産開始の時点をもとめている。この結果、銅鐸鋳造の上限を西暦一〇〇年頃とし、埋納が終了した時点を弥生時代の終末として、三世紀後半代としている（「銅鐸」、『駿台史学』第二二号所収）。

小田富士雄氏は、この後期説について、青銅武器や銅鐸の鋳型が中期に遡って発見されている事実を無視している点で、現在ではもはや成立しがたい、とまでいわれる（「銅剣・銅矛文化と銅鐸文化」、『ゼミナール日本古代史　上』所収、一九七九年）。果たしてそういえるのだろうか。国産青銅器が北九州でも畿内でも、青銅武器でも銅鐸でも、同時に生産開始されたのかについて疑問があるからである。銅鐸が畿内を中心に生産されただけ、北九州に比べて生産開始が多少遅れたことも考えられる。

最近では、弥生時代の年代遡上傾向に呼応して、弥生前期末あたりまで始期を早める説もあるが、北九州に先行段階があるものの、畿内における銅鐸は、弥生後期初頭頃（紀元一〇〇年代か）から生産・使用されたのではないかと考えておきたい。終期については、ほぼ一致して三世紀代の幅のなかとされる。石野氏は、地域によって古墳時代前期まで使われたという可能性もあるとしており、このへんにも留意しておきたい。

銅鐸の消滅とその形態

銅鐸は新旧のものが多数一緒に土中に埋納されている形で出土する。この土中埋納については、ⓐ意識的に隠匿ないし廃棄したとみる見解（隠匿説、廃棄説）、ⓑ共同体の祭器（地霊・穀霊の依代として地的宗儀に用いたとみる）として土中に保管され、必要な祭祀の時に取り出して使用するとみる見解（土中保管説）、ⓒ祭器埋納説、などがある。

銅鐸の出土状況を見ると、故意に打ち壊されたり、区画内が打ち抜かれたりしている例がかなり多くあることから、斎藤忠氏は意識的隠匿説を採っている（『古墳文化と古代国家』）。喜田貞吉氏も、銅鐸を使った民族が一挙に廃滅の運命に遭遇したとき、全部を土に埋めて逃避・廃滅したため、記紀に記載されるような資料としては残らなかったという見方をしている。

銅鐸が人の手で破壊された状態で発見された例がかなり多い。こうした例として、古くは徳島県吉野川市鴨島町牛島出土の銅鐸があげられたが、昭和五〇年代以降では、大阪府和泉市の池上曽根遺跡、香川県さぬき市寒川町の森広遺跡、兵庫県豊岡市日高町の久田谷遺跡などから出土した銅鐸破片にも注目される。とくに日高町出土の銅鐸は百二十数片もに割られていた。纏向遺跡や大阪府豊中市利倉《とくら》遺跡、同八尾市亀井遺跡でも銅鐸破砕の細片が見つかっている。

こうした破壊について、森浩一氏は、新しい勢力が銅鐸を意図して破壊したのではないかという説を出したが、説得力が大きい。銅鐸が征服され討伐された立場の部族の祭祀の象徴であれば、祭る者からは隠匿され、征服者側からは破壊の対象となるわけである。

このほか、村から国へという政治的統合の発展の結果、銅鐸が終局を迎えたという説もあり、また、新しい天的宗儀を背景とする古墳時代の社会が出現して銅鐸など地的宗儀の祭祀が廃絶したとする説も出された。これらの説では、銅鐸が出土した時の状態や場所を説明しがたい。

中国の事例ではあるが、異民族の侵入を受けて西周王朝が都を捨てて洛陽に遷ったとき、祖先祭祀の青銅器を土中に埋めたという故事が想起される。古代華南には、地霊を鎮めるために銅器を埋納した風習があったともいわれるが、わが国の銅鐸についても、終末期では主に意識的な放棄・隠匿がなされたとみるのが妥当だと考えられる。

こうした銅鐸の隠匿・破壊の直接の契機となった事件こそ、二世紀後葉の神武の率いた軍勢の大和侵攻・征服とみられ、その後の大和朝廷の勢力圏拡大とともに、銅鐸祭祀は畿内の中心部から次第に駆逐されて消滅していき、古墳時代の初め頃にはほとんど消滅したのではなかろうか。

原田大六氏も、大国主命とは巨大銅鐸であり、銅鐸は平和な農業共同体の最高の神であったとし、天孫族による出雲征服、神武東征と武力による日本統一が銅鐸を地上から一掃したとみている（『銅鐸への挑戦』）。梅原猛氏、安本美典氏や大塚正信氏（「銅鐸論議あれこれ」『歴史研究』昭和六三年五月号）などの見解も、ほぼ同様である。

銅鐸を祭る人々

銅鐸祭祀を行った人々については、明治・大正期には、沼田頼輔・喜田貞吉などが出雲系や秦氏によって銅鐸が使用されたと説いたが、このへんが議論の始まりである。このうち、秦氏というのが弓月君《ゆづきのきみ》系統をいうのなら、時期的に無理である。出雲系の人々とする説のほうは根強くあり、原田大六・梅原猛らの諸氏もこの立場であるが、戦後まもなくの昭和二四年（一九四九）に大場磐雄氏が出雲系とくにカモ・ミワ氏族使用とする説を出している（「銅鐸私考」『神道史学』第一巻第一号）。

これらに対して、大著『銅鐸関係資料集成』を著すなど銅鐸関係の論考が多い田中巽《たなかたつみ》氏は、伊福部《いふくべ》・津守・六人部《むとべ》・尾張などの尾張氏族と小野・布留《ふる》・和邇《わに》などの準尾張氏族（宝賀註：これらは和珥氏族であるが、尾張氏族とともに海神族系統の氏族）が銅鐸の使用者だと主張した。谷川健一氏も、『青銅の神の足跡』（一九七九年）で尾張氏族の伊福部氏と銅鐸との関係を強調している。真弓常忠氏は、「銅鐸出土地がカモ・ミワ氏のみならず、尾張氏（伊福部氏を含む）とも、さらに物部氏とも関係があることになる」と記される（『日本古代の祭祀と鉄』、一九八一年）。

従来の氏族研究からはほとんど考えられないことであるが、上掲の大場・田中・谷川・真弓らの諸先学があげる古代氏族は共通する特徴をもっている。それは、いわゆる海神族系統かこれに関係深い氏族ということである。中国の越人と同系統で、朝鮮半島に由来をもつ大国主神（大己貴命）の後裔ないし関係の氏族であり、物部氏は海神族の出ではないが、女系を通じて海神族に結びつき、神武侵攻当時は大和で三輪氏族と政治連合体を形成していた。大和の銅鐸出土地が和銅六年の長岡野といい、御所市の長柄《ながら》（名柄）といい、竜蛇のナーガに通じる「長」の字がつくのも、偶然ではない。

そして、二十四個もの大量の銅鐸を出土した滋賀県野洲市小篠原の大岩山遺跡に関係するとみられる三上祝《みかみのはふり》・淡海《おうみ》ノ安《やす》国造は、大己貴命の娘・下照媛の後裔であって、物部連の同族であった。神武東征に抗して滅ぼされた長髄彦が大己貴命後裔となる三輪氏族・磯城県主の一族であり、三輪同族が繁衍した諏訪では鐸が長く祭祀に用いられた。

実は早くに平田篤胤が銅鐸について、「大国主神の御世の物なるが彼国避の後は廃れて遂に土中に埋まり」云々と『弘仁歴運記考』で記していた。

これら銅鐸祭祀の海神族は、わが日本列島に稲作と青銅器文明をもたらした越人系統の種族であり、銅鐸に描かれた絵画はこの事情をよく現している。銅鐸の淵源は古く、江南の銅鼓《どうこ》にあったことは、この関係でも推される。

明治〜昭和前期の民族学・考古学者であった鳥居竜蔵博士は、「我が国の銅鐸は彼《か》の支那の南方其他南部から出る銅鼓と同じであったと考へたい。即ち彼の銅鐸は固《もと》より楽器であるけれども祭時に之を使用し又一家として所有して居る」と記し、銅鼓との関係を早くに指摘していた（「我が銅鐸は何民族の残した物か」、『有史以前の日本』所収）。

最近までの銅鐸の出土

昭和五十年代に北部九州から銅鐸の鋳型が続々出土して、銅鐸研究に影響を与えた。その第一の出土が昭和五三年（一九七八）の福岡県春日市の大谷遺跡、翌五四年には同市の岡本遺跡から、第二は昭和五五年（一九八〇）の佐賀県鳥栖市安永田《やすながた》遺跡から、第三は昭和五七年（一九八二）の福岡市博多区赤穂ノ浦遺跡から、各銅鐸鋳型（安永田・赤穂ノ浦では福田型鋳型）の出土である。これらに先立ち、昭和三五年（一九六〇）年頃に春日市大南から小銅鐸が、昭和五二年（一九七七）に宇佐市別府《びゅう》から朝鮮小銅鐸が出土している。

柳田康雄氏は、大谷遺跡からの鋳型を最古段階以前の銅鐸鋳型、赤穂ノ浦遺跡の鋳型を二番目に古い古段階銅鐸（横帯文銅鐸）のものと考え、前者の時期は銅剣と銅矛の鋳型の共伴から弥生中期後半以前、後者の時期は共伴の土器から弥生中期末から後期初頭に位置するものとみている（「発掘された「倭人伝」の国々」、『日本の古代1　倭人の登場』所収、一九八五年）。それによると、「この三遺跡の銅鐸鋳型の発見は、銅鐸起源論と年代論を収拾できるものと信ずる」とし、「初期銅鐸が銅矛と同じように、奴国を中心とした地域で製作され、九州以外に配布されている事実は、弥生時代は畿内中心であるとする論者にとって承伏できないことであろう。だが、北九州での発掘は、先入観をよそに、確実に一歩ずつ事実を明らかにしだしたのである」と結んでいる。

こうした柳田氏の見解は、これまで記してきた私の見解とほぼ合致している。これら北九州の銅鐸鋳型と、昭和六〇年（一九八五）に大量に出土した島根県荒神谷《こうじんたに》遺跡の銅鐸には、安永田遺跡・赤穂ノ浦遺跡から出土した鋳型にある複合鋸歯文《きょしもん》が見られることを考え併せると、銅鐸の使用・製造者は朝鮮半島から稲作などをもって渡来した海神族関係者であり、弥生中・後期頃に、出雲を経て畿内に東遷したことが裏付けられよう。

その後も、北九州の福岡県では続々と銅鐸の出土があり、昭和五八年に前原市浦志遺跡から小銅鐸、同六〇年に福岡市西区の今宿五郎江遺跡から無紋の銅鐸、同六一年に嘉麻市（旧嘉穂郡嘉穂町）の原田遺跡から小銅鐸が出土した。

平成十年（一九九八）十一月、吉野ヶ里遺跡、大曲一の坪地区から小さな穴に逆さに埋められた銅鐸が発見された。九州では初出土の高さ二八センチの銅鐸であり、その大きさや文様の特徴から、中国地方で四つの出土例がある「福田型（邪視文）銅鐸」であって、島根県で出土した所伝のある「木幡家所有銅鐸」と同じ鋳型で作られた兄弟銅鐸と分かり、時期は弥生時代終末が上限と推定されている。福田型銅鐸については、「銅鐸の形式学的系統からはずれた地方色を持った銅鐸における特例」という見解（佐原氏）もあるので、畿内の銅鐸と同じに考えて良いかは疑問がある。

平成元年（一九八九）八月、岡山市の岡山自動車道の予定地（高塚遺跡）で、流水文の銅鐸が発見された。それまでほとんど例のなかった平野にある集落跡中心部での出土ということで注目される。この銅鐸の埋納坑から出土した土器片の年代は弥生時代後期初めとみられ、同じ年代の土器がその六〇㍍西にある貨泉《かせん》の出土した穴から出土しているので、銅鐸の年代を考える参考となる。その後に、別の銅鐸の小片が一つ、弥生後期末の住居跡が埋まった後に掘られた柱穴から出土した。一つの遺跡から出土した二つの銅鐸の異なった取扱いについて、留意される。

平成八年十月には、島根県雲南市加茂町岩倉の農道工事現場（加茂岩倉遺跡）から大量の銅鐸が出土し、一か所の出土としては全国最多の三九個（それまでは、滋賀県野洲市大岩山遺跡の二四個）が確認された。発見現場は、銅剣三五八本、銅矛一六本、六個の銅鐸という大量の青銅器が発見された荒神谷遺跡より約三キロの地で、「景初三年銘」の三角縁神獣鏡が出土した神原神社古墳や古墳群も近くにある。これらのすべてが前期銅鐸といわれるものに属するという点で、これも埋納理由を再考させる。

ごく最近では、中国江蘇省無錫市にある春秋戦国時代（紀元前八〜三世紀）の地方国家、越の貴族墓から、銅鐸に形が似た高さ二〇センチほどの青磁器の鐸がこのほど出土したという報道（上海平成十八年二月九日、共同通信）もある。

出土が続く銅鐸・小銅鐸と銅鐸鋳型が銅鐸の解明につながることが期待される。

三　東遷のその他の痕跡

これまでも随時触れてきた物部部族等の東遷もあるので、神武東征に結びつくかどうかは要検討であるが、北九州から畿内に向けての東遷の動きを示すものがいくつもあるので、次に取りあげる。

大和盆地南部の地名に見る東遷の痕跡

日本の地名の相似的分布が九州北部と近畿との間で顕著であるとして、そこに「九州から近畿への大きい民団の移住」が暗示されると考えたのは、鏡味完二《かがみかんじ》氏であった。

その著作『日本地名学　科学篇』『日本の地名』でその考えが示されたが、山門《やまと》・志賀《しが》・耳納《みのう》・日田《ひた》など十一組の対の相似地名を取り出して比較したところ、九州と近畿との間で、(a)ヤマトを中心として、(b)海のほうへ、怡土→志摩（九州）と伊勢→志摩（近畿）、(c)山のほうへ、耳納→日田→熊（九州）と美濃→飛騨→熊野（近畿）、という具合に地名の命名の手法（位置や地形など）がほぼ相似することに着目しての結論であった。

鏡味氏の分析は、地理学者としての蓄積に基づくものであったが、同様な相似関係は、「日向と熊野」、「出雲と紀伊」の諸地名にも指摘できるとしている。

鏡味氏の見方は九州全土と近畿圏を対象としてのものであり、相似関係の中心をヤマト（筑後国山門郡と大和国）において考えられるが、九州のほうのヤマトは山門郡ではなく、筑後川中流域の山本・御井両郡を中心とする地域にあったと推定される邪馬台《やまと》の国域と考えたほうが妥当であろう。

安本美典氏は、鏡味氏の指摘を踏まえて地名を探究したところ、北九州福岡県の夜須町・三輪町（ともに現筑前町）付近と奈良県の大和（注：『和名抄』の城上郡大和郷。大和《おおやまと》神社の所在地で現天理市新泉《にいずみ》町）・三輪（注：城上郡大神郷。大三輪神社の所在地で現桜井市大字三輪）付近を中心とする地域の地名（朝倉、鷹取、笠置、御笠、御井など十四個の地名）とその相対的位置が驚くほど一致していることに気づいたと記す。こうした事情から、邪馬台国が東遷したこと、邪馬台国が筑後川中流域の扇状地甘木《あまぎ》市（現朝倉市。以下でも「甘木」を使用）にあったことを推論する。このことは、安本氏の古代史デビュー作

『邪馬台国への道』で昭和四二年（一九六七）に発表されたが、同書はその後二回改訂され、関係記述が補充された。

奥野正男氏は、安本氏の作業を基礎にして、さらに大和盆地東南部と鳥栖・甘木を中心とした筑後川北岸部の地名を比較検討して、五万分の一地図に表記されている地名で約八〇個所の地名が一致または類似していることが分かったとする（『邪馬台国の東遷』、一九八二年）。

たしかに大和国南部を中心とする地域と北九州の筑前・筑後・肥前の地域とでは、地名の相似が広く認められ、なかでも大和盆地と筑後川中・下流域との相似が著しい。これをもう少し地域限定すると、大和盆地の南部地域と筑後川中流域の扇状地の相似分布が他に類例を見ないほど著しい。一般に、地名は自然の地形から生まれるものが多いとしても、この相似は特異とすらいえよう。後世になって、記紀神話などから高千穂などの地名も南九州に生まれたが、こうした散発的な命名とは異なり、明らかに集中的に相似している。

こうした相似の事情を説明するものとして、鏡味氏は大きい民団の移住を考えたが、安本・奥野両氏は、それをより具体的に邪馬台国の東遷と考えた。これに対して、邪馬台国東遷説に反対する立場からは、両地域の地名相似について具体的な説明はなされていない。

北九州と近畿との地名の相似は、前者からの民団の移住による結果とみて間違いなかろう。邪馬台国が筑後川中下流域にあったことは、奥野氏とほぼ同説であるが、三世紀後半に邪馬台国自体が東遷したとみる説には私は反対である。地名を伴う民団の移住は、邪馬台国東遷という大規模な一回限りのものではなく、数次にわたる移住であったろう。なお、安本氏は東遷説を唱えながら、細部を見ると、邪馬台本国から日向国に分かれた支族である神武の東遷と考えていて、首尾一貫していない。

北九州から大和への移住例としては、①二世紀前半頃の海神族三輪一族の祖神（味鉏高彦根ないし大物主）の遷住、②同中葉頃の天孫族（邪馬台国王一族）の饒速日の遷住、さらに③同後葉頃の天孫族の神武の遷住等が考えられる。そのうち、三輪一族の原郷は筑前国の那珂郡であって、奴国王一族の出自とみられるから、筑後川中下流域と大和盆地南部との地名相似は、後二者（②、③）の影響であろう。

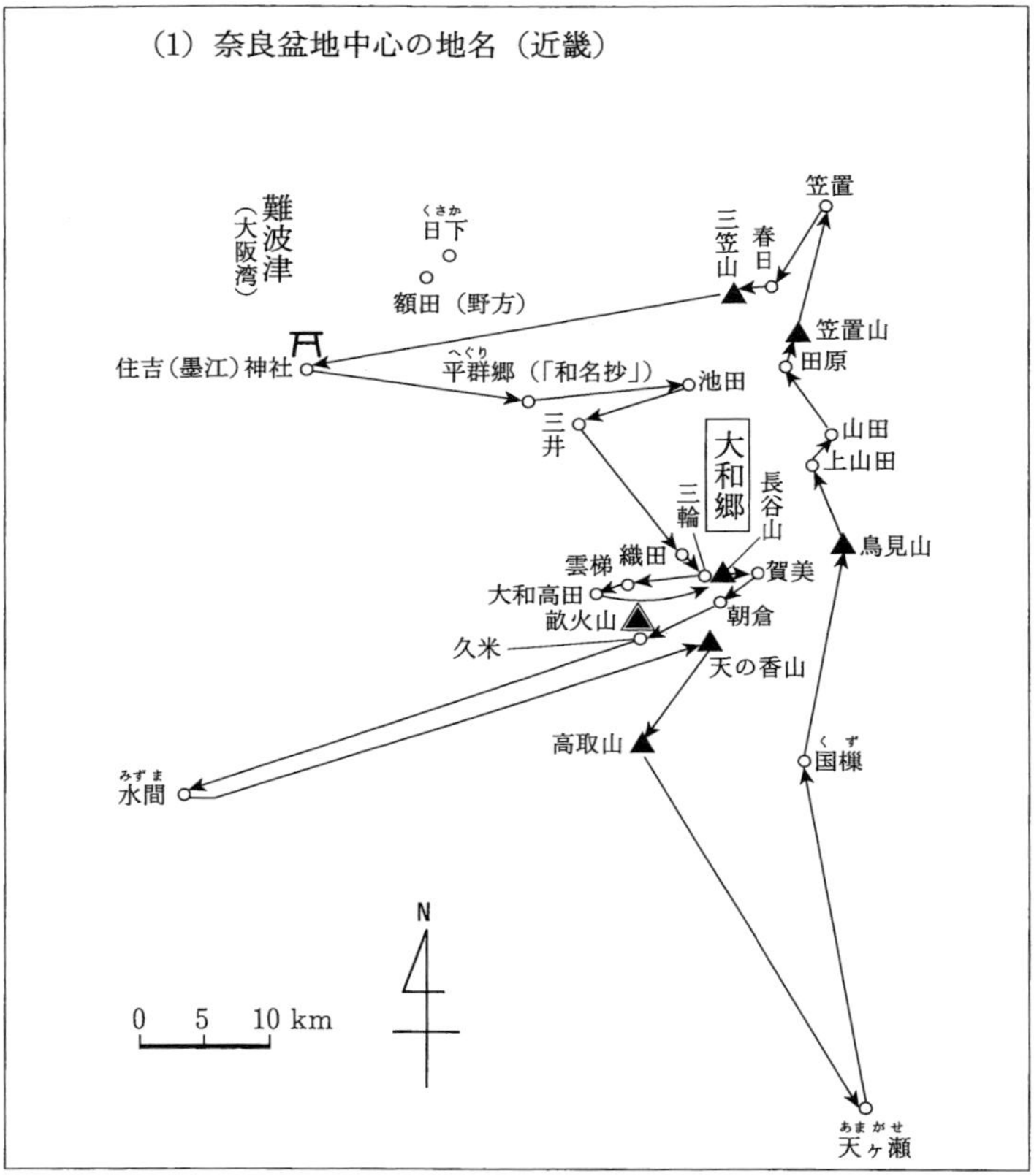

第6図　奈良盆地と筑後川中流域の地名相似

とくに、饒速日は神武に先立って畿内に到着し、

(2) 筑後川中流域中心の地名（北九州）

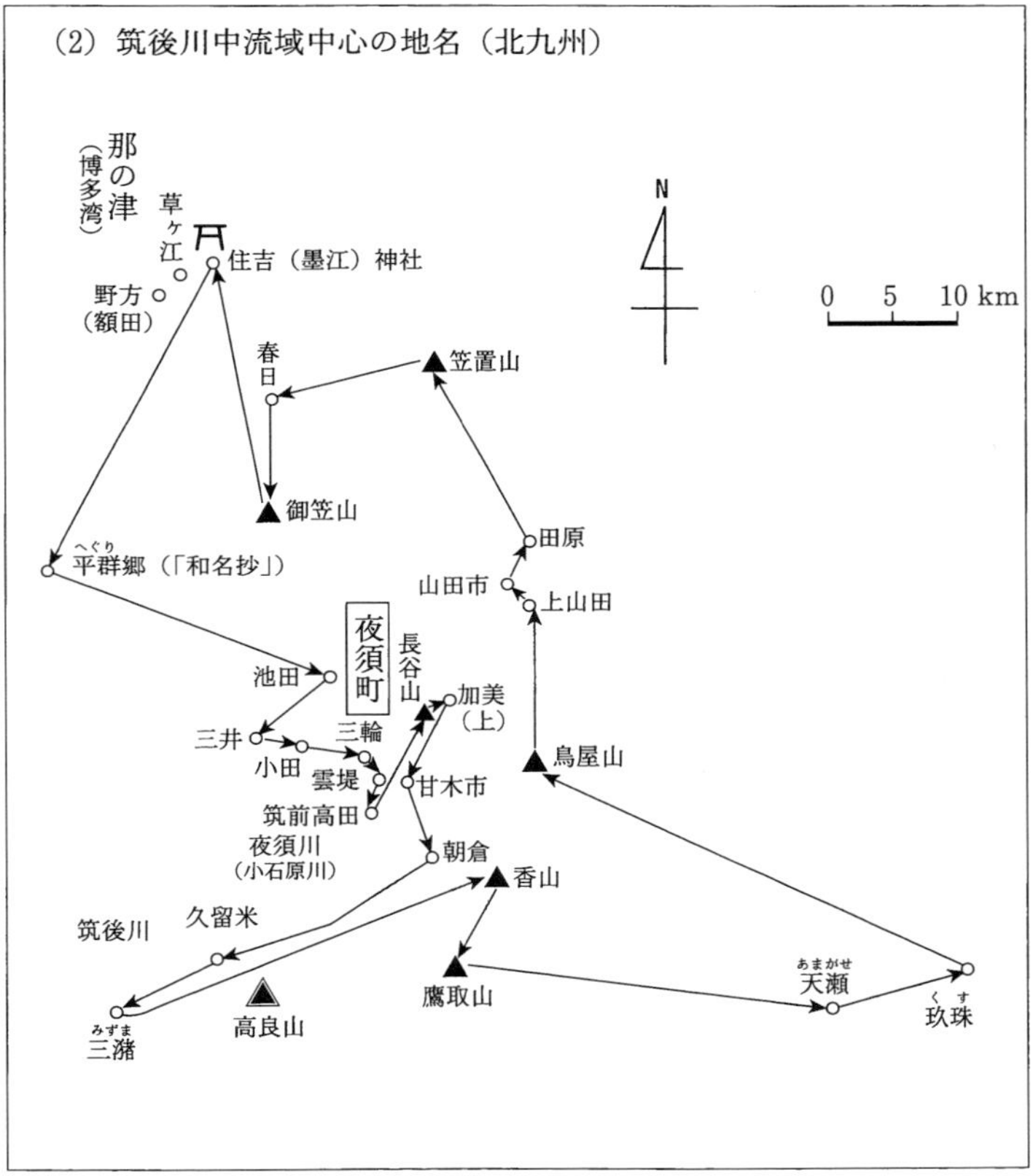

（安本美典著『「邪馬台国畿内説」を撃破する！』182頁記載図を微修改）

しかも筑後川中下流域から出て遠賀川流域に暫時滞在し、そこから河内を経て大和に入っている。

鳥越憲三郎氏は物部氏の出身地として遠賀川流域に着目されるが、さらにその原郷があり、早くに太田亮博士は、「その原住地は、…（中略）…筑後平原と考へられ、高良社は其の氏神と推定さる」と卓見を示される（『姓氏家系大辞典』）。博士も述べるように、饒速日と神武とは、同じような行程を経て大和入りした可能性に留意しておきたい。

大和国の呼称については、『書紀』神武三十一年条に記事がある。それによると、イザナギの尊《みこと》の命名神話のあと、大己貴大神《おおなむち》（実際にはその後裔神か）が「玉牆《たまがき》の内つ国」といい、饒速日命が大和への天降りに際して「虚空見《そらみ》つ日本《やまと》の国」（大空から見て良い国と選び定めた日本の国という意味）と名づけたと記すのも、その都度、命名者主導の民団移住があったからではなかろうか。

饒速日が大和（日本）と命名したのは、九州の邪馬台国王家の一族たる意識があったものと思われる。谷川健一氏は、邪馬台国が筑後の御井郡中心に領域をもったとみて、それが物部氏の勢力基盤とほぼ重なり合うと指摘する（『白鳥伝説』）。なお、氏は、①物部、②邪馬台国に加え、③応神の東遷、と北九州勢の三度の東遷を想定するが、③は根拠・痕跡がない。

これら所伝において、「大和」という地名の命名者が神武ではなかったこと、神武がこの命名を受け入れたことは重視される。大和盆地南部の地名で筑後川中下流域の地名と相似するものの多くは、国名の大和同様に、まず饒速日の物部集団により命名されたものであろう。

三種の神器などの共通性

東遷論者のいう論拠のうち、剣・鏡・玉の三つをセットにした、いわゆる「**三種の神器**」は、北九州の弥生遺跡、甕棺墓地から主な副葬品として出土する。このセットは四世紀代の前期古墳の副葬品の基本的な条件であり、皇室の三種の神器として現在に至っている。

福岡市の飯盛高木遺跡は、早良平野の日向川沿岸に位置し、『魏志倭人伝』の伊都国の領域内にあったとみられるが、この遺跡から朝鮮製の鏡・剣に玉を合わせた日本最古の三種の神器の組合せが出土した。唐津市の桜馬場遺跡でも、甕棺群から銅鏡三面、鉄剣片三個、ガラス小玉、巴形銅器などが出土した。『魏志倭人伝』の記事には、三世紀の倭国に銅鏡・五尺刀・真珠などを賜るとともに、白珠・青大勾珠・錦などが倭国から献上されたと見え、三種の神器の組合せが財物として珍重されたことがうかがわれる。

記紀にも、この関係の記事がかなり見える。『記』の天岩屋戸の段には賢木《さかき》に八尺勾玉・八尺鏡をつけて祝詞を唱えたとあり、天孫降臨の段には天照大神が降臨に際しニニギの命に対して勾玉・鏡・草薙剣を与えたと記される。『書紀』でも、豊前地方の君長の神夏磯《かむなつし》媛が景行天皇の遠征にあたり、また筑紫の岡県主祖の熊鰐《わに》、伊都県主祖の五十迹手《いとて》が仲哀天皇の遠征にあたり、いずれも賢木に鏡・玉・剣を取り付けて出迎えたと記される。こうした宗教的儀礼が北九州を中心とする地域で行われていたことが知られる。

六世紀前葉の継体天皇の即位の際には、天子の鏡と剣の璽符《みしるし》が奉られ、七世紀後葉の持統天皇の即位の際にも剣と鏡とが奉られた。神武東征に際して布都御魂《ふつのみたま》という剣が悪神に対して霊力があったという伝承や、天照大神が高天原でスサノヲ神と剣により誓《うけい》を行ったという伝承も考え合わすと、大和朝廷や皇室の銅剣文化圏における起源が推定される。

弥生後期ごろまでの北九州の王墓クラスの遺跡には、銅鏡を多数副葬する風習が顕著に見られた。こうした風習は弥生期では北九州に限定される。いま知られる出土がすべてではないとしても、伊都国の領域にあった平原遺跡の三九枚を筆頭に、同じく三雲遺跡からは江戸時代後期に甕棺墓（王墓か）から三五枚、さらに一九七四年以後の発掘調査によって別の甕棺墓（王妃墓か）から二二枚以上、井原鑓溝《やりみぞ》遺跡から二一枚の出土があり、奴国の領域の須玖岡本遺跡からは三二枚以上の出土もあった。

ところが、古墳時代に入ると、銅鏡の多数副葬という風習は畿内が中心となり、その例は京都府の椿井大塚山古墳の三六枚以上、奈良県の佐味田宝塚古墳の三六枚、同じく新山古墳の三四枚、黒塚古墳の三三枚などがあげられる。この時代にあって、北九州で銅鏡を多数副葬する例では、福岡県の沖ノ島十七号遺跡の二一枚が知られるくらいである。

これらの事情から、奥野正男氏は、「大和の初期王権が鏡を多数副葬するという九州北部の習慣を継承していることは明らかだ」と指摘しており（『大和王権は広域統一国家ではない』）、わが国の王権の地域的変遷を物語るものといえよう。

後漢鏡片の出土

鏡に関して、辻直樹氏の重要な指摘がある（『五王のアリバイ』所収の「歴史の験算」）。それによると、神武東征が西暦一五〇年頃と仮定して、「神武が近畿の支配者となって、弥生の終末期まで約百五十年あるとしても、この近畿の弥生終末期までの間、九州につながる考古学的データの少なさをどう説明すればよいのだろう」という疑問をもたれる。

辻氏のいう「九州につながる考古学的データ」が具体的に銅鏡を意味するのなら、伊都支分国の庶子の出で道中に辛苦を重ねて大和の王となった神武集団が大量の銅鏡をもつことは考え難い。その意味で、弥生後期の畿内に銅鏡があまり出土しないほうがむしろ自然である。

とはいえ、銅鏡関係のデータがまったくないわけでもない。それは、銅鏡片の出土であり、賀川光《かがわみつ》夫《お》氏の後漢鏡片についての研究（「所謂北九州外域における後漢鏡片の出土背景」『日本大学史学科五十周年記念歴史学論文集』一九七八年）は注目される。

この研究を踏まえて、王金林氏も、「後漢の鏡片の出た地域はちょうど邪馬台国が所在する地方であり、鏡片が故意に分割され各地に分与された時期は、ちょうど早期邪馬台国の時期である」と記される（『古代の日本』）。九州各地から出土した後漢の残鏡片二十余点は、たいてい一地一片で発見され、その大部分が後漢前半、一部は王莽時代の方格規矩鏡《ほうかくきく》と判断され、鏡を割ってその折損部を故意に摩滅させているという特徴がある。

三世紀段階の近畿地方においても、破砕分割された銅鏡片の出土例がかなりある。方格規矩鏡の鏡片が瓜破《うりわり》北遺跡（大阪市平野区）で出土し、後漢代の内行花文鏡の鏡片が瓜破北遺跡のほか、播磨大中遺跡（兵庫県加古郡播磨町大中）や紀伊の太田黒田遺跡・滝ケ峰遺跡（ともに和歌山市）で出土しており、この鏡片を研磨して穴をあけぶらさげて大事にした様子がうかがわれる、と都出比呂志氏がいわれる（『三世紀の九州と近畿』）。

この近畿における後漢鏡片の出土こそ、邪馬台国関係者である神武の東征の考古学的データの一つだとみられるので、そうした事情を次に記したい。

太田黒田遺跡は、ＪＲ和歌山駅の東近隣に位置する県内最大級の弥生遺跡であるうえ、その付近には紀国造家が古代から世襲奉斎する日前宮《にちぜんぐう》（東南近隣）があり、紀国造に関係する遺跡であったとみられる。県内最大の前方後円墳の井辺《いんべ》八幡山古墳や、鳴《なる》神社なども近くにあり、紀北の古代史の宝庫とされる地域である。当時の紀ノ川に沿って五キロほど下った名草邑あたりは、神武東征の経路でも重要な地であった。紀伊水道にのぞむ紀の川北岸には、滝ケ峰や橘谷、天王塚など高地性集落があるが、そのなかの滝ケ峰で後漢鏡片が出たことは意味深い。

そのうえ、太田黒田遺跡から昭和四五年(一九七〇)には外縁付紐式《がいえんつきちゅうしき》と呼ばれる古い形の銅鐸が出土したが、それが平成八年(一九九六)に島根県加茂岩倉《かもいわくら》遺跡で出土した三十九個の銅鐸のうちの四個と同じ鋳型での鋳造と分かってきた。橘谷遺跡からも銅鐸が見つかっており、高地性集落と海神族、大和の前大和国家との関係もうかがわれる。

次に、播磨大中遺跡は、弥生後期の兵庫県内最大の規模で全国でもAクラスの規模の集落遺跡とされるから、初期大和朝廷との関係があっても不思議ではない。

瓜破北遺跡は、弥生・古墳期の複合遺跡であって、弥生中期の環濠状大溝も見られる。弥生後期の包含層から出た清白銘鏡の小片一点と、古墳前期の遺物包含層から出た王莽代の方格規矩鏡および後漢代の内行花文鏡の破片各一点があって、このうち後の二点は懸垂使用されたものとみられている。この遺跡の南には瓜破遺跡もあって、これら遺跡の付近が弥生期の河内の平野部における中心的な集落の一つであったとみられている。こうした弥生後期の代表的な集落から後漢鏡片の出土があったことは注目される。

古墳築造の開始

畿内に高地性集落が見られなくなるのは、前方後円墳を主とする古墳が造られ始める段階とされる。

それが庄内式土器の時代であって、三世紀中頃以降のこととみられている。古墳開始年代については、最近では、年輪年代法や炭素14法の年代測定値、あるいは三角縁神獣鏡魏鏡説などに基づいて、従来の通説よりもかなり遡上させる説が畿内の考古学者を中心に強まっている。とはいえ、こうした年代遡上は合理的な根拠が弱いことは既に述べたので、基本的には従来の古墳年代観で本書を記しておく。

庄内式土器に先立ち、西暦二〇〇年頃から纏向Ⅰ式という新しい土器様式が近畿地方で始まる。石野博信氏は、その纏向Ⅰ式の段階から高地性集落がないようだとも記し、「その段階で世の中が変わるのだ」と考えている（『古墳はなぜつくられたのか』一九八八年）。こうした土器や古墳という考古学上の変化は、時期的に見ても、神武東征の影響ではないか、少なくとも遠因は神武東征にあるのではないかと考えられる。

石野氏によると、「庄内式という弥生時代か古墳時代かでまだもめている土器の時期の段階に、すでに大和の纏向の古墳タイプと同じものが九州にあり」、「庄内段階に単に前方後円墳が大和にできたというだけではなくて、九州地域に同形の古墳ができるような連帯関係があったのかもしれない」とされる。同書では、柳田康雄氏によると、北九州では纏向古墳群に似た古墳が何例か見つかっており、墳丘が似ているばかりではなく、庄内式土器も北九州の前期古墳がある福岡平野・糸島平野に集中しているとされており、その途中地は少なかったとも記されている。

このあたりの解釈や説明は難しいが、古墳や庄内式土器のなんらかの源流が北九州にあって、神武東征（及び饒速日命の東遷）ないし邪馬台国などの東遷により大和にもたらされた可能性がある。

大和盆地東南部で三輪山西麓の地、纏向には**纏向遺跡群**があり、最古と評価されている前方後円墳数基が含まれる。土器編年等からみて、石塚古墳を最古として、東田古墳→勝山古墳→ホケノ山→矢塚・箸墓古墳の築造順といわれるが、この順番には諸説ある。邪馬台国大和論者からは、纏向遺跡は卑弥呼の都ではないかと擬せられて、『魏志倭人伝』に見える卑弥呼の冢の記事から古墳の発生を邪馬台国所在地論に結びつける説もかなり見られるが、これらは倭人伝記事の曲解にすぎない。纏向遺跡が卑弥呼の都だとするためには、中国・朝鮮との交流の中心地だったことを示すものが数多く出土しなければならないが、そのような出土遺物は、土器をはじめとしてほとんどない事情にある。

纏向の石塚古墳が周濠をめぐらせた全長九四㍍の前方後円墳であると平成元年（一九八九）六月に橿原考古学研究所等から発表され、同墳の周濠から出土した纏向3型と呼ばれる土器から、同墳は三世紀後半の築造であって、箸墓古墳（箸中山古墳）より数十年古く、その原型でもあったと報じられた。年輪年代法等による年代値からはさらに年代が遡上されるが、あまり根拠なく遡上させた古墳年代観に基づいて、邪馬台国畿内説の根拠としたり、同説の強化になると考えるのは、結論先取りで短絡的である。

纏向一帯が四世紀前半頃のわが国の政治中心地であったことは間違いない。纏向遺跡には、畿内はもちろん、南関東・東海・北陸や吉備・防長など各地の土器が集まっているが、その拡がりや崇神の磯城瑞垣宮との関係からみて、その宮都と考えるのが自然である。この遺跡からは九州系の土器がほとんど出土しない事情があり、東遷説否定の根拠とも考えられたが、崇神朝にはその勢力圏が北九州に及んでいなかったことで、邪馬台国大和説の否定につながるだけである。

三世紀代のわが国古代社会は多元的で、北九州、出雲、大和などに中小国家圏がそれぞれ並立的に成立していたものとみるほうが自然であろう。こうした多元的な見方からいって、纏向遺跡は邪馬台国とは別の位置づけをしなければならない。東遷説との関係でも、崇神朝の直前あたりの時期に九州から畿内に東遷してきた部族がいなかったことを示唆するにとどまる。

崇神天皇が初代の大王（天皇）とされる意味が、大和に王権が確立して近畿圏から急拡大し全国的な規模となったときの実質的な大王というのであれば、妥当である。四世紀前葉頃の崇神朝のときに、大和朝廷が畿内一円の勢力から本州の大半を押さえる規模に発展したとしたら、それ以前に基礎固めの期間がある程度の長さであったほうが自然であろう。

三品彰英氏は、崇神紀に初めて高塚古墳築造の記事（崇神十年条の箸墓築造記事）が出てくるが、「あれだけの大きな勢力のある王が初めて出てきたのではなくて、もうそれを作り得るほどの土木技術の発達と実力者が、すでにあった」ものであり、「王者の初現は、大古墳の出現に先行する」と記される（『神話と考古学の間』）。

古墳時代の開始を三世紀後葉頃とするか、それより早い三世紀中葉頃とするかで説は分かれるが、崇神朝には巨大古墳が作られたことは確かであり、崇神の陵墓が宮都に近い山辺の道に沿った巨大古墳の一つであろう。崇神陵が現在治定の行燈山古墳ではなく、箸中山古墳こそ崇神天皇にふさわしい（拙著『巨大古墳と古代王統譜』を参照）。

上田正昭氏は、畿内周辺部に弥生時代の墓と古墳とのつながりを示す墳墓（例えば、兵庫県加古川市西条古墳群五二号墳）が認められつつあるとして、「畿内の後期弥生文化と畿内古墳文化のつながりには、軽視しがたいものがある」と記している（『大和朝廷』一九六七年）。

以上の見解を総合的に考えると、古墳・土器の源流が九州にあったものがあり、その一方、畿内では、弥生後期の文化と古墳文化とのつながりが強くあって、大和朝廷には崇神天皇に先立つ一定の基礎期間とその時期の初期諸天皇の存在を認めたほうが自然である。

神話生育の地と女性主権者の存在

神話生育の地の伝承も東遷の痕跡といえよう。

東遷論者の先駆けともいうべき和辻哲郎は、記紀神話でしばしば登場する鉾と剣は筑紫中心の銅鉾・銅剣文化と照応していると指摘した。

金子武雄氏も、記紀神話にあっては、いわゆる出雲神話を除いた他の神話は、そのほとんどが北九州の地で生育したものと指摘する。ところが、記紀の出雲神話でさえ、「出雲」という名にかかわらず、本来は北九州生育の神話伝承だと私には思われる。『出雲国風土記』には、記紀のいわゆる「出雲神話」がまったく見えず、これは博多平野の奴国の領域で生じたものとみられる。

これら記紀神話を持って民団が畿内に遷住し、それが後の大和朝廷につながったものと考えられる。

女性主権者の存在も、北九州では著しい。皇室の統治形態の伝承のなかには、女神の天照大神（その原型は男性神であるので、参考にはならないことに注意）や神功皇后（実態は成務皇后の日葉酢媛）があり、少し時代が下って五世紀後葉に飯豊青《いいとよあお》尊の摂政（実態は在位に近いか）があり、六世紀前半の春日山田皇后（安閑皇后）に対し統治の要請があり、さらには推古・皇極・持統などの女帝が現実に登場する。

卑弥呼や台与が北九州にあった場合は勿論のこと、記紀や風土記をみても、呪術的な権威をもった女性の君長が多く現れるのは北九州中心といえよう。景行天皇の西征の際には、豊前の神夏磯《かむなつし》媛、日向諸県《もろかた》の泉媛、碩田《おおきた》（大分）の速津媛、八女の八女媛が見え、神功皇后紀には山門県の田油津《たぶらつ》媛が見え、『肥前国風土記』には佐嘉《さが》郡の土蜘蛛として大山田女《おおやまだめ》・狭山田女《さやまだめ》などが見える。

これらの事情は、皇室が北九州に親縁を有する一つの傍証になるだろうとみる植村清二氏の見解がある（『神武天皇』）。統治にあたっての女性の地位の高さや発言権の強さは、北東アジアの騎馬系民族（半猟半農系も含む）が有した伝統であり、それが大和朝廷に伝わったものと考えられる。縄文人系の土蜘蛛とは本来別の種族であるが、北九州ではこれが混合していたのであろう。

氏族の系譜伝承—地祇と天神

氏族の系譜伝承をみても、民団移動に関して興味深いものがある。

三輪君、倭直、吉野連、国栖など大和国原住という伝承をもつ氏族はみな、国つ神の後裔を称する氏族区分の「地祇《ちぎ》」に分類された。これに対し、高天原に起源をもつ氏族は「天孫」か「天神」に区分され、平安初期の『新撰姓氏録』にもこうした分類で記載される。例えば三輪氏の一族は、初期諸天皇の后妃を輩出し、七世紀末の持統朝でも中納言大神《おおみわ》朝臣高市麻呂《たけちまろ》を出すなど、古代の朝廷内で氏族としての地位は高かったが、それにもかかわらず、地祇に属した。本来の出自は地祇であったのが、系譜仮冒により天孫となった尾張氏族や皇別となった和珥氏族の例もあるので、『姓氏録』の天神・

地祇・皇別などの区分がそのまま実態とはいえないものもあるが、この系譜仮冒にみるように、地祇は必ずしも歓迎される呼称ではなかった。

神武東征伝承に登場する大和先住民の後裔氏族が例外なく地祇に分類されることからいっても、皇室の先祖が他の地方から大和に侵攻してきたことが傍証される。『姓氏録』では、平安初期当時の畿内の名族全体で一一九一氏のうち、地祇が三〇氏（二・五％のシェア）しかない状況であり、これは、大和朝廷を構成する天皇家や有力諸氏族が大和自生だったのなら、きわめておかしな話となる。天皇家が大和自生だった場合、どのような基準をもって地祇に分類したのだろうか。天孫系、天神系の系譜をもつ氏族のなかにも、神武東征に敵対した勢力（伊勢津彦など）の後裔さえあったのである。

太田亮博士によると、古代氏族の地域的分布からいって、貴族の中心地が九州から大和へ移動したことが考えられるという。大伴・中臣・物部などの各氏の発祥地が九州のようであり、宇佐・壱岐・対馬・松浦などの九州の辺縁部の古い氏族が「天神」とされるのも、これと符合する。饒速日命を祖とする物部氏族の起源地が、筑後川中下流域、次いで遠賀川流域にあったことは先に記したが、神武がこれと同族だと認めた事情もある。

伊勢津彦と諏訪神族の東遷

関東や信濃という東国在住の古代氏族のなかには、神武東征に玉突きされて畿内周辺を追い出され、その結果、遠祖が東遷したという伝承をもつものがある。

その著名なものは、『伊勢国風土記』逸文に見える神武朝の**伊勢津彦**である。それによると、伊勢津彦は伊賀の安志《あなし》の社に坐す神で、出雲神の子であり、またの名を出雲建子命、天櫛玉命といい、石で城を造って居住していた。神武東征の際に、神武が派遣した天日別命に国土を天孫に献上するかを問われ、はじめに否と答えたために討伐されそうになったので、居住していた伊勢を風濤に乗じて去った、と記される。その後補の文には、「近くは信濃国にいる」と記される。

この伊勢津彦と関連して、諏訪神の**建御名方命**が取り上げられる。建御名方命は、『古事記』の国譲りの段に大国主神の次子として見えるが、父や兄の事代主神に従わず高天原への国譲りに反対し、高天原からの使節建御雷神と力競べをして負かされ、信濃の州羽《すわ》海（諏訪湖）に追い詰められ殺されそうになったとき、この諏訪の地から出て他に行くことはしない、領土は献上すると言って助命された、と記される。『旧事本紀』では、大己貴神（大国主神）と高志の沼河姫との間の子で、信濃国諏方郡諏方神社に座すと記されるが、『日本書紀』や『出雲国風土記』には、この神の記事はない。

伊勢津彦と建御名方命との関係については、出典も時代・地域も異なるが、国土を天孫（及びその子孫）に献上して本国を去り、信濃に鎮座するという所伝では事績が酷似するため、江戸後期には同神か別神かとの論争があり、当時の著名な国学者の間で見解が分かれた。本居宣長は同人説、伴信友は異人説を唱えており、上記逸文の記事があいまいな部分をもつため、難解なものとなっている。

結論から先にいえば、両者は神武東征時の人という点では同じであるが、その子孫や祭祀・トーテミズムなどの事情を考えて、伊勢津彦は天孫族系統の出雲国造一族であって、武蔵・相模などの東国諸国造の遠祖であり、建御名方命は海神族の出で諏訪大祝《おおはふり》など信濃の神氏《じんし》一族の遠祖であって、別人とするのが妥当である（詳しくはコラム参照）。これらと同じような行動をとり、伊豆国造の先祖や信濃の阿智祝《あちのはふり》の先祖も東遷したとみられる。

これら諸氏族の伝承に見るように、神武の大和侵入により、敵対する勢力（部族）の東国への移動が引き起こされたが、その子孫が東国各地に現存して先祖の東遷伝承とその事情を伝えていたことは無視できない。

＜コラム＞伊勢津彦と諏訪神建御名方命の関係

1　両者は同神か別神かで見解が分かれていたが、代表的な説をあげると次のとおり。

本居宣長は、『古事記伝』で「伊勢津彦と云は建御名方ノ神の亦の名にて、右の故事は、即建御雷ノ神の建御名方ノ神を攻追ひたまへる此の段の事なるを、神武天皇の御世の事とせるは、伝の誤なるべし」と記している。

一方、**伴信友**は、『倭姫命世記考』で、伊勢津彦は出雲神で伊勢を領し、建御名方神は一旦伊勢津彦を頼って伊勢に逃れ、その後に信濃に去ったという事情があったので、伊勢津彦はその後に信濃に逃げられた、と述べている。

2　ここで問題は、①両者の東遷は、時代が天孫降臨の時か神武東征の時か、②両者の居住の場所は出雲であったのか、となるが、そのポイントは、天孫降臨の地域と時代がどうだったのかに帰着する。

結論からいえば、天孫降臨は北九州の筑前で現実に起きた事件であり、高天原に敵対していた大己貴命主宰の葦原中国（『古事記』のいわゆる「出雲」）とは同国那珂郡あたりの国で、時期も西暦二世紀前半頃とみられる。『出雲国風土記』には、国譲りも天孫降臨も所伝がなく、事代主神という神さえも見えないが、そのことを傍証する。

『古事記』の国譲りの段に見える「大国主神」とは、建御名方命との関連でいえば、大和の三輪山に鎮座する大物主神であり、事代主神ともども大和の神々であった。伊勢津彦とは本来、近畿地方に居た神であり、『播磨国風土記』揖保郡林田里の伊勢野の条に見える伊和の大神（＝大物主神）の子の伊勢都比古命とも同神である。

神武東征に際して、事代主神の子という長髄彦は敵対したが、その叔父の建御名方命もこれに同調し、遂には本拠を追われて諏訪に至ったことになる。

ただ、建御名方命の別名が建御名方富命（南方刀美神）とも書かれ、「富・刀美」が地名「登美」の意味なら、同神が即「長髄彦」に通じる可能性がある。長髄彦の妹が饒速日命に嫁したという世代対比でいえば、長髄彦は神武と時代は多少重なるが、神武の一世代前の人とみることができるので、その場合には「建御名方命＝長髄彦」の感が強くなる。長髄彦の後裔が逃れた阿波国名方郡の地に式内社の多祁御奈刀弥《たけみなとみ》神社があるのも、その傍証となろう。この場合には、実際に諏訪や阿波に移遷したのは建御名方命の子孫だとみられる。

建御名方命は諏訪神族の遠祖神として、その子孫は三河・遠江地方を経て信濃南部の諏訪に至り、諏訪地方を中心に長く勢力を保持した。同神関係の式内社が信濃・阿波の前掲社のほか、遠江国磐田郡に須波若御子神社があげられ、三重から愛知・静岡の東海地方にも諏訪神社が多数分布している。その出自は竜蛇信仰をもつ海神族の三輪の磯城県主・大神《おおみわ》君（三輪君）の一族であり、諏訪神族が神人部《かむひとべ》（直・宿祢姓）を姓氏としたことに通じる。諏訪神社は奈良の三輪山を神とする大神《おおみわ》神社と同様に本殿はなく、背後の山が神体であって、最も古い信仰形式を示している。

3

神武東征に際して、これに服属することを潔しとせず、東国や四国などに去った部族がいくつか見られる。その一つが東国の伊豆、さらには武蔵・相模や房総方面に行って繁衍した伊勢津彦とその後裔であって、これが建御名方命一族と混同されて、「近くは信濃国に居る」という文が追加されたとみられる。日本古典文学大系の『風土記』には、その上註で、「伊勢津彦神の信濃鎮座の注記は後補の文である。倭姫命世紀に見える」と記しており、『倭姫命世記』は鎌倉時代の偽書であることに留意したい。

古代武蔵国造家の系譜は「角井《つのい》家系」（『埼玉叢書』第三所収）に見えており、上古の部分については必ずしも信がおけないところもあるが、出雲国造の祖・天夷鳥命の子に出雲建子命（又名櫛玉命、伊勢都彦命）をあげて、「始住二度会県一神武天皇御宇来二于東国一」と記し、その子に神狭《かむさ》命（諸忍毘古命）があげられる。これらの子孫が武蔵国造の祖の兄多毛比《えたもひ》命やその弟の相武《さがむ》国造の祖・弟武彦《おとたけひこ》命であると系図に見え、「国造本紀」の無邪志国造条には「出雲臣祖名二井之宇迦諸忍《ふたいのうかもろおし》之神狭命の十世孫の兄多毛比命」を、相武国造条には「武刺《むさし》国造祖神伊勢都彦命三《（ママ）》世孫弟武彦命」を、成務朝に各々国造に定めたと記される。

伊勢津彦が出雲建子命の別名をもつのは、その出自に拠るものであり、出雲国造は天孫族の一支系であって、物部氏族とも近く、鍛冶技術にすぐれ日神信仰を保持していた。伊勢津彦が伊勢を去るに際して、大風を起こし光輝いて日の如くであったというのも、鍛冶に際して風を活用し、日神信仰を持っていたことをうかがわせる。物部氏族の祖・饒速日命が神武東征に先立ち大和に入り、その子の可美真手命が長髄彦を殺して神武に服属したものの、その一族には服属を拒んで東国に去ったものがあったことは興味深い。

4　以上に見るように、両者は、ともに神武東征のころの人であるが、別神であり、本居宣長の見解はいずれも誤りである。記紀の記事には、この関係で多くの混同があったことも知られる。

第六章　神武東征は邪馬台国東遷か

一　邪馬台国は東遷したのか

本書ではこれまで何度か邪馬台国東遷説に触れ、それが成立しがたいことを記してきたが、邪馬台国東遷説について、もう少し検討を加えたい。神武東征と邪馬台国東遷とはほぼ同時に取り上げられることが多いからである。なお、拙稿「邪馬台国東遷はなかった—安本美典氏の邪馬台国論批判—」（『古代史の海』第二〇・二一号〔二〇〇〇年六月、同年九月〕）でも論じており、これも参照されたい。

邪馬台国東遷説の是非

邪馬台国九州説をとる研究者には、関連して邪馬台国東遷説（ここでは、省略して単に「東遷説」ともいう）が多く見られる。

東遷説には、論者により多少の変化があるが、その最も基本的（狭義）なものとしては、「北九州にあった卑弥呼の邪馬台国が、その後代にあたる弥生時代の終末期頃に東遷して大和盆地に入り、大和朝廷の基礎を築いた」（邪馬台国九州説で東遷説）と説くものである……和辻哲郎に始まる諸学究。

これに類して、卑弥呼の前の段階の邪馬台国が北九州にあって、それが東遷して卑弥呼のときには大和にあったとみる見解（邪馬台国畿内説で東遷説）もある……原田大六、上田正昭氏など。

また、邪馬台国の一部ないし一支族、邪馬台国連合のある国（奴国、伊都国、投馬国）ないし敵対する狗奴国、が九州から東遷したという類型もある。

これらに対して、東遷説に反対する立場が邪馬台国畿内説をとる考古学者の大部分といえそうである。東遷論者には、邪馬台国東遷と神武東征伝承とを同一または反映とみる見方がかなり多く、こうした事情があるため、東遷説に反発して、これを「神武東征神話の亡霊」と非難する学究（田辺昭三、佐原真氏など）さえもいる。

ここで冷静に考え、論理的に問題を検討しようとするなら、神話とか亡霊という言葉を投げつけて問題が片づくわけではない。「神話」とするのなら、その底部に史実があるかどうかという検討も必要になる。東遷説論者が根拠としてあげるように、北九州と近畿にはその間の部族移動を示すとみられる痕跡がかなりある。そうした根拠はすでに地名の相似、銅鐸、高地性集落、氏族伝承などで見てきたところであり、なんらかの東遷ですら否認するということは論理的にできないはずである。

また、神武東征を邪馬台国東遷の反映とするのも問題が大きい。先に述べたように、反映説は想像論にすぎない。「反映」とみるのは、記紀等の編者の心裡の推測としての判断であって、客観的に裏づけがないし、反映という証明もできない。反映説では肯定論にも否定論にもなりえないということである。邪馬台国が実際に東遷したのなら、それを担った者も現実にいたわけで、それを「反映」と表現をするのは議論を曖昧にする。

神武東征と邪馬台国東遷について、その立論の背景まで考えれば、実質的な相違はその時期と規模である。神武東征は記紀では小規模な部族体あるいは軍隊の移動であるに対し、邪馬台国東遷は三世紀後半頃になされた（前期邪馬台国東遷説では一、二世紀代）国家組織体の移遷である。神武東征がただちに邪馬台国東遷ではない。

邪馬台国東遷論者の説く東遷の時期は、多くの論者は、卑弥呼の死後（おそらくは台与による西暦二六六年の晋朝への遣使の後）の三世紀後半から四世紀初頭の頃で、崇神天皇の時代までの間とされる。安本氏は、邪馬台国王家から出た神武が南九州の日向国から出発したものであり（邪馬台国本国はのちに勢力を伸長した大和朝廷に吸収されたとされる）、かつ、崇神朝を四世紀中頃ととらえるので、その場合には間隔がもう少し拡がる。台与のときの東遷（大和岩雄氏）や崇神の東遷などの見方もあって、説により時期の差異がある。

しかし、東遷論者のいう時期に、北九州の勢力が畿内を征服した徴証はなんらない。邪馬台国東遷説の最大の欠点は、国家的規模の組織が東遷したという理由と東遷時期について適切な説明ができないことである。従って、結論をいえば、邪馬台国本体そのものは東遷しなかったし、邪馬台国が国家事業としてその将軍を東征に派遣したことすらなかった。

（国家ないし民族そのものの大移動は、アジアでも前漢時の月氏《げっし》の例に見られるが、邪馬台国は匈奴や月氏などの遊牧国家ではなかった。月氏の場合、その主勢力は匈奴に圧迫されたことが要因で遠く西方に逃れ、パミール高原を越えてアム・ダリヤ流域に移動し、アフガニスタン北部にあったバクトリア王国（大夏）を征服したが、まだ故地の中国辺境に残留したものもあった。中国史料は残留勢力を小月氏、西方に移動した主勢力を大月氏と呼ぶ。）

これでもうこの問題を終わりとすることもできようが、そういわずに、もう少し細部にわたって検討を加えてみよう。

第一に、邪馬台国はなぜ東遷したのかという問いかけである。北九州で栄えていたはずの邪馬台国がなぜ突然に国を挙げて東遷しなければならなかったのか。本来の領域の北九州をなぜ放棄したのか、という疑問である。抗争していた狗奴国に滅ぼされたとか、あるいは圧迫され、打ち破られて敗走した痕跡もまったくない。これでは、この問いに答えることはできない。常識的で自然な姿は、北九州に本拠をおいたまま軍隊を派遣して畿内征服をはかろうとしたことではなかろうか。それとも、邪馬台国が急速に衰えた事情が何かあったのだろうか。

第二に、神武が邪馬台国の王か将軍であったのならば、東征の成功により畿内から北九州にかけての大政治勢力圏が成立したはずではなかったか。

神武を崇神天皇の五〇年程度の祖先とみる東遷論者が多いが、安本氏のいう天皇一代約十年としても、両者の間には八代で約八〇年の差があるはずである。崇神朝より前の大和朝廷は、その宮都や墳墓・后妃の伝承から見ても、大和盆地（南部）の勢力か、せいぜいでも畿内の勢力にすぎなかった。

この問題に答えるため、㋑神武は崇神と同一人物ないしはその投影として、第二代綏靖から第九代開化までの八代の天皇を抹消したり、あるいはやや複雑化して、㋺神武の後継が崇神であり、熊野で死去した神武の遺志を受け継いで崇神が東遷事業を完成させたもので、熊野以降の神武は崇神と同一人物であるとする説（辻直樹氏『五王のアリバイ』）、まである。

これでは、安易な言いつくろいにすぎない。神武と崇神とでは、同一人説が採りえないことは先に述べた。歴史的事件の解釈にあたって、指導者個人だけを取り上げる見方は問題が大きい。

第三に、記紀や氏族伝承から見る限り、神武の率いた軍勢は、大和の長髄彦を正面から打ち破るだけの十分な兵力・軍備をもっていなかったが、これは何故だったのか。

神武軍が邪馬台国の正規軍であるなら、長髄彦に敗れた後は一旦、本拠地に帰るか、少なくとも摂津か播磨などの西方に一歩退いて態勢を整え、本国からの後援をまって新たな戦を起こせばよいものをそうはしていない。神武は少数の兵力で紀伊迂回を行い、側面から長髄彦を突く奇襲戦術をとっている。これが、邪馬台国の王や将軍の率いた軍勢とはとうてい思われない。神武はせいぜい一部隊の長という描写であって、後援・後続の軍隊の派遣もまったく見られないのはどうしたものだろうか。神武が熊野で倒れたとき、天照大神がフツノミタマという神剣を下したという伝承や、八咫烏がやはり天上からの派遣であったとする伝承もあるが、これではとても援軍とはいえない。邪馬台国の王がなぜ自ら孤立無援の東征を敢行しようとするのか。

東遷の理由については、戦前の和辻哲郎の説以来、主として国家的統一をめざす九州勢力の東征として論じられてきたが、そのようなものではなかったことは、ここまで指摘してきた問題点から分かる。神武の背後に邪馬台国という大国があったとは考え難く、仮に背後に邪馬台国があったとしても、それがきわめて衰弱した状態にあったとしかいえない。

神武伝承をさておいて、邪馬台国という国家の移遷の契機を東アジア社会の政治動向のうちに求める見解もある（奥野正男氏など）。魏・晋代を通じて、朝鮮半島（と九州北部）を軍事支配してきた中国の力が晋末に弱まり、やがて四世紀前葉の三一三年頃には、高句麗と韓・濊《わい》の諸族によって楽浪・帯方郡が滅亡したという政治状況を契機とするという説である。この場合、邪馬台国がより広い政治的支配をめざすという「積極説」と、中国の後ろ盾を失ったため新天地を求めての避難的移動を考える「消極説」が出てくる。とはいえ、狭い領域しかもたなかった崇神前代までの諸天皇を否定しない限り、積極説は成り立たないし、消極説では、邪馬台国の東遷が三世紀後半頃とするのでは時期が早すぎる。従って、学者好み風な東アジア社会関連の説明も論拠に欠けると言わざるをえない。

辻直樹氏は、邪馬台国東遷説の弱点の一つとして東遷の動機が薄弱なことを認識し、邪馬台国が安泰で、神武東征はたんに邪馬台勢力の東漸と考える（「神武が来た道」『五王のアリバイ』所収）。しかし、神武軍の貧弱性は邪馬台国本国の東征とは背反する。神武（＝崇神、とみるのが辻説）から垂仁までの政権が近畿における北九州の政権と辻説はみるが、その裏づけもまったくない。

結局、いろいろ考えをめぐらせても、邪馬台国東遷の理由は見いだせないということになる。

一部隊長としての神武

邪馬台国本体に東遷の必然性がない以上、その移遷については、神武個人の事情を考える必要がある。そのため、神武についての記述を合理的に見直さなければならない。

神武の軍が貧弱で孤立無援であった事情からみると、神武は一部隊の長（それも、当初は長兄の五瀬命が長だったか）であっても、派遣軍の将軍ですらなく、本国から切り離された存在であった。神武兄弟が邪馬台国と関係があったとしても、王家の嫡流本宗的な存在ではなく、支庶家系統のそのまた庶子くらいであって、東方に新天地をもとめる必要があったものとみられる。

この辺の事情を、『書紀』は、現住の地は西偏であるので、国の中心に移って皇化を推進するためというのが東征の契機だとする。

一方、『記』ではもっと率直に記している。神武は、「いづれの地に坐《いま》さば、平《たい》らけく天の下の政《まつりごと》を聞こしめさむ。なほ東のかたに行かむ」と言って日向を出発したと記される。このときの神武の言を、「どこの地におったならば天下を泰平にすることができるのであろうか」と訳する見解(武田祐吉訳注『新訂 古事記』角川文庫)もあるが、この解釈は疑問である。むしろ、「どの地に行けば、天下の政をとれるのであろうか」というのがごく素直なところであろう。

小説家の邦光史郎氏も、同じように解釈し、その著『消えた銅鐸族』(一九八六年)では、一旗揚げに「美き地《うまきち》」を求めて東に向かった天孫族の野望として記述を展開する。これは正鵠を得ている思われる。そこでは、「どこへ行ったら、自分たちの統治できる国があるのであろう」という気持ちであり、「もはや九州にいても先の見込みがないから、どこかよいところはないか、そこへいってクニづくりを一からはじめたいと兄弟で相談したと考えたほうが自然である。彼らは、九州全体のなかでは、どうやら弱小勢力だったのだろう。…(中略)…となると東に行った動機も、どこか追い詰められた感じ」がある、と記される。

久保田穣氏も私見と同じく、神武の実在とその東征を認めて、卑弥呼以前の時期とし、「故国を捨てた神武天皇の冒険」という見方をしている。

ということであれば、神武軍の東征における苦労も、初期大和朝廷の勢力の弱さも理解される。こうした小部族国家が大和盆地南部にあったとしても、勢力圏が重ならないまま北九州の邪馬台国と併存して何ら不思議はない。神武の大和侵入が成功した後でも、その故地から一族関係者を呼ぶような行動が取られていない。神武軍には、兄弟以外の一族の参加が見られず、瓊瓊杵〜神武に至る世代から分出した大和朝廷の構成氏族も皆無である。ここでも、神武兄弟の孤立無援ぶりがわかる。

神武が率いた軍隊を見ても、北九州から随行したという伝承が残る氏族は中臣氏くらいである。それでも、中臣の祖先は戦闘行為に名が見えない。大和朝廷の初期の軍事機能を担った大伴・久米氏の先祖は、紀伊北部で従っており、同じく物部氏の先祖は最後に大和で従ったにすぎない。いいかえれば、紀ノ川下流域を押さえたことで初めて、神武は軍隊らしい軍隊をもったとさえいえよう。「天孫本紀」に見る物部氏の先祖饒速日命の軍隊構成からみても、対比的に神武の軍勢の貧弱さがうかがわれ、そうした軍備しかもちえなかった神武兄弟の進発地における地位がおのずと浮かび上がる。

二　邪馬台国関係者の東遷と筑後国山本郡

邪馬台国の都

前章で記した大和盆地南部と筑後川中流域の地名の相似が邪馬台国関係者の移住の結果とみる点では、私は安本説・奥野説と共通の認識を有している。そうであっても、邪馬台の都の所在地が直ちに福岡県甘木（現朝倉市）とか佐賀県吉野ヶ里になるわけでもない。そこには、何段階かの論理の積み重なりがあるはずである。

安本氏は、『魏志倭人伝』の邪馬台国の卑弥呼の時代が、記紀にいう高天原の天照大神の時代に重なり合うとして、「高天原＝邪馬台国」「天照大神＝卑弥呼」と考える。甘木の近くの旧夜須町《やす》（現筑前町）には筑後川の支流（小石原川。夜須川ともいう）が流れていて、高天原神話の「天《あめ》の安《やす》の河」を思わせるし、この上流には岩屋山と呼ばれる山が現実に存在する。甘木の「甘」は「天《あま》」と関係ありそうでもあり、甘木の近くには高木という高木神（高御産巣日《たかみむすび》の神）と関係がありそうな地名もあり、これらの事情から、「高天原」は現在の高木・甘木あたりと考えられた。さらに安本氏は『高天原の謎』（一九七四年）では、甘木市や夜須町が属した朝倉郡には、高木神社が十五社も集中することや香山《こうやま》（標高一九〇㍍。現在の表記は高山）という香具山に相当する山のあることをあげる。

最近では、旧甘木市域の川添平塚《かわぞえひらつか》遺跡という弥生後期の多重の堀をもつ大環濠集落が見つかったので、これに着目される。この遺跡の規模が吉野ケ里遺跡に匹敵し、卑弥呼時代のものとみられる内行花文鏡が出土したことなどから、安本氏は、倭人伝や記紀の解釈と併せ、甘木周辺に「高天原＝邪馬台国」があったとみている。石井好氏も、甘木市・朝倉郡あたりに天神社の分布が稠密だとして同説を記述する。

これに対して、一部の学者からは皇国史観につながるものとか、安易に記紀を中国史書の解釈に使おうとするものだという批判もあるが、そうした抽象的な批判は問題にしても始まらない。そこで、安本説を検討してみたところ、高天原を邪馬台国（ないしその前身の政治統合体）とみる点には、私としても異存がないことが分かった。この見解は、飯島忠夫氏以来といわれ、市村其三郎・久保泉ら諸氏も取っている。その意味で、神武より前の「神話」とされる日向三代神話や高天原神話も歴史探究の対象として良いと考えるようになった。とはいえ、その細部で安本説が妥当かというと、私見ではほとんどが反対なのである。

ここでは、本題から少しはずれるため要点だけを記しておく。

まず、**天照大神**は男性の皇祖神なので卑弥呼に重なるはずがないし（前出一七九頁のコラム参照）、高天原神話の時代は卑弥呼の全盛時代に比べ一世紀ほど早い時期と考えられる。安本説の根幹をなす「一天皇の治世期間は約十年余」という理解・把握とそれに基づく年代推定には疑問が大きく、この辺は神武に関する年代論で詳しく述べた。

「**葦原中国**」を出雲とみる説にも反対であることも、これまで触れてきた。出雲神話に頻出する地名がたまたま現在の島根県に多く見えるとしても、先にあげた「日向」や「熊野」の例に見るように、後世の地名変化があり、記紀編纂のときに編者が当時の出雲を念頭に置いた地名記述を行ったのではないかという疑いがある。『出雲国風土記』には、高天原との国譲り交渉など高天原との関係を示す記事がないうえに、その結果としてなされた天孫降臨の地は交渉相手の出雲とはまったく関係のない地「日向」であった。「葦原中国」も、葦の生い茂る原を領域とする那珂（＝長、ナーガで竜蛇）の国という語義とみられ、それが広大な地域を示すとは思われず、当時の出雲のイメージでもない。

その結果、高天原に敵対した大国主神とは、「奴国＝筑前の福岡平野地方＝葦原中国」の王であったと考える。那珂川と御笠川に挟まれた平野部を主領域としたのが葦原中国で、海神族の国であった。高天原が北九州内陸部にあったとき、その敵対国が海路遠く離れた出雲にあったとすることは地理的に不自然であり、同じ北九州の内陸部と沿岸部との対立抗争とみるのがはるかに自然である。

先に紹介したように、安本氏は、大和盆地東南部の「大和」のまわりと筑後川中流域扇状地の夜須町のまわりを具体的に地理的配置で比較検討して、畿内の「大和」が夜須町の位置に対応することを図示する。その一方では、畿内の桜井市の三輪山（ないしはその南麓）の位置に対応する北九州の旧・甘木市一帯を高天原（＝邪馬台国）ともしている。

大和国の大和郷（古くから山辺郡だが、『和名抄』では城下郡に配置）は、古来倭国造《やまとのくにのみやつこ》の本拠地であり、大和《おおやまと》神社の鎮座地であることに因る地名であるが、倭国造家は奴国王族の出であっても、邪馬台国の王族の出ではなかった。『旧事本紀』の「皇孫本紀」には、彦波瀲尊の弟に武位起命をあげ、大和国造等の祖とする記事があるが、これは、『姓氏録』が大和宿祢や青海《あおみ》首・等禰《とね》直など珍彦の後裔諸氏を地祇におくことや同氏に所伝の系譜からみて、明白な誤りである。

珍彦は、神武創業時の功により大和郷をあたりの地域の長とされたものであって、大和全体の王たる神武の居住地は当然、別の場所にあった。大和郷の地の旧名は市磯《いちし》邑であり、後にその名を改めて大倭邑というと記す書（『式内社調査報告』第三巻）もある。倭国造家で中興ともいうべき者が崇神・垂仁紀に見える「市磯の長尾市《ながおち》」であった。

もう一つの三輪山は、人間の居住地域ではないし、その南麓の金屋あたりだとすると、崇神天皇の都・磯城瑞籬《しきのみずがき》宮がおかれたとも伝えるが（実際の崇神の宮都は纏向遺跡か）、崇神とは別に神武天皇の実在を認める安本氏の考えとは矛盾する。氏は、その後の著『高天原の謎』（一九七四年）では、なんの説明もなしで奈良県の橿原（市役所の所在地あたりか）の近隣西北に「大和」という地名を置き、これが甘木に対応するともしている。しかし、ここに「大和」がおかれる根拠はなにも示さないし、甘木の位置とも対応しない。

安本氏があげる他の地名がかなりよく対応しているのに、肝腎の邪馬台国の都の比定に当たって細部があいまいになっている。氏の甘木説はおかしな比定といわざるをえない。

筑後国山本郡の浮上

神武を邪馬台国の王族関係者とみるとき、神武の宮都の位置を地理的な対比として、邪馬台国の都に当てる可能性が考えられる。神武紀によると、国土の中心に居るべきところとして、わざわざ白檮《かし》の山林を切り拓いて橿原宮を造ったとされるからである。神武の宮都の地としては、むしろ現陵墓治定地のほうを重視したほうがよいことも先に述べた。

神武と関係が深い生魂神の実体は祖先神の天照大神であったが、これが分かれば、畝傍北麓や見瀬など橿原市域の生魂《いくたま》神祭祀の歴史は古く、神武の橿原建都の際にその祖神を祀ったとみられる。

橿原神宮付近の地理は**第7図**に示すが、橿原神宮の北方一キロほどに現神武陵（畝傍《うねび》山東北陵）があり、その東方数百㍍に生魂神社が鎮座している。大和三山の一つでそのなかでは最も高い畝傍山（標高一九九㍍）の東北から東南にかけての地帯に、これら三地点は含まれている。神宮の南方近隣には、神武の股肱の武力集団であった大伴・久米氏族の本拠、築坂邑・来目邑（橿原市鳥屋町・久米町一帯）が位置する。垂仁紀には、来目邑の地にわが国最古の屯倉を興したことが記される。現神武陵の西北一キロほどには高市郡忌部邑（現同市忌部町）があり、上古から祭祀を職掌とする忌部首の

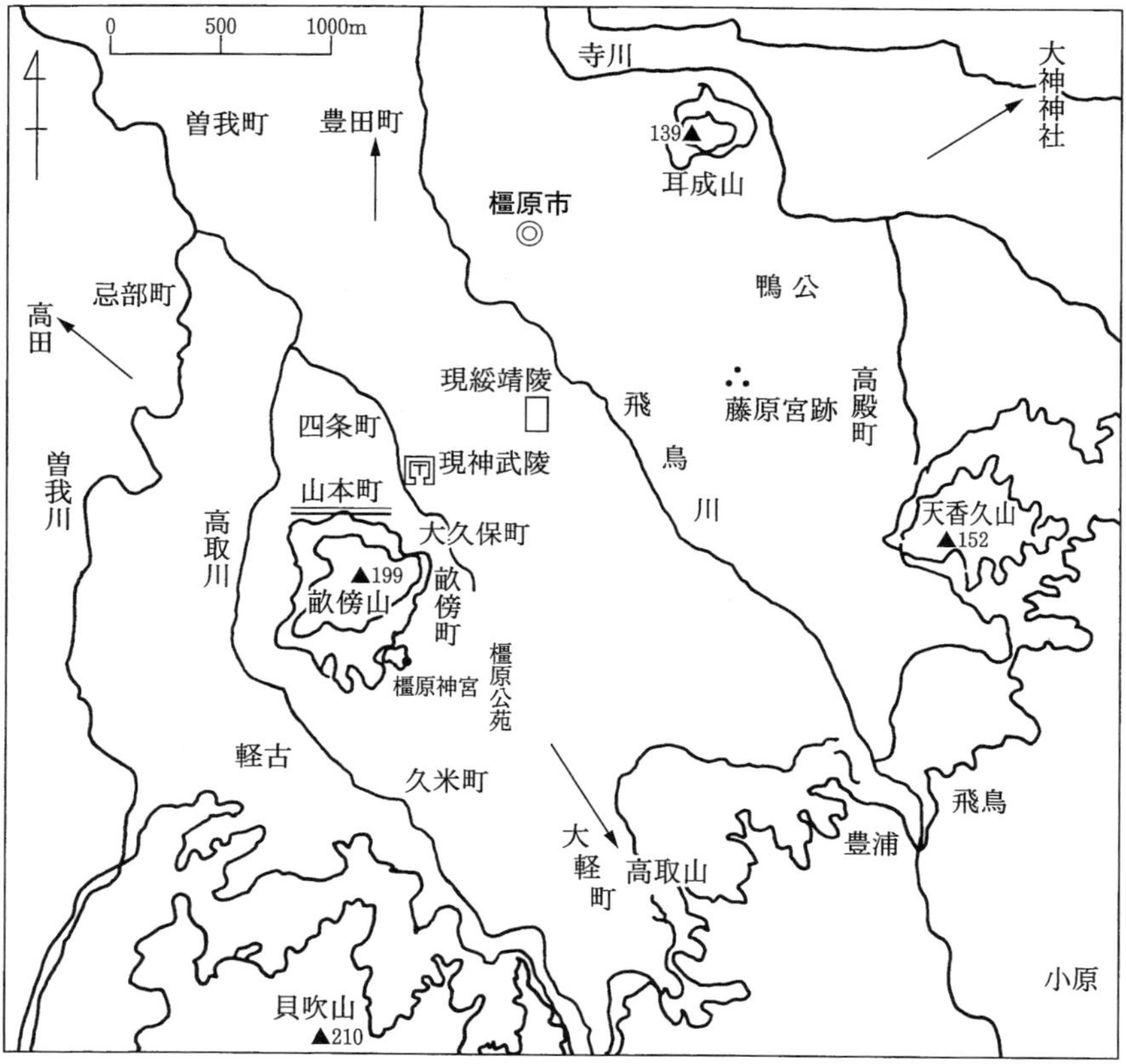

第７図　畝傍山の周辺図

本拠地であった。その祖天富命が神武に仕えたと『古語拾遺』等に伝える。

このように、高市郡の橿原地方が神武と初期諸天皇歴代の都城・陵墓の中心区域であった。こうした事情から、当時の橿原宮の大和盆地に占める位置を考えて、九州の筑後川中流域の同様な位置はどの地になるのかを検討してみたい。

大和盆地南部と筑後川中流域における地理的配置を対比し、相似した点を踏まえたうえで、橿原市の現神武陵から橿原神宮にかけての地域の地理状況を見ると次のような諸点があげられる。

①大和川の南側を流れるその支流飛鳥川の南岸にある平野部に位置する。

②貝吹山・高取山などからなる山地の北麓に位置する。

③東・西・北の方向と、西南の山地を越えて葛城郡の方面に平野部がひろがる地域である（逆にいえば、山地は南から東南・東にかけての方面に連なっている）

④大和盆地最南部の中央地点に位置する。

これらの条件に合う地域を筑後川中流域の扇状地に求めると、筑後国山本郡と東隣の御井郡あたりが地理的に近似することが分かる。山本郡の郡域はいま久留米市の東部に当たるが、東から見て大字の山本町耳納《みのう》・山本町豊田となり、前者の小字には山本という地名まである。

こうした目で大和盆地南部を見直すと、現神武陵の西側が旧山本村（現橿原市山本町）であり、畝傍山の北麓にあたる。康保四年（九六七）の尊勝院根本所領員数（東大寺文書）には高市郡山本庄と見え、一方、興福寺一乗院山本庄もあったこと（一乗院実信御教書）から、「山本」と称された地域は現山本町よりも広い地域であった。山本は畝傍山の麓という地形により生じたもので、大和国では主な山本の地名はここ一か所くらいである。

大和ではこのほか、磯城郡田原本町大字八尾の小字に山本があり、この地に笹鉾山《ささほこやま》古墳があって衣蓋《きぬがさ》形など各種の埴輪・笠形木製品が出土した。八尾には鏡作坐天照御魂神社があり、このあたりは天孫族系統で筑後に淵源をもつ物部・鏡作氏族の初期居住地であった。ここでは、近くに山がないのに、なぜ「山本」という地名が生じたのだろうか。

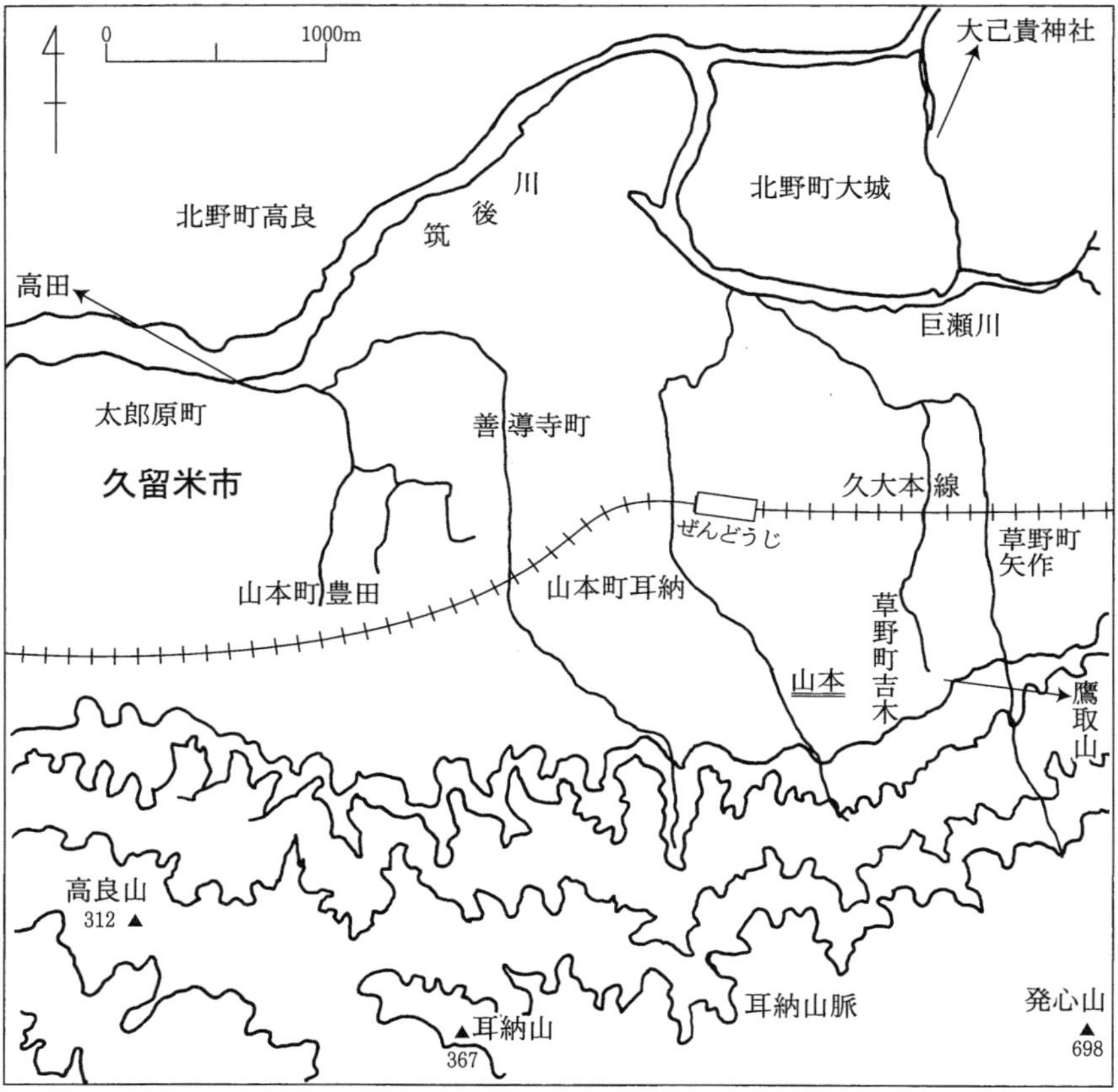

第8図　久留米市山本町の周辺図

一方、筑後国山本郡について、その地理的位置を見ると、次のようなものである。

a　筑後川の南を流れるその支流巨瀬川の平野部に位置する。なお、「巨瀬」に相似する巨勢は、『和名抄』に高市郡の郷名（現明日香村大字越に地域比定）としてあげられる。

b　高良山（標高三一二㍍）、耳納山（同三六八

㍍)、発心山（同六九八㍍)、鷹取山（同八〇二㍍）などからなる耳納山地の北麓に位置する。

c　東・西・北の方向と、西南の山地を越えて久留米市から筑後市にかけての方面に平野部がひろがる地域である。

d　筑後川中流域の扇状地南部の中央地点に位置する。

同じような地理の位置に、大和盆地でも筑後川中流扇状地でもともに「山本」という地名があるのは興味深い。筑後国の山本は、耳納山の麓という地理事情に起こっていて、同国ではここ一か所だけである。

この二つの山本を巡る地名を見ると、大和国では、東北に三輪・朝倉（ともに桜井市)、東南に高取山、西北に高田（大和高田市）が配置される。筑後国でも、ほぼ同様に、東北に三輪町・朝倉町（ともに旧町名で旧朝倉郡)、東南に鷹取山、西北に高田（鳥栖市）という配置となっている。これらの地名は厳密な角度では多少の差異があるものの、おおよその方向としては合致するといってよい。このほか、方角等の差異をはずすと、大和と筑後を中心とする地域においては、先学の指摘のとおり、地名が同名、あるいは相似の例が数多い。例えば、筑後では山本のすぐ西側に豊田という地名があるが、大和では山本の北方近隣に豊田の地名（橿原市北部で、旧十市郡）が見える。

以上に見てきたように、地理的配置では、大和の橿原市域にあった山本庄と筑後の山本郡ではよく合致している。伊都国の地にあった神武が新天地を求めて東征行動を起こし、辛苦を乗り越え大和を討ち平らげたとき、本国にあたる邪馬台国の王都の地理的条件に似た土地を大和盆地内で探しもとめて自己の宮都として定め、その周辺地域に原郷と同様な地名を配置したものではなかろうか。

久留米市の大字山本町耳納の小字山本の地は、巨瀬川とその南岸の平野を臨む位置で、やや小高い台地にあり、この辺りから西の高良山麓にかけての小高い土地一帯が往古に「高天原」と呼ばれたとしても、形状的には不思議はない。しかも、高良は高羅とも書かれ、また高牟礼とも呼ばれたが、これらはまさに「高の国」、高天原である。なぜなら、奈良の「良」、新羅の「羅」はともに国・地域を朝鮮語の現す言葉であり、「牟礼（ムレ）」も朝鮮語の村であった。

　高良山は筑紫第一の聖地であり、高良大社は筑後一ノ宮であるとともに、御井郡は古くは景行天皇の巡狩《じゅんしゅ》の際に高羅行宮《かりみや》がおかれ、筑紫磐井君が本拠をおき、律令時代には筑後の国府がおかれた政治・交通の要衝であった。王都がよる筑後の高良山の位置に、大和においては畝傍山をおけば、全体の地理的配置がおさまる。畝傍が「ウネ（高所）＋ベ（辺、あたり）」という地形地名である可能性を『古代地名語源辞典』六三頁は記しており、そうであるならば、「畝傍＝高良・高羅」となるが、これは暗合なのだろうか。神武が橿原宮をおいた高市郡には、それに続く初期諸天皇の多

畝傍山北麓にある橿原市山本町

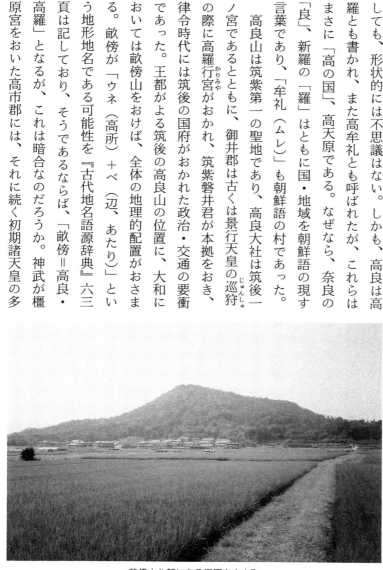

くが宮都・陵墓をおいたと伝えるが、この高市も「高の国」の意であり、高天原に通じる。

筑後と大和の山本の地は、名前ばかりか地理的状況もよく似ている。実のところ、現神武陵の所在地の大久保町という町名は新しいもので、往時には山本の地に含まれていた。陵墓は、大正十二年（一九二三）当時と同じ場所にあるが、同年発行の『奈良県高市郡古墳誌』には「高市郡白橿《しらかし》村大字山本」と記されていた。

こうしてみると、神武の宮都の比定地としては、橿原神宮の地ではなく、現神武陵の地のほうが適当である。古くから伝えられた「神武田」とは、神武の宮都に因んだ呼称だったものか。神武の陵墓も、『記』によれば畝傍山の北方の白檮《かし》の尾上とされるから、宮都の付近に造られたことになる。

「邪馬台＝山本」説

次に、「山本」と「邪馬台」との関連について記述する。

かつて昭和四十二年に最初の版『邪馬台国への道』を出した当時、安本美典氏は「邪馬台＝山本」説を説いていた。ところが、同書が昭和五十二年に改訂されて『新考・邪馬台国への道』となったとき、この説は放棄されて記事が欠落した。この欠落は惜しまれるので、説の骨子について、少し長くなるが以下に紹介させていただく。

古代の日本語には、「母音調和《ぼいんちょうわ》」と呼ばれる現象があった。「オ」の発音には、甲類・乙類の二通りあったが、甲類のォを「O」、乙類のォを「Ö」であらわすとしたら、例えば「KÖKÖRÖ（心）」のように、単語（語根）を作るとき、一つの単語のなかの母音が調和する現象を母音調和という。そして、乙類の「Ö」は、「A」の音と同居することの少ないことが明らかにされている。

ところで、「邪馬台」の音は通常「YAMATÖ」とされるゆえに、「YAMA」という二音節の単語と「TÖ」という一音節の単語との合成であることが分かる。

いま『和名抄』の全ての郡名において、「ヤマ」と音節が連なるものの例は十九例あり、うち十八例までが「山」であるので、地名で「ヤマ」の音が現れたら「山」とみてまず間違いなく、「邪馬」も「山」と考えられる（註：残る一例は陸奥国の耶麻郡。この耶麻も、大和国平群郡夜麻郷、播磨国赤穂郡野磨郷について、前者は山部の居住地、後者も「山の里」という表記があることから、「山」の意とみるのが妥当であろう。そうすると、十九例の全てが「山」となる）。

次に、「台」について調べてみると、『和名抄』五九〇の郷名のなかには、乙類の「と」の音をもつ、純粋に一音節の単語を含む地名は殆どないという結論になるので、邪馬台の「台」は、もともと二音節であった単語の他の音が落ち、「台」だけが残った可能性が極めて大きい。同書の郡名で乙類の「と」の音を含む地名のなかの単語では、「もと」の例が最も多い。

以上のように仮定すれば、「邪馬台」は「やまもと」すなわち「山本」となる。そうすれば、次のような点でこの説は支持される。

① 「本（もと）」の音は「MÖTÖ」であり、「と」は乙類の「と」であって、「邪馬台」の「台」と発音が一致する。

②「やまもと」の意味は「やまのふもと」である。「邪馬台国（高天原）」が内陸に位置し、しかも「高天の原」からも窺われるように、平地部があるとすれば、それにふさわしい意味をもつ。
③九州には、「山鳥」「山豊」などの地名が見られないが（「と」を含む地名中の単語では、「もと」の他に「とり」「とよ」「みと」「をと」「とほ」「とを」がある）、郡名としての山本は筑後国、肥後国にある。
④筑後国の山本郡は、安本氏が高天原の地と考える夜須郡とも近く、邪馬台国は夜須・御井・山本の地域を含んだ筑後の府中一帯の地であったろうと考えられる。

こうした「邪馬台＝山本」説の論証は説得力に富む。それは、畿内の「大和」も「山のふもと、山の間」という意味ではないかと考えられることにより、さらに裏うちされよう。

上田正昭氏は、著書『大和朝廷』で、畿内の大和について次のように記される

畿内のヤマトは、山跡・夜麻登（『古事記』）、野麻登・夜麻苔・椰麼等・椰磨等（『日本書紀』）、山跡・山常・也麻等・夜麻登・夜末等・夜万登・八間跡（『万葉集』）などであって、甲類の山門・山外・山戸の用字はない。

このことは、畿内ヤマトの名のおこりが、山の入口や外側にあるのではなく、山々に囲まれたところ、山の間、山のふもとなどという場所にあることを有力に示唆する。事実、畿内ヤマトには山々が多い。

これらの事情からみて、筑後国の山本郡山本を根拠とした部族国家は、筑後川中流域の扇状地を統

合して邪馬台国（＝山本国）と号し、鉄器製作の技術とその地域の豊かな生産力を背景に北九州の筑前・筑後・肥前一帯の盟主となったものか。後年、邪馬台国王家の一支分家から出た神武が、畿内の大和盆地に遷って新しい国家を建てたとき、その地に故国・原郷たる筑後川中流域の地名を配置し、本国の宮都と同様な地理的条件の地を盆地内に見つけて同様に「山本」と名づけ、国名も先達者饒速日命の命名を踏襲してヤマトとしたものであろう。

なお、アプローチは異なるが、山本郡の西隣の御井郡にある高良山麓あたりに邪馬台国の中心があったとする見解もかなりあり、榎一雄（『邪馬台国』）、植村清二（『神武天皇』）、井上光貞（『神話から歴史へ』）、谷川健一（『白鳥伝説』）などの諸氏があげられる。

最近では、佐賀県神埼郡の吉野ヶ里遺跡の発掘が進み、その規模の大きさや重要性が次第に明らかになってきた。それにつれて、筑後川中・下流域に邪馬台国があったとみる見解がかなり出されてきた。吉野ヶ里遺跡と山本町耳納字山本とは、ほぼ同じ緯度で約二〇キロ離れた関係にあり、吉野ヶ里遺跡は邪馬台国とかなり密接な関係があったことが考えられる。同遺跡の東北約七キロにも鷹取山という名の山があるが、「鷹取山（高取山）」という地名は、邪馬台国や大和朝廷を建てた、鳥トーテムをもつ天孫系種族の足跡として、肥前から筑後、大和、摂津、さらには東国の相模まで日本列島に広く分布している事情にある。

最近発掘された旧甘木市域の平塚川添《ひらつかかわぞえ》遺跡も先に触れたところであり、これら弥生後期の大集落遺跡は重要な考古資料ではあるが、考古学的な根拠からただちに邪馬台国の中核部についての結論が出されるわけではないので、この辺は慎重に考えておきたい。

以上に見てきたように、神武と邪馬台国とは密接な関係をもつことが分かったが、邪馬台王族関係者の一部による東遷はあっても、邪馬台国本国そのものの東遷はなかったことを確認して、東遷関係の検討を終えることとしたい。

第七章　神武一族の系譜

ここまで神武の事績を見てきたが、地理といい時間・年代といい、疑問点ないし怪異なものはとくになかった。その場合、神武の実在性が強まったことになるが、次に神武の一族の人々の系譜を考えてみよう。そこに不自然な部分がないか、記紀伝承と実態は同じであったのか、という検討である。

神武の后妃と皇子

神武天皇の后妃として、まずあげられるのは東征出発前に「日向」で娶った吾田《あた》邑の吾平津媛である。『書紀』は吾平津媛の出自を記さないが、『記』では「阿多《あた》之小椅君《おはしのきみ》の妹、名は阿比良比売《あひらひめ》」として、隼人族長一族の出自と示される。この阿多之小椅君とは、個人名ではなく、姓氏の名である。そのことが『諸系譜』(第十二冊)所載の「隼人系図」から知られるから、正確には「阿多之小椅君の祖○○○命の妹」と記すべきと考えられる。

隼人族の祖は、火遠理《ほおり》命(彦火火出見命)の兄弟の火酢芹《ほすせり》命(火照《ほでり》命)とされるから、この系譜伝承が正しければ、阿比良比売はその子孫であり、神武との世代対応を考えれば、神武の従姉妹くらいの関係にあったことにもなる。しかし、火遠理と火酢芹との兄弟関係、あるいは隼人酋長層の天孫族出自には、習俗的、地理的にみて疑問が大きい。

神武はこの最初の妃との間に手研耳《たぎしみみ》命(『記』に多芸志美美命)を生むが、このほか『記』には岐《き》須美美《すみみ》命(「皇孫本紀」には研耳命)をあげる。手研耳命は神武東征に従軍したことが神武即位前紀の荒坂津の記事から知られる。手研耳は、父神武の死後には神武の嫡后伊須気余理比売《いすけよりひめ》(『紀』に媛蹈鞴五十鈴媛《ひめたたらいすずひめ》)を娶って執政しており、実質的に神武の後継大王として行動したもの(即位もしたか）と考えられる。族長の没後にその後継者が先代族長の妻妾を自分の妻妾とする「嫂婚制《そうこんせい》」は北東アジアの騎馬系民族では普遍的にみられる。

執政した手研耳命を短期間のうちに、クーデター的に倒したのが異母弟の建沼河耳命《たけぬなかわみみ》（『記』に神渟名川耳尊《かむぬなかわみみ》）であり、即位して綏靖《すいぜい》天皇となった。手研耳命殺害の際に、その兄・神八井耳命は、手足が震えて戦闘不能となった事情等から、弟に国を譲って、自分は弟を助けて神祇をつかさどることにしたと伝える。兄弟の母は、嫡后伊須気余理比売とされており、大和の旧支配者の三輪一族磯城県主家の出（『紀』に事代主神の大女《えむすめ》〔姉娘〕とするが同じ氏）で、神武の即位の年に皇后に立てられていた。

このあたりの記述は、記紀ともに変わりがないが、氏族伝承から検討して辻褄が合わなくなるのは、神武の皇子・神八井耳命の位置づけである。

神八井耳命は、多臣《おおのおみ》に代表される氏族系統の祖とされ（実は、この系譜には疑問もある）、記紀に綏靖と同母の兄であったとされる。一方、中田憲信編の『皇胤志《こういんし》』では手研耳命の同母弟と記される。こちらの記述のほうが傾聴されるのは、次のような諸理由を総合的にみてのことである。

①　綏靖が手研耳殺害のときに、神八井耳は戦闘不能となったと伝えるが、これは手研耳のほうと同母であった故かもしれないこと。

②　宮内庁書陵部所蔵の「阿蘇家系」には、手研耳の後裔を茨田連《まんだ》・手島連《てしま》とするが、この一族は多氏族とは同族か近い一族として系譜伝承を伝えること。一方、「天皇本紀」では、手研耳の「後は無し」とし、研耳（岐須美美）の名はあげずに、末子の「彦八井耳命」について、茨田連

等の祖と記している。相矛盾する所伝であるが、後者のほうが妥当か。

③　後代に神八井耳命の後裔と称する一族は肥君・阿蘇君などで中部九州に展開したが、これも母が九州出身の吾平津媛と考えた故か。

④綏靖は『書紀』および「天皇本紀」に第三子と記されるが、その場合、手研耳命が長子、神八井耳命が次子となって、手研耳に同母弟として岐須美美がおれば、次子の神八井耳と重なり合うこと。阿比良比売の東征同行は記されないから、岐須美美は神武の九州在住時にすでに生まれていたことになる。

⑤神武紀四二年条には神渟名川耳尊の立太子の記事があること。神八井耳命のほうが同母兄であれば、この記事が追記ではないかとみる見解もあるが、綏靖が皇后の嫡長子であれば、なんら不自然ではない。

神武天皇の后妃と皇子は以上のとおりであるが、仔細に検討するとき、綏靖の皇后とされる五十鈴《いすず》依媛《よりひめ》（事代主神の少女（妹娘））も、神武の妃であった可能性が大きい。その場合、その子とされる磯城津《しきつ》彦玉手看尊《ひこたまてみ》（『記』に師木津日子玉手見命。即位して第三代安寧天皇）もまた神武の子であったとみられる。五十鈴依媛の名は伊須気余理比売にきわめて近いので、両者が同人であった可能性もあるうえ、記紀にいう別人の姉妹だったとしても、古代のわが国では、娉婚制以上に、姉妹婚制の例が顕著に見られるからである。

安寧が綏靖の弟とみられることは、実際の年齢計算からもいえる。神武の治世期間は実際には十九年（＝七六年の¼）だったとすると、大和入り後に生まれた綏靖の即位時の実年齢も十九歳弱くらいであり、わずか八年余（＝三三年の¼）の治世で崩御して、次の安寧天皇に代わった場合、その周辺事情を考えると、安寧は綏靖の子ではなく、弟と位置づけたほうが続柄としても自然であろう。

神武の父親は誰か

神武の父親については、記紀に波瀲《なぎさ》尊（火遠理命の子）とされ、この尊が叔母の玉依媛を妃として、五瀬命、稲飯《いなひ》命、三毛入野《みけいりぬ》命、神武の順で四男子を生んだと記される。この系譜に疑問がないのだろうか。

神武の続柄に疑問をもった契機は、古代諸氏族の系譜の世代対比である。ニニギの天孫降臨に随行した者と神武東征の関係者の世代を対照してみたとき、中臣・忌部・久米等の関係諸氏において、必ず祖父と孫という世代関係にあり、従って、神武はニニギの曾孫ではなく、孫世代においたほうが妥当と考えられるからである。

もう一つは、神武周辺の異世代婚である。異世代関係にある者同志の結婚は、五世紀中葉の欽明朝頃から奈良時代にかけて、皇族間においてかなり多く行われたが、男のほうが先の世代（一世代前）に属する叔父・姪のケースが圧倒的に多く、叔母と甥のケースは少ない。叔母と甥の婚姻の具体例としては、①用明天皇が叔母（母の異母妹）の石寸名《いしきな》を娶って田目《ため》皇子を生み、②田目皇子が叔母（父の異母妹）で、かつ、父の嫡后であった間人《はしひと》皇女を娶って佐富《さほ》女王を生み、③草壁皇子が叔母（母の異母妹）の元明天皇を娶って文武天皇を生み、④聖武天皇が叔母（母の異母妹）の藤原安宿媛《あすかべ》（光明皇后）を娶って孝謙天皇を生んだ例があげられるが、恒常的なものとはいい難い。しかも、これらの例のすべてが、叔母といっても母か父の異母妹というものであって、「母の同母妹」というケースはないことに留意される。

従って、上古代の異世代婚の記述は疑問が大きく、これは、騎馬系民族に多く見られる姉妹婚の所伝が転訛したものではないかとする見解に、説得力の強さを感じる。姉妹婚の例も記紀にかなり多く見えており、応神が高城《たかき》入姫・仲姫・弟姫の三姉妹を娶り、允恭天皇が忍坂大中姫・藤原琴節《ことふし》郎女姉妹を娶り、天武天皇が姪の大田皇女・鸕野《うの》皇女（持統天皇）・新田部皇女・大江皇女の四人を娶った例が名高い。これら姉妹はほとんどが同母の姉妹であり、天武の娶った四皇女のなかでは、大田皇女・鸕野皇女が同母であった。

そうした目で見ると、神武周辺の婚姻のうち、記紀に神武の父とされるナギサが叔母玉依姫を娶った例や、神武の子の綏靖が叔母五十鈴依媛を娶った例が疑問視される。ここに現れる二人の叔母の例は、各々が名前等からみて、母の同母妹と受け取られそうなので、この意味でも疑問が大きくなる。この二例ともに、ホオリ（火遠理命）と神武が各々行った姉妹婚が原型にあって、その転訛した所伝とみるのが自然である。これらの関係を図示すると第9図のようになるが、神武の父はホオリ（第9図の彦火火出見命）となり、五世代にわたる系図が三世代となるのが原型とみられる。

神武の父祖とその后妃

ホオリが海神の宮に行った契機で娶った豊玉姫・玉依姫の姉妹は、海神の娘であった。筑前国那珂

第９図　神武の父母と后妃

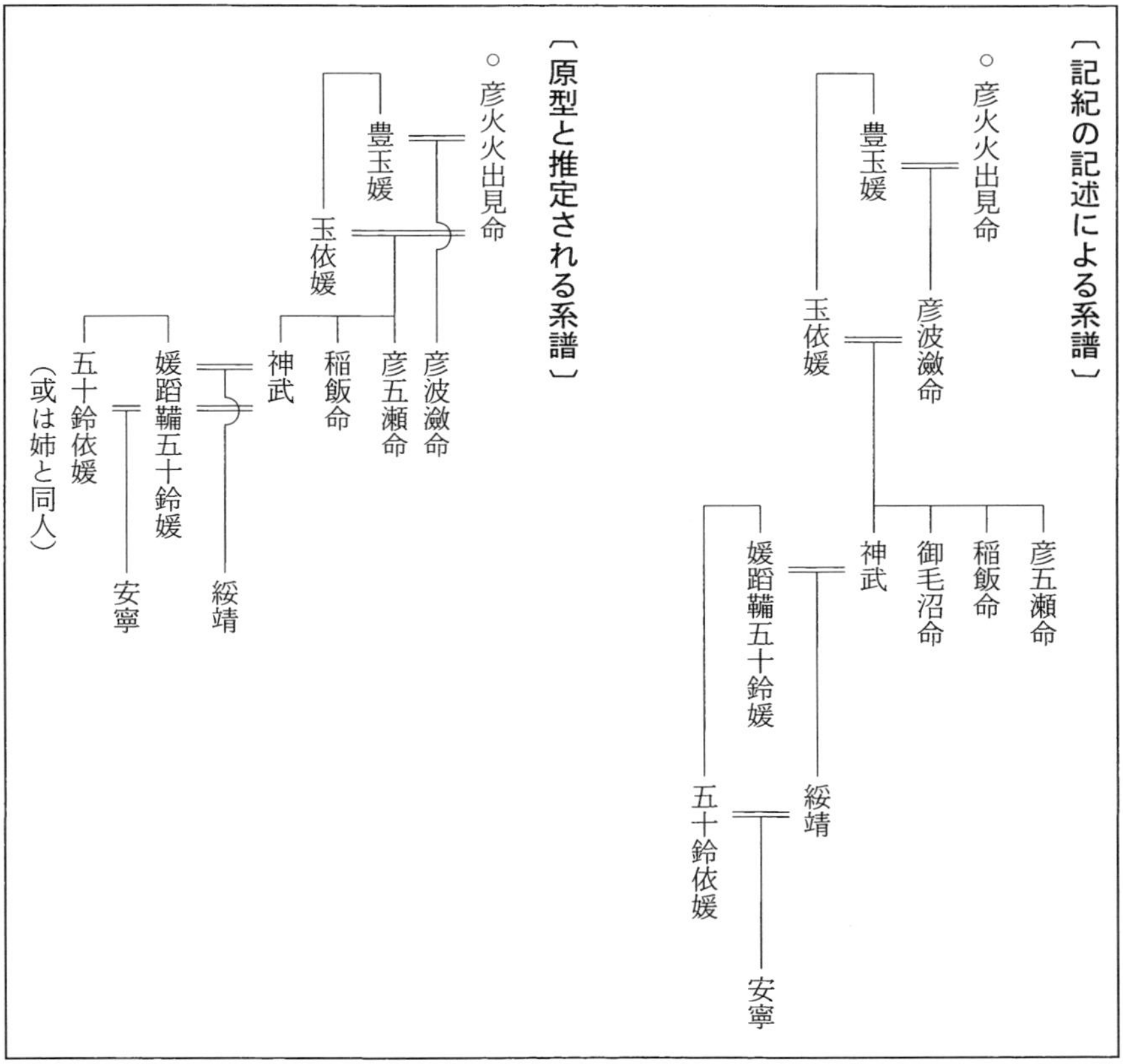

郡に根拠をおいた海神国は、日向三代が居た伊都国に東隣する筑前沿岸部にあり、竜蛇の信仰をもつ越人系の種族が主体であった。ニニギの降臨を出迎えた猿田彦命（穂高見命）が当時の王であり、天孫族の一族からそれに嫁いだ天鈿女《あめのうずめ》命との間に、姉妹が生まれている。豊玉姫が出産に際して大きな鰐《わに》になったのを見て、夫のホオリが驚くという記事が記紀にあるが、これはトーテミズムの現れであって、神異とするほどの話ではない。

この海神国は、西暦五七年に後漢の光武帝が蛇鈕の金印を授けた奴国と同じであり、その王族後裔は阿曇氏となった。阿曇氏から分かれ、むしろその嫡流的な存在であったのが和珥氏族(地祇であったが、皇別の孝安天皇後裔として系譜仮冒)であって、和珥臣氏や磯城県主が古代の天皇の后妃を輩出した背景が豊玉姫・玉依姫姉妹以来の伝統にある。大和にあった磯城県主家・長髄彦一族や高倉下後裔の尾張氏族も海神王族と同祖同系、大己貴神《おおなむち》(大国主神)の子孫であって同じく竜蛇信仰をもっていた。

ニニギが妻としたという磐長姫・木花開耶姫《このはなさくや》姉妹については、大山祇神《おおやまつみ》の娘と伝えるので、日本列島に原住した山祇族系の種族の出とみられる。この系統の古代氏族には、中臣氏族、大伴・久米氏族、紀伊氏族があって、火神カグツチ(香都知、迦具土)の後とする系譜をもつから、この一族と木花開耶姫とは同系とみられるが、同姫の系譜を伝える氏族がなく、具体的な系譜を明らかにできない。

ニニギが高天原(邪馬台国の前身)から分岐し、筑前の怡土・早良地方に天孫降臨して支分国・伊都国を作ったが、王統は、その子のホオリ、次いでその嫡子たるナギサに伝えられ、その後もナギサの系統に伝えられることが予定されていた。そうした事情があったのなら、伊都国の庶子で、王位継承の望みのない五瀬命・神武の兄弟が新天地を求めて東征を企てたのも肯ける。

本国の高天原の王統もほぼ同様な事情にあり、その主神たる高木神及び生国魂神の後は忍穂耳が継ぎ、その後は嫡子の天照国照火明命《ほあかり》が継いでいって、その弟のニニギが筑前に天孫降臨をした次第である。この関係を図示すると、**第10図**のようになる。

第10図　邪馬台王統と伊都王統

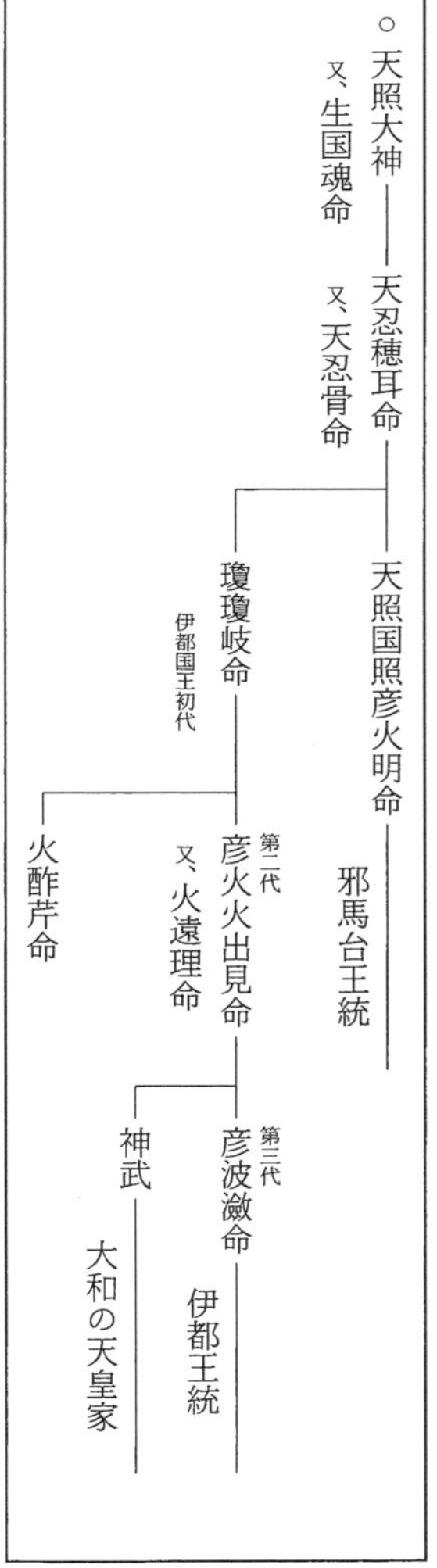

ところで、天照国照火明《ほあかり》命は物部氏の祖神饒速日《にぎはやひ》命の別名のようにも「天孫本紀」などに伝えられるが、これは系譜粉飾で別人であった。

饒速日命の実際の系譜は、生国魂神の庶子である天津彦根命（天若日子《あめわかひこ》）の子の天御影《あめのみかげ》命（天目一箇《あめのまひとつ》命、経津主《ふつぬし》神）の子に位置づけられ、天津彦根の後裔となる出雲国造や宇佐国造、三上祝、凡河内《おおしかわち》国造などと物部氏族とは同族であった。後年、宇佐国造家の流れから応神（第十五代天皇）が現れ、その弟の稚渟毛二俣《わかぬけふたまた》命（品夜別《ほむやわけ》命）の後裔から継体（第二六代天皇）が現れたが、現在に至る天皇が高木神の子孫で万世一系だというのは史実としてよい。

こうした始祖からの**万世一系王統の伝統**は、匈奴や鮮卑《せんぴ》、モンゴルなど北アジアや西域の諸民族に強く見られた。たとえば、匈奴でも、「神格」ある首長たる単于《ぜんう》位の継承有資格者は冒頓《ぼくとつ》単于の男系の子孫（レンテイ氏）に限られるという原則が終始守られており、甚だしいほど遠い血脈から単于位についたアクエンクテイ単于（第十三代単于。前単于から数えて九親等にあたる）の例もある。

わが国皇室は、中国の東夷の流れを引き、殷王家や氏族《てい》とも同族関係にあって、その淵源は中国の遼西・山西を経て遠く西域まで遡るから、日本列島に到来以来、万世一系王統の伝統を固守してきたものであった。

神武の兄弟についての伝承

神武には、記紀によると、長兄の五瀬命のほかに、次兄の稲飯《いなひ》命（『記』に稲氷命）、三兄の三毛《みけ》入野《いりぬ》命という同母兄がいたとされる。『記』はこの二人の兄についてなんら記さないが、『書紀』では二人の兄も東征に従軍し、熊野で事情があって行軍から離れたと記す。その事情とは、熊野の神邑から荒坂津に至る海上で、暴風雨に遭って漂流した際に、母系が海神なのに荒海に苦しめられるのを嘆き恨んで、稲飯命は海に入って鋤持神《さいもちのかみ》（鰐神）となり、三毛入野命は常世郷《とこよのくに》に往ったとされる。

この記事によるかぎり、両兄とも海で遭難して海没（ないし投身）したように受けとられるが、海路による熊野大迂回は、そもそもきわめて疑わしい。そうすると、『記』のように、なにも記さないほうがまだ自然であろう。

それでは、神武の二人の兄はどうなったのだろうか。

明治の鈴木真年翁は、『史略名称訓義』で「名草ヨリ直ニ海ニ進ミ、暴風ニ潮御崎ノ澳《おき》ニテ遭ヒ、二皇子海ニ入ル、稲飯命ハ新羅ニ渡リ玉ヒ朴姓祖ナリト云、三毛入野命ハ琉球ノ天孫氏ナリトゾ」と記している。

琉球の天孫氏は、沖縄の琉球地方の最初の王家と伝える。所伝では、その二十五世は徳薄く政衰えて、権臣利勇《りゆう》がこの王を弑逆《しいぎやく》し自立して天孫氏の統治が終わった。この逆臣利勇を、文治三年（一一八七）に浦添按司《うらそえあんじ》の尊敦《そんとん》（一一六六？～一二三七？）が誅殺して琉球王となり、舜天《しゆんてん》王と号した。この王統の第三代義本王のとき、摂政の天孫氏英祖《えいそ》に人心が帰したのを知り正元元年（一二五九）に退位したので、英祖以下五代の天孫氏の王がまた続き、西威王の死で絶えた、といわれる。英祖ないし第一尚氏より前の諸王の存在は疑問もあるが、英祖には、太陽がその母の口のなかに入って産まれたという伝承もある。『中山世鑑《ちゆうざんせいかん》』では、琉球に天降った女性アマミキュの長男が国の主の始祖と伝え、異伝に天孫氏というとあるので、これは神武兄弟とは別族か。

三毛入野命は、『記』には御毛沼命と記して、神武の別名「若御毛沼《みけぬ》命」と対応するから、神武と行軍を共にした五瀬命に重複する可能性もある。その場合には、「常世」は冥界を意味して、琉球天孫氏の系譜伝承は疑問となる。神武には四男の所伝が元来あったとみられ、そうすると、実際にはナギサを長兄に、五瀬命（御毛沼命）、稲飯命、神武（若御毛沼命）という四兄弟だったのであろう。

新羅の朴姓については、さらに具体的である。鈴木真年著の『朝鮮歴代系図』（天理図書館蔵）では、新羅王家の朴氏は稲氷に始まる系譜とし、稲氷には「本倭人初以レ瓠《ひさご》渡レ海而来故号二瓠公《ここう》一焉」と左註する。瓠公《ここう》については、『三国史記』新羅本紀の初代国王とされる赫居世《かくきよせい》の三八年条に記事があり、瓠公を馬韓に派遣して礼物を献じたと記される。その記事によると、瓠公はその族姓が明らかではなく、もとは倭人であって、瓢箪を腰に下げて海を渡ってきたので、瓠公と名づけられたとある。

同書には、さらに第四代の脱解王の記事のなかにも瓠公が見え、倭国の東北一千里の位置にある多《た》婆那《ばな》国の王家生まれで新羅にやってきた脱解が、楊山の麓にある瓠公の土地を望んで奸策を用いて奪ったが、脱解は即位すると、その二年に瓠公を大輔に任じて政務を委ねたこと、脱解九年には金王家の祖の金閼智《キンアルチ》を見出したと記される。この脱解王の時の瓠公の話は『三国遺事』にも見えるが、脱解が赫居世の孫娘を妃としているように、世代が異なるので、赫居世のときの瓠公の孫くらいにあたる別人かもしれない。

これらの伝承と符合するように、『姓氏録』右京皇別の新良貴《しらき》（おそらく公姓が脱漏か）条に記事があり、「彦波瀲武鸕鷀草葺不合尊《ひこなぎさたけうがやふきあえず》の男、稲飯命の後なり。これは新良国に出て国主となる。稲飯命は新羅国に出て王の祖と合う。日本紀に見えず」と記される。

この文の解釈は分かれるが、佐伯有清氏は、「稲飯命は新良国に出掛けていって国主となり、また稲飯命は新羅国に出て（新羅国の）王の祖と婚姻を結んだという意味になろう」と解している（『新撰姓氏録の研究　考證編第二』二九四頁。なお、三一四頁のコラム参照のこと）。この解釈には疑問もあり、「新良国に出て国主となる」と「新羅国に出て王の祖と合う」とはほぼ同じことを言っており、後者の句は「新羅国に出て王の祖（となる）、と合う」と解するべきではなかろうか。

前掲の朴氏系図では、稲氷の子に朴巫牙《ぼくふが》をあげ、その十世孫に新羅王初代となった赫居世をあげて、その曾孫・婆娑尼師今《ばさにしきん》（第五代国王）の十六世孫の薩甫《さつほ》には、「天平宝字二年男女四十人僧尼三十四人帰化遣武蔵国空閑地立新羅郡」（……武蔵国に遣わされ空閑地に新羅郡を立つ）、「新良貴公祖」と譜註をつける。

『続日本紀』（天平宝字二年八月廿四日条）には、帰化の新羅僧三十二人尼二人、男十九人、女廿一人を武蔵国の閑地に移し、ここにおいて新羅郡を置く、という記事があって、薩甫の名はあげないが、系譜の譜註と内容が合致する。上記の系譜伝承によって考えると、ことの当否はともかく、稲飯命が新羅国王の先祖となったという主張があったと分かる。

先に引用した「新羅本紀」では、朴赫居世と瓠公とは同時代人として記されるので、前者が後者の十一世孫ではありえないが、瓠公の後裔が朴氏（王家とは別の朴氏か）となったという所伝があったことが分かる。『三国遺事』の新羅始祖赫居世王の項には、瓠《ひさご》が朴と呼ばれたという記事もある。二人が同じ朴氏を名乗ったことからみて、朴赫居世と瓠公とが同族、同系統であったものと考えられる。

それでは、瓠公と稲飯命とは重なり合うのだろうか。

この問題に答えるために、赫居世の活動時期を調べる必要がある。『三国史記』の紀年は、古代南鮮の三国のどの国についても四世紀以前はかなり引き伸ばされている傾向があるので、赫居世王第三八年が紀元前二〇年に当たるという同書の年代は信じられない。といって、ほかに手段がないので、世代比較によって赫居世の治世時期を検討してみたい。

鈴木真年翁の編著『百家系図稿』等には朝鮮半島南部の諸王家の系譜の掲載があり、これと『三国史記』の記事とを対応させると、諸王の活動時期を考えることができよう。こうして作成したのが**第11図**である。

第11図　新羅初期諸王の世系

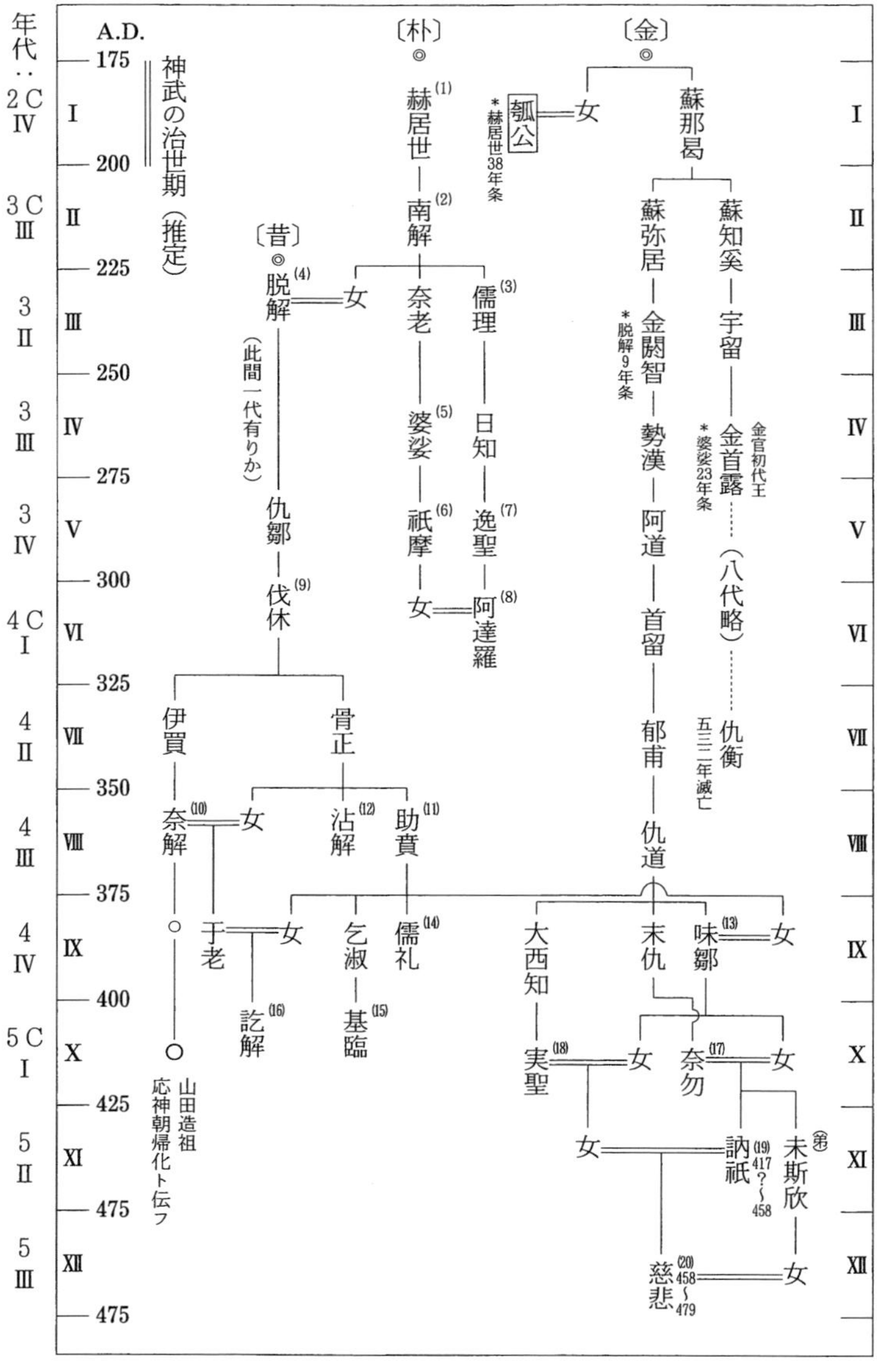

（注）＊は『三国史記』新羅本紀の記事である。

新羅の王で実年代がほぼ確かとみられるのは、第十九代の訥祇王《とつぎ》（治世四一七?〜四五八）からである。この王は、治世の初めの頃の年代は疑問があるが、終期はほぼ確かであるので、わが国の履中〜允恭朝（四三五〜四六一頃）の世代に対応する。

そこで、訥祇王を五世紀の第2四半期において、一世代を約1/4世紀（二五年）として年代を遡ると、初代国王とされる赫居世の治世時期は一七五〜二〇〇年頃となる。これは、ここまでに検討し推定した神武の治世時期（一七五〜一九四）とピッタリ重なり合うといってよい。新羅王の治世時期についての推定のチェック・ポイントはいくつかあるが、第11表を前後左右に見ていただければ、一応の理解が得られよう。

次に、瓠公の出身地「倭国」は、脱解王の出身地「多婆那国」と対比してみると、北九州を限定して指したとみられる。「多婆那」とは「多婆＋那（地域・国の意味）」であり、具体的には周防の佐波地方（防府付近）を指したとみられるからである。サバ（娑婆・佐波）がタバに通じることは他の例からも知られる。

瓠公の活動した赫居世王の時代がわが国の神武天皇の時代にほぼ合致し、瓠公がもとは北九州出身の倭人であったとすると、稲飯命の後身であった可能性をかなり思わせる。それにしても、日鮮両国を通じる面白い人物がいたものである。

＜コラム＞新羅の朴氏王家と稲飯命

1　佐伯有清氏は、『新撰姓氏録の研究　研究編』（一九六三年）に所収される「新良貴（右京皇別下）の條について」で、「今日ではもちろん稲飯命が新羅の国王になったとか、新羅の国王の祖と婚姻を結んだというようなことを史的事実と考えるものはいないであろう」として、津田博士の『日本古典の研究』に記載の次の見解を妥当とする。

「姓氏録第五巻新良貴氏の条に、新羅国王の祖先は神武天皇の御兄弟のイナヒの命だと、としてある話がある。記紀の何れにも出てゐないで、ずつと後に編纂せられた姓氏録にあるといふことが、既に此の話の古くから伝へられたものでないことを暗示してゐる。多分、神武紀に此の命が海に身を投ぜられたといふことがあるので、それを海外にゆかれたことに取りなし、さうしてそこから発展した物語であって、新良貴氏といふものが、其の祖先を皇族に託して家格を尊くしようといふ動機から出たことであり、記紀の編纂せられた後、奈良朝ごろに作られた話であらう。」

この津田博士の見解がわりあい合理的にみえたとしても、史実の検討はもっと冷静に行う必要がある。「其の祖先を皇族に託して家格を尊くしようといふ動機」という勝手な推測をして片づける問題ではない。家格を尊くしようとするのなら、もっと新しい皇統上の人物をあげていえばよいのに、そうはせず、古い時代の稲飯命をなぜ取りあげたのかの説明についても、

「海中投身」より十分な理由が必要であろう。これに限らず、津田博士の「合理的で厳しい批判」には、皮相的な思込みによるものが多い。「記紀の編纂せられた後、奈良朝ごろに作られた話であらう」というのも、想像論にすぎない。そして、こうした検討は、抽象的一般論として行っても意味がないものである。

2

神武行軍の熊野大迂回は疑問が大きく、『書紀』だけに見える稲飯命の海中投身の話も信じられない。そうすると、稲飯命は、五瀬・神武兄弟とは別行動をとって、当初から東征には同行せずに朝鮮半島南部に新天地を求めて、筑前から新羅に渡航したことが考えられる。

『三国史記』に見える瓠公の伝承は、活動時期がほぼ合致したほか、北九州出身の倭人であったことは、瓠公が稲飯命に比定される可能性を強める。脱解が鳥トーテムをもつ鍛冶職掌の部族の出であったことは、『三国遺事』の記事から知られるが、これはわが国の天孫族にも共通しており、脱解と瓠公とは同族であったと考えられる。また、瓠公は、赫居世を育てた蘇伐公の娘を妻としたが、蘇伐公の曾孫が金閼智とする系譜（蘇は朝鮮語の「金・金属」を意味するから、これは肯ける）もあり、瓠公が金閼智を見いだした由縁も理解できる。朴赫居世に加え金閼智や昔脱解には卵生神話があり、金属・鍛冶技術からいっても、初期新羅の朴・昔・金の三王家は同祖同族の関係にあったのではなかろうか。

金閼智の出自について、金丙燾《へいとう》著『韓国古代史』は、「金氏の発祥地といわれている始林（鶏林）が月城の西側にある沙梁にあることをみれば、金氏の尼師今は沙梁部落の出身といえる」と記している。蘇伐公は沙梁部の鄭氏の祖ともいわれており、また、月城は瓠公が当初住んで、脱解が奪った地であった。こうした関係でも、朴・昔・金の三王家の祖が近隣に住んでいたことが知られる。

（蛇足だが、かつて在韓国大使館に勤務した者から仄聞したところでは、現代の韓国知識人において、わが国天皇家は朴氏の出だという話が隠然と語られるとのことである。）

本章の最後に、天孫族が日本列島に到来して以降、応神天皇のころまでの実系系図（推定を含む、現段階のもので変更の可能性あり）を**第12図**に掲げておく。

第12図(1)　神武〜崇神天皇の推定系図

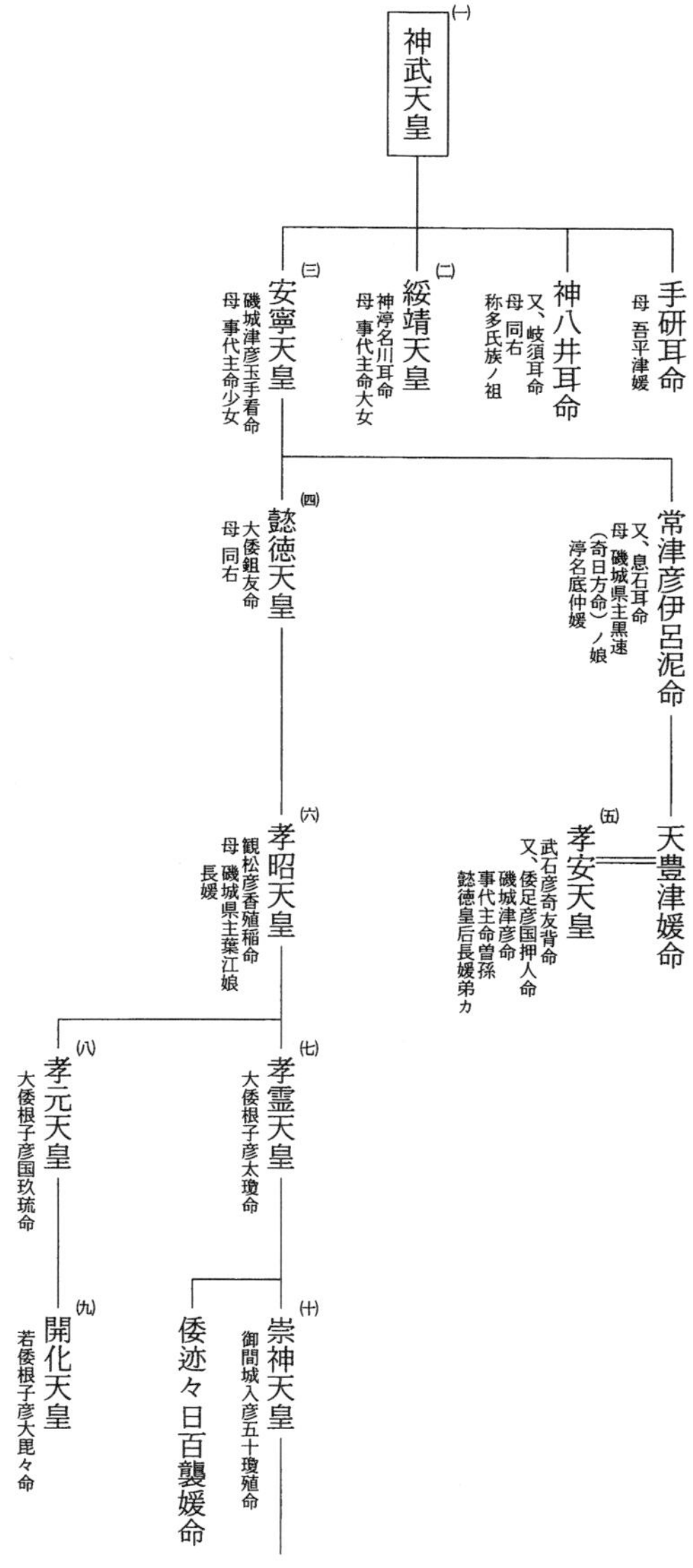

第12図(2)　天孫族の系譜（実系推定を含む）

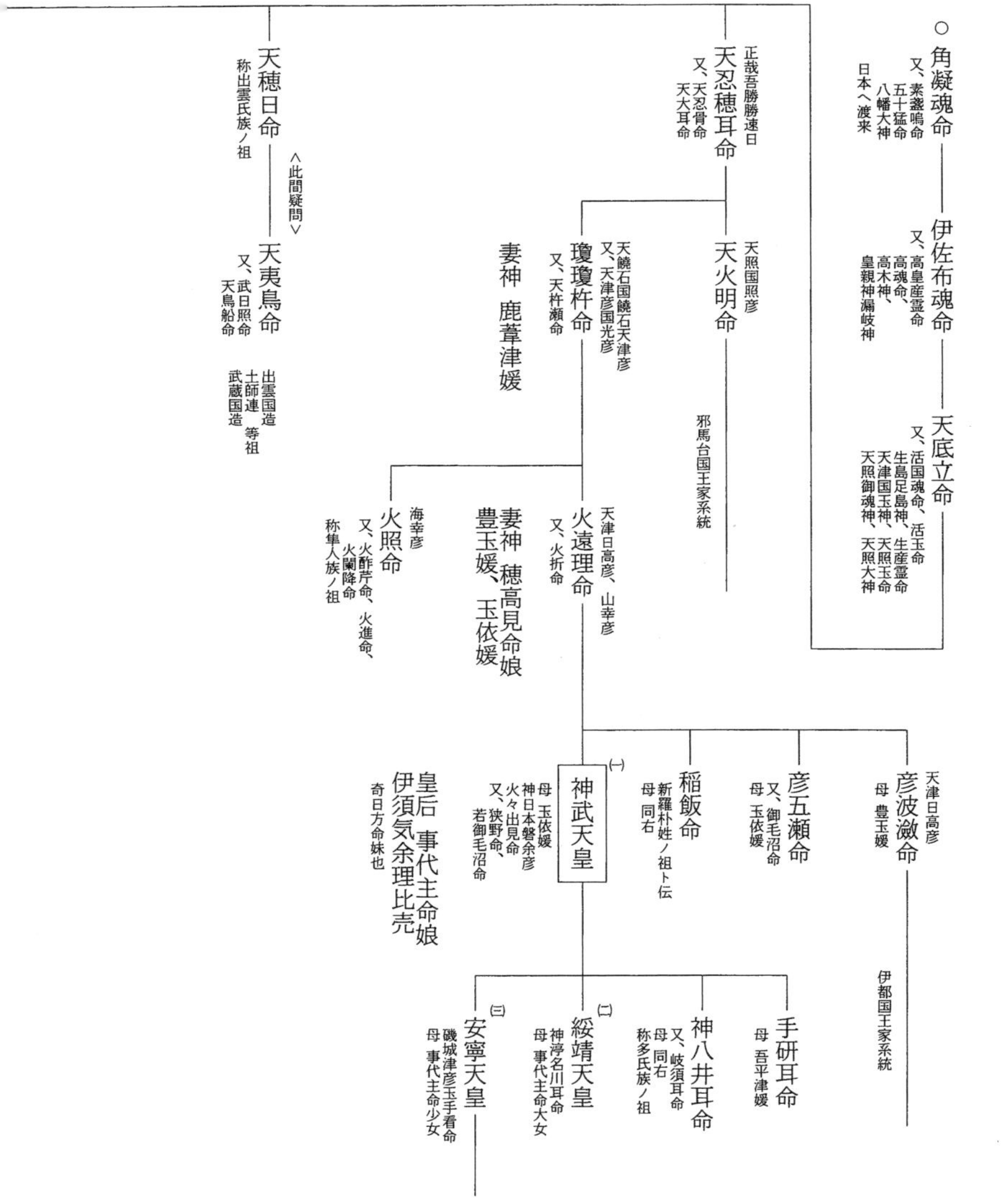

- 天津彦根命（天若日子／又、波多都美命　天背男命　天狭霧命）
  - 妻神　大己貴命女　下照媛命
  - 天御影命（又、天目一箇命　天明玉命、天太玉神、経津主神）
    - 意富伊我都命（三上祝、額田部連　凡河内国造、山背国造　等祖）
    - 天科刀見命（鏡作造祖）
    - 天湯津彦命（又、天三降命）
      - 宇佐津彦命（宇佐国造等祖）
        - 常津彦耳命（宇佐国造祖）
        - 八井耳玉命（又、忍代玉名命　息長氏族祖）……（三代略）……建緒組命（火国造筑紫国造　紀臣等祖）
          - 武貝児命（讃留霊王／又、息長田別命　讃岐国造祖）
            - 稲背彦命（播磨国造等祖／又、息長彦人大兄水城命　咋俣長日子命）
              - (十五) 応神天皇（誉田別）
              - 稚渟毛二俣命（継体天皇ノ四世祖）
            - 鐸石別命（又、河俣仲彦命／磐梨別君　蘇我氏族祖）
    - 饒速日命（一云、天火明命子／又、胆杵磯丹杵穂命）
      - 宇摩志麻治命（又、味間見命　穂積物部氏族祖）
    - 天櫛耳命（忌部首祖）
  - 天日鷲翔矢命（少彦名神／粟忌部、麻績連　伊豆国造、服部連　葛城国造、鴨県主　等祖）

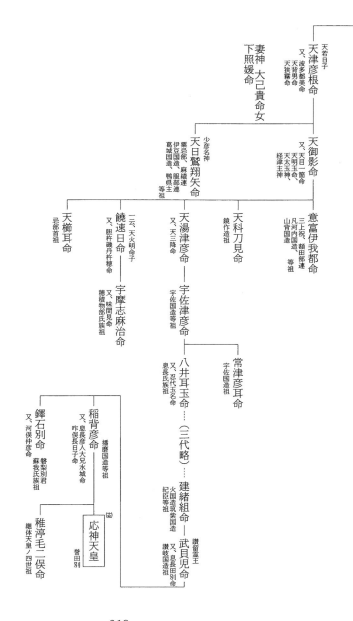

終　章　甦る神武天皇

神武天皇をめぐって、その年代、地理、随行・敵対などの関係者および系譜について多方面から検討を加えたところ、神武東征当時の状況を踏まえて合理的具体的に解されることが分かってきた。ここまで、神武の実態が把握されたとき、まだ神武は実在性を否定されるべき人物なのだろうか。上古の事件や人物であっても、先入観を排して虚心に史実の探究をすべきではないかと痛感する。

この章では、本書の総括をしつつ、まだ検討しきれなかった問題や神武の前代および後代の歴史の流れなどについても記しておきたい。

私見と類似する説の紹介

古くは、**坂本太郎博士**が、神武は卑弥呼以前の邪馬台国関係者で、二世紀後半の倭国大乱のときに大和に東遷して大和朝廷をつくったとし、闕史八代の実在性も認めている。

最近では、神武実在説に立って、ここまで記述してきた内容と概ね同様の見解を示す研究者もおられる。邪馬台国問題では対立する安本美典氏と古田武彦氏は、ともに神武と闕史八代の天皇の実在説を述べ、とくに後者は天孫降臨の地・日向が博多湾岸から糸島郡あたりで、葦原中国もそれに近い比較的小さな地域であって「ナカ（中）」は那珂とみている。

これらを含め、神武東征や邪馬台国の東遷にふれる書や論考は多数あるので、管見に入らないものもかなりあるとは思われるが、気づいたところで少しあげておきたい。

例えば、作家の**高城修三**《たきしゆうぞう》**氏**は、私見とは前提・論拠などで異なる点がかなりあるものの（とくに、「邪馬台国＝九州説」は皇国史観と行程記事の誤読による謬説という主張や、「崇神天皇の崩年＝西暦二九〇年」という見解はとても肯けないが)、神武東征伝承については、もともとは「彦火火出見が筑紫(註:「筑紫国の日向」とされる)から大和に向けて東征したが、在地勢力の反抗に遭って河内から大和には入れず、やむなく紀ノ川沿いに吉野まで迂回して大和盆地南部に押し入った」という程度のものであり、その天皇即位もほぼ二世紀半ばとしておけば無難だという見解を発表された(前掲『歴史諸君!』誌)。その概略はほぼ同様であるが、東征の日向進発や熊野迂回などの細部では私見と異なる。

また、一昨年に逝去された弁護士の**久保田穣《ゆたか》氏**は、『邪馬台国と大和朝廷』(日本図書刊行会、一九九九年)で神武東征と邪馬台国東遷の問題をとりあげ、私見とほぼ同様な見解を記述された。その主旨は、①神武東征説話は史実に基づく、②神武は邪馬台国の支配階級の一族であるが、卑弥呼より前の時代の二〇〇年代初期の人であり、「卑弥呼=天照大神」ではない、③神武東征の出発時の年齢は『書紀』に記される四五歳の半分の二二、二三歳で、東征は故国を捨てた神武の冒険である、④邪馬台国は九州にあったが、その本国の東遷はなかった、⑤初期諸天皇の墳墓が小さいのは、その実在を推測させるものであり、この事情は安本氏のいう神武邪馬台国東遷と矛盾する、⑥大和岩雄氏の台与東遷説にも賛成できない、⑦崇神の大和朝廷は神武後代の自然発展であるが、三世紀の終わり頃に邪馬台国の官僚(豪族群)が大量に大和に移住したのではないか、⑧その後の邪馬台国は、東からの新興大和朝廷の圧力の前に、かつての連合諸国と共に屈服したに違いない、などである。

以上の諸点では、⑦の後段(傍線部分)は異なるが、それ以外はほぼ私見と同様である。神武東征以降の時期(とくに崇神朝)に九州方面から来た大和朝廷の有力氏族は、渡来系を除き全くないといえるからである。ただ、久保田氏は邪馬台国の所在地を大分県南部とみており、これが私見と大きな違いであるほか、神武の出発地も日向国とみるなどの違いがある。それでも、管見に入ったかぎりでは、私見ともっとも近い立場かもしれない。

神武天皇についての残された課題

いまのところ（あるいは永久に）、答が出せそうもない問題もまだ残る。それらは神武の実在性論議には関係ないと思われるが、次のように一応あげておく。

(1) 神武の和風諡号「磐余彦（イワレヒコ）」は、何に由来するのか

神武の諡号の由来は、記紀などには示されない。「磐余」の地については、昭和十七年文部省刊行の「神武天皇聖蹟調査報告」には、「旧十市郡内、旧安倍村大字池之内および旧香久山村大字池尻付近」と推定されている。神武の名に関わる磐余地方が現在の桜井市西南部の池之内・吉備あたりから橿原市東端部にかけての地であったなら、この一帯を根拠地とした形跡は神武にはない。桜井市中央部の谷《たに》にある山が磐余山と呼ばれ、その付近を流れる米川が「いわれ川」とも呼ばれるが、これらを考えてもむしろ東へ寄るだけである。

明治二十二年に橿原神宮を設立する際、畝傍山の東南の麓であるタカハタケ（高畠）の付近に「イワレ」という小字名があったことが指摘されたが、その意味では、桜井市中央部あたりから畝傍山の東南地域までが古い「イワレ」の地域のなかに含まれていたのかもしれない、といわれる

（金本朝一著『磐余・多武峯の道』）。

神武のころに「磐余邑」と名付けられた地は、安倍山辺りから西方の畝傍山あたりへ広がりをもつ地域であって、往古の橿原宮があった地域までが上代の磐余という地域に含まれていたのだろうか。第三十一代用明天皇の磐余池辺雙槻《なみつき》宮など四代ほどの宮都がおかれた磐余の地域は、六世紀後葉には畝傍山から東方へ少し離れたところとなっていた。それにもかかわらず、神武に「磐余彦」の名が残るのは、この名が往古から伝えられてきたことを意味するものと思われる。

いま橿原市中曽司町宮ノ内に鎮座して神武天皇を祀るとされる磐余神社は、大和川の支流曽我川東岸に位置するが、この神社名は鎮座する地名に因るのか祭神に因るのか不明である。

このほか、イワレ彦を「磐生《イハア》れ彦」と解すべきで、それを音が似通った「磐余」の地名と混同するようになったのは、神功皇后や履中・清寧・継体などの諸天皇が磐余に宮を置くようになって以降のことと思われるとする説（高城修三氏）も目にした。また、神武の進発地伊都国の重要地名の井原（磐羅・伊原）に起源する地名が磐余であり、伊都における磐（巨岩）信仰に関連する磐羅のことだとする石井好氏の指摘のもあるが、ともに説得力をあまり感じない。

(2) 神武の実名は何だったのか

神武の名は、『記』では「若御毛沼《みけぬ》命、また、豊御毛沼命」と記すが、これは実名ではない。美称の「若、豊」を取り除いた「ミケヌ」は、三兄とされる御毛沼命（『紀』の三毛入野命）に兄弟の長幼で対応する一種の呼称である。これに対して、ホホデミ（火火出見）とする『書紀』の記事は正しいのか。

記紀では、神武の祖父を「山幸《やまさち》彦」ホオリとし、その実名を彦火火出見尊とするが、この者と神武との関係も問題となる。本書では、神武の実際の父をホオリと考えたが、親子二代にわたって同じ名前をもつとは思われない。ホホデミがこの系統に頻出する通称なら別であるが、この名は通称だとは思われない。そうすると、火火出見が本来、神武の実名であって、ホオリの又名ではなかったのかもしれない。

この一族の名には、オシホミミ、ホノニニギ、ホアカリ、ホオリ、ホホデミなど「ホ」が頻出する。この「ホ」とは、稲穂の穂として「稲の豊穣を祈る古代の農耕祭儀との関係」を考える説もある。しかし、オシホミミも忍穂耳と穂のつく形で表記されようとも、天孫族が稲作農業を行うものではなく、職掌的にもつ鍛冶部族に関係深い「火」が原型とみるのが妥当であろう。天孫族の物部氏族嫡統の「穂積」（「積」は阿曇〔アツミ〕などと同じく、原始的カバネ）も同様に「火」であろう。ちなみに、神武王統から王権簒奪した応神も天孫族の流れを汲み、卵生説話をもち、鍛冶部族息長氏の出であった。

天孫族は日神信仰と鳥トーテムももち、同様に鳥の名をもつ人物や鳥にまつわる伝承をもつ人物も古代の皇室系譜に頻出する。鳥と鍛冶とは、古代において密接な関係にあった。

神武前代から崇神朝までの歴史の流れ

ここまで記してきたことを取りまとめ、若干補いつつ、神武をめぐる歴史の流れ（推測）を概述しておく。この記述は、他の書や論考などで検討した結果の概略でもある。

（なお、崇神朝以降の歴史の概略については、拙著『巨大古墳と古代王統譜』第一章を参照されたい）

天孫族は、東夷系の半猟半農の種族で、その淵源を遠く西域方面にもち、中国大陸の山西・遼西あたりから朝鮮半島南部の「安羅《あんら》」（慶尚南道の咸安《ハムアン》一帯）を経て、日本列島に渡来してきた。渡来時期は西暦一世紀の前半頃とみられる。海路から九州北部の松浦半島に上陸すると、松浦川に沿って南下して山間部に分け入り、天山《てんざん》を左に見ながら曲がって佐賀平野を東進し、筑後川中流域の耳納山地北麓の山本・御井両郡を主域に高天原（邪馬台国、山本国）という部族連合国家を、先住する山祇族の一部の支持・協力を得て築いた。この地の聖山の高良山も、「高十羅（＝那で、国・地域のこと）」の山の意であり、高天原に通じる。

日本列島に来たときは五十猛《いたける》神（スサノヲ神）が族長であったが、その子の世代とみられる高木神（高魂命）のときに一大勢力となって筑後川中下流域の平野部を押さえ、ついで那珂川・御笠川下流の福岡平野に拠る竜蛇信仰をもつ越系海神族の奴国（野国、葦原《あしはら》の中《なか》つ国、那珂《なか》国）と激しい抗争を続けたが、次代の天照大神（生国魂神）治世下の二世紀前葉には奴国を屈服させ、筑前沿岸部の怡土・早良郡地方に王家庶子を派遣して支分国の伊都国を造った（王家嫡宗の火明命の系統は依然として高天原に存続したことに留意）。

これがニニギの天孫降臨であり、伊都国は本国の指揮のもと玄界灘沿岸諸国を統帥・監督した。「天孫降臨」は、朝鮮半島からの海上渡来を意味するものではない。

二世紀後半には、邪馬台本国で王位をめぐって争乱状態が続いたが、その前後に伊都支分国王家の庶子神武は、兄の五瀬命や部下の有志とともに東方の新天地に活路をもとめ、畿内の大和を目指して東征の行軍を起こした。途中、吉備で畿内侵攻の軍備を整え、長い苦戦の後に長髄彦を君長として三輪部族などからなる大和の原始国家を打倒した。神武は大和盆地南部の橿原に宮都を建設し、大和朝廷初代の王（天皇）となったが、故地を出発してからこのときまでに数年間の歳月が経過していた、とみられる。

大和朝廷は当初の七、八代の王の時期は大和を中心とする領域に局限されたが、次第に勢力を伸ばし、四世紀前葉に現れた崇神天皇の時代には、その領土を急拡張して吉備・安芸あたりから東は関東に及ぶ大勢力圏を押さえた。

一方、本国の邪馬台国のほうは、三世紀前半の女王卑弥呼の時代に最盛期を現出させたが、騎馬民族系（その影響を受けた半牧・半猟系）の民族からなる部族連合国家において頻繁に見られた王位継承争いや狗奴国との抗争のなかで次第に衰えていったとみられる。四世紀前葉までには、邪馬台国はいくつかの小国（小族長）に分裂して原始国家としての体を殆どなさずにいて、四世紀中葉の景行朝になって大和朝廷が北九州に勢力を伸ばすとともに、その残滓が大和朝廷に併合されたとみられる。

崇神朝の時点では、大和朝廷の勢力はまだ九州北部に及んでいなかった。こうした複数国家の併立状態のなかではあったが、崇神は当時の日本列島で最強最大の部族国家の長となり、名実ともに大王となったものとしてハックニシラスの大王（天皇）と呼ばれるにふさわしい者であった。

中国の史書のなかでも『旧唐書《くとうじょ》』の記事は、往々にして信頼できないとされがちであるが、「日本国は倭国の別種である」「日本はもと小国であったが、倭国の地を併せた」とする記事は、決して荒唐無稽なものではない。日本国は大和朝廷を、倭国は北九州の邪馬台国等の国々を意味し、この記事どおりの歴史が展開したと考えられる。

こうした日本列島の弥生時代後半から古墳時代前期にかけての歴史において、神武天皇は大和朝廷の基礎を築く重要な役割を果たしたものであり、十分合理的な位置づけをすることができる。神武天皇は、切り捨てればそれですむという安易な存在ではなかった。

皇国史観と神武天皇

戦前・戦中に風靡したいわゆる「皇国史観」は、記紀伝承を時代・場所を含めてそのまま史実とみることで、非科学的な信仰であることはいうまでもない。一方、これを厳しく批判した津田左右吉博士に始まる戦後史学でも、その大勢は、時間と場所という二つの重要な座標軸を取り違えて、神武天皇を把握した。その場合にもまた、おのずから誤った認識と結論に導かれたのは理の当然である。

永原慶二《ながはらけいじ》一橋大学教授が書かれた『皇国史観』という本（岩波ブックレットNo.20、一九八三年）がある。同書は、小さいながらも皇国史観の本質や問題点を端的に指摘する好著であろう。そこでは、本書でとりあげた神武関連の伝承も俎上にあげられているので、少し長いが、主な関係部分を三点ほど抜き出して問題点を考えてみたい。

○皇国史観は、本質的に、非科学であった。それは神勅や天孫降臨、神武天皇から日本の歴史の叙述を開始するという点だけでの非科学性ではない。日本の歴史を究極的にはすべて「国体の顕現」の歴史と見、日本帝国主義の侵略行動を「皇化」と説明することによって、歴史の学問的認識の道を基本的にとざしてしまっているところに非科学たる基本があるのである。皇国史観は全体として科学的客観性を排して主観主義的性格に徹している。(同書の二八頁)

○常識ではとても信じられない「神勅」や「天孫降臨」「神武東征」神話などをそのまま事実であったかのようにあつかう皇国史観は、平泉澄氏の「分析」拒否宣言をまつまでもなく、徹頭徹尾非科学であった。(同書の三二頁)

○天孫降臨から始めなければならない「国史」像の不合理は、子供といえども疑わざるをえないであろう。考古学研究をいかにおさえつけてみても(戦前、東京帝国大学においても考古学はいちじるしく冷遇された地位しかなく、これを独自の専攻コースとする形は存在しなかった)、「神武天皇」以下初期の「御歴代」天皇がしばしば一〇〇歳以上の長生きをしたことになっていることは、子供たちにも何ともぬぐうことのできない〝不思議〟である。(同書の三九頁)

こうした永原教授の指摘には、一見もっともそうな点が確かにある。しかし、この程度の理解と認識では、素朴な皇国史観同様、素朴な歴史観としか言いようがない。これでは、「子供の常識」による伝承批判にすぎないし、単純な拒絶反応に近い。

そもそも、中世の歴史と上古の歴史との学問的アプローチには違いがある。上古の歴史について評価なり批判なりをするには、合理的多角的な科学思考によって、現存の史料に残る記事の原型探索という作業がまず必要とされる。早い話が5W1Hを踏まえて、現在に残された記事・資料を合理的に再構成するという作業である。これなしには、正しい歴史評価などできるはずがない。

個別論として考えても、ニニギの天降りにあたっての天照大神の命令ないし指示を「神勅」といえば、それはたしかに神勅であるが、要は、葦原中国《あしはらのなかつくに》を降伏させたから、汝《なんじ》はこの国を含む玄界灘沿岸地域を統治しに行きなさい、と高天原の王（族長）に言われただけの話である。

日神信仰と鳥トーテムをもった部族が建国的な移遷をする際には、それが後裔たちから「天降り」と表現された。「天孫降臨」は北東アジアの騎馬民族とそれに準ずる民族の神話伝承にはよく見られるが、始祖の建国に際しての地域移遷を指すものであって、故地を「天」といい、始祖を「天の子」といって、新しい王権を権威づけるものである。これが非科学的な伝承であろうか。広く北東アジアの古代歴史を学んで、冷静に比較・分析する必要がある。

また、「神武東征」のなにが非科学的なのだろうか。金鵄伝承や八咫烏などの神怪奇異な所伝も、上古代の部族がもつトーテミズムの現れであった。竜蛇信仰をもつ海神族出身の日向三代の后妃・豊玉姫が出産に際して「鰐」と化したのも、同様なトーテミズムである。これらを神異として実在性を否定するのは、民俗学の無知を露呈するだけである。

初期諸天皇の「百歳以上の長生き」がありえないというのなら、現在の暦法ではそのとおりであるが、「百歳以上」という年齢の基礎にある年齢の数え方や当時の多種多様な暦法を学んだうえで、不合理かどうかを判断すべきであろう。

皇国史観には「科学的客観性を排して主観主義的性格に徹している」点があって、これが歴史という人文科学分野において致命的な欠陥であることは間違いない。それはそのとおりであるが、天孫降臨や神武東征としてあらわされた伝承が、主観主義的性格をもつものではないので、そもそも非科学的であると取り違えてはならない。神武を軍神と讃えて、皇国史観をアジア侵略の具とか思想としたとしたら、それは戦前の為政者・軍部の問題であって、神武の実在性の問題とは関係がない。

以上に見るように、皇国史観批判と神武東征伝承とは本質的に無関係であり、問題の混同を避けるのが科学的な姿勢である。筋道の立った論理を展開しないで、頭から信じ込んだ思想を押しつけるのは、科学といえるはずがないし、論理の伴わない議論は強く排斥されるべきであろう。

〝現代版皇国史観〟という語もときに散見するが、意味不明な点もある。天孫降臨とか神武東征を科学的な視点から検討して、結論として歴史的事実（その一部）であったと判断したとしたら、これが即、皇国史観なのであろうか。かりに〝皇国史観〟を排除したからといって、上古代における侵略・植民活動や東方遷住の事実が消えてなくなるわけではない。歴史研究者がとるべきは、客観的合理的に原型的事実を探求・研究する姿勢であり、先入観や主観的史観あるいは道徳観の持込みは是非とも避けなければならない。

ここまでの検討のなかで、二世紀後葉の大和朝廷建国の指導者としての神武天皇像が相当に明確になってきた。記紀には、史実としてしか理解できない当時の地理状況を具体的に踏まえた記事があり、それらが神武東征伝承の経由地それぞれについて随処にあらわれる。これらをすべて「造作」というのなら、記紀編纂者の物語創造能力や地理知識の水準はそれほど高かったのであろうか。

年代的にも年齢的にも、かつ氏族伝承的にも、神武関連伝承にあっては具体的なもので構成されており、これまで検討してきたところでは、なんらの不合理性も見られない。ときに神異ないし怪異的な伝承もあるが、そのほとんどが上古の部族・種族がもつトーテミズムに深い関係をもっていて、これまた合理的に説明しうる。こうした状況に神武とその関係者があるとき、いまや、何をもって神武の実在性を否定するのであろうか。

神武天皇はこれでもまだ甦らないのであろうか。甦ってはいけない存在なのだろうか。

あとがき

これまで当たり前のように実在性を否定されてきた神武天皇について、神武とそれを取り巻く人物や歴史環境、活動の舞台・時代など様々な角度から、できるだけ合理的客観的に考察を加えてきた。とくに当時の地理的な考察は、河内湖周辺の地理状況はともかく、それ以外の舞台ではこれまで殆どなされていなかった。古代諸氏族の系譜・伝承面からの考察も、田中卓博士や最近の崎元正教氏を除くとほとんどなされなかったといってよい。

本書における多角度からの検討の結果、記紀の潤色的な部分を除去し、長い間の伝承に生じた訛伝を考えて、かなりのところまで神武の原像に迫ったものではないかと考えている。初期諸天皇の年齢をはじめ、神武の地理的・時間的な舞台を本書のように解したときには、これまでの非科学的な雰囲気は、神武の周囲から雲散霧消してしまう。そこに、史実としての実体を備えた神武像が出現してこよう。

神武をめぐる議論は、もうこのあたりで観念論から脱却すべきである。そして、わが国の建国伝承や初期諸天皇は歴史学の対象として、閑却されるべきものではない。貴重な文化財を適切に保存するためにも、このことは是非必要である。久留米市域の古墳破壊にも感じたことであるが、橿原市の葛本弁天塚古墳が破壊されたことに愕然とした次第である。こうした主張をすることで、本書の意義もあると思われる。

本書の構想は、昭和六十年代はじめ頃に起こり、同六三年（一九八八）夏頃には粗い草稿が完成していた。その後、何度も検討をかさねて修正し、最近また大幅に書き込んで、やっと日の目を見たものである。約十八年かけて本書の形となったが、この間、神武天皇については、実態に迫るような深度のある研究が歴史学者の手ではなされなかった。

主に在野の研究者により、最近までの神武研究がなされてきており、本論考の当初稿段階のころと比べて、神武の実在性を記述する著作が多くなってきている。ところが、それらの多くにおいては、安本美典氏の一連の著作の影響か、「神武の活動時期は三世紀後葉」「神武東征＝邪馬台国東遷」「天照大神＝女神＝卑弥呼」という謬説が主流的な風潮となっている。邪馬台国東遷説がなぜそのように魅惑的なのか。この辺については事情が分からないでもないが、やはり不思議な感もある。

それらの根底に、「古代の天皇一代の治世期間が約十年」という統計処理からみて奇妙な数値があるのだから、問題が大きい。これらの仮説（虚説）の打破も、古代史の原型発見に欠かせない。この関係でも、本書ではかなり書き込んでおり、読者のご批判を乞いたい。安本氏の論理や統計的な手法に対する科学的な評価が必要ということでもある。

また、古代史は考古学だけが解明するような主張がみられ、年輪年代法やC14年代法による年代数値がすべてを規定し説明するような風潮も、最近出てきている。しかし、これも古代史解明の大きな阻害要因の一つであり、古代史は様々な学問分野の総合的学問であることを再認識すべきであろう。

以上のような事情のため、本書作成に当たって、本件テーマの狭い分野に限れば、個別の論点では示唆深い論考は多くあるが、影響を受けたという書はあまり多くない。そうしたなかでは、考古学の大家である森浩一氏の『日本神話の考古学』が「神武東征」を四章にわたり取り上げており、様々な意味で参考になった。安本美典氏の『神武東遷』『大和朝廷の起源』など一連の著作は、私が同意する面でも、またしない面でも、様々な知識と刺激を受けてきた事実もある。

論理的に古代史の視点を考えることやアジア古代史・民俗学という分野では、好著をいくつか目にし、様々な形で参考にさせていただいた。例えば、谷川健一氏の諸著作があり、久保田穰氏や辻直樹氏からは、著作や応答などで有益な教示や示唆をいただいた。このほか、いわば反面的な示唆にせよ、様々な角度からの検討をうながされた著作もかなりある。

これら有益な教示・示唆を受けた多くの諸書の著作者と業績に対し、また多くの知識や情報を提供してくれたインターネット上の掲示に対しても、深く感謝いたすところである。

最近では、「女性（女系）天皇」の論議がなされ、一時は皇室典範の改正までスケジュールにあがりそうな動きがあった。本書に関連する皇統と皇位継承にかかることだけに、ある種の感慨を覚えざるをえない。とはいえ、本書自体は、上古代における政治の実権者としての天皇（大王）を研究対象としているものの、そうした動きに関係する内容ではないし、本書を著す狙いもこれらとはまったく関係がない。ただ冷静に「イワレヒコ」という建国伝承の人物を合理的な角度から追求し、その検討結果をあらわしたものである。

西暦一世紀から四、五世紀までの期間は、日本列島や朝鮮半島・中国東北部という北東アジアのそれぞれの地域で国家が生成してきた重要な時期であった。このときの歴史の原型が、文献史学や考古学、地理学、古社・氏族研究などの関連諸分野も併せた総合的な研究の進展により、具体的合理的に解明されるよう期待する次第である。そうした動きに対して、本書が些かなりとも寄与できたら、著者として嬉しいかぎりである。

最後に、本書の出版にあたり多大な御尽力をいただいた靍井忠義氏および図表写真の提供者に対し、深い感謝を申し上げる次第である。

（平成十八年八月記）

あとがき

掲載図表一覧

【著者】
宝賀　寿男（ほうが・としお）
昭和21年（1946）生まれ。東大法卒。大蔵省を経て、弁護士。古代史、古代氏族の研究に取り組み、日本家系図学会会長、家系研究協議会会長などを務める。
著書に『古代氏族系譜集成』（古代氏族研究会、1986年）、『巨大古墳と古代王統譜』（青垣出版、2006年）、『「神武東征」の原像』（青垣出版、2006年）、『神功皇后と天日矛の伝承』（法令出版、2008年）、『越と出雲の夜明け』（法令出版、2009年）など。2012年から青垣出版より刊行を開始した「古代氏族の研究」シリーズは、①『和珥氏』、②『葛城氏』、③『阿倍氏』、④『大伴氏』、⑤『中臣氏』、⑥『息長氏』、⑦『三輪氏』、⑧『物部氏』、⑨『吉備氏』、⑩『紀氏・平群氏』、⑪『秦氏・漢氏』、⑫『尾張氏』、⑬『天皇氏族』、⑭『蘇我氏』、⑮『百済氏・高麗氏』、⑯『出雲氏・土師氏』、⑰『毛野氏』、⑱『鴨氏・服部氏』、2021年に全18巻が完結。

「神武東征」の原像〈新装版〉

2006年 11月23日　初版発行
2017年　5月 8日　新装版発行
2022年　6月 1日　新装版第2刷

著者　宝賀寿男
発行者　靍井忠義

発行所　有限会社　青垣出版
〒636-0246 奈良県磯城郡田原本町千代３８７の6
電話 0744-34-3838　Fax 0744-47-4625
e-mail　wanokuni@nifty.com

発売元　株式会社　星雲社
（共同出版社・流通責任出版社）
〒112-0005 東京都文京区水道１－３－３０
電話 03-3868-3275 Fax 03-3868-6588

印刷所　株式会社　ＴＯＰ印刷

定価2200円（本体2000円+税）　ISBN 978-4-434-29652-9

青垣出版の本

奈良の古代文化①

ISBN978-4-434-15034-0

纒向遺跡と桜井茶臼山古墳

奈良の古代文化研究会編

大型建物跡と２００キロの水銀朱。大量の東海系土器。初期ヤマト王権の謎を秘める２遺跡を徹底解説。

Ａ５変形判１６８ページ　本体1，２００円

奈良の古代文化②

ISBN978-4-434-16686-0

斉明女帝と狂心渠《たぶれごころのみぞ》

靍井 忠義著

奈良の古代文化研究会編

「狂乱の斉明朝」は「若さあふれる建設の時代」だった。百済大寺、亀形石造物、牽牛子塚の謎にも迫る。

Ａ５判変形１７８ページ　本体1，２００円

奈良の古代文化③

ISBN987-4-434-17228-1

論考 邪馬台国＆ヤマト王権

奈良の古代文化研究会編

「箸墓は鏡と剣」など、日本国家の起源にまつわる５編を収載。

Ａ５判変形１８４ページ　本体1，２００円

奈良の古代文化④

ISBN978-4-434-20227-8

天文で解ける箸墓古墳の謎

豆板 敏男著

奈良の古代文化研究会編

箸墓古墳の位置、向き、大きさ、形、そして被葬者。すべての謎を解く鍵は星空にあった。日・月・星の天文にあった。

Ａ５判変形２１５ページ　本体1，３００円

奈良の古代文化⑤

ISBN978-4-434-20620-7

記紀万葉歌の大和川

松本 武夫著

奈良の古代文化研究会編

古代大和を育んだ母なる川―大和川（泊瀬川、曽我川、佐保川、富雄川、布留川、倉橋川、飛鳥川、臣勢川…）の歌謡（うた）。

Ａ５判変形１７８ページ　本体1，２００円

巨大古墳と古代王統譜

ISBN978-4-434-06960-8

宝賀 寿男著

巨大古墳の被葬者が文献に登場していないはずがない。全国各地の巨大古墳の被葬者を徹底解明。

四六判３１２ページ　本体1，９００円

小説 大津皇子―二上山《ふたかみやま》を弟《いろせ》と

ISBN978-4-434-18312-6

上島 秀友著

大津皇子謀反の真相…。二上山のふもとの雪の古寺、美しき尼僧が1300年の時を超えて語る。

四六判２７２ページ　本体1，５００円